KB159250

집이 언제나 이긴다

끝나지 않는
부동산과의 전쟁
그리고
실패한 정책의 민낯

집이 언제나 이긴다

에이드리안 킴 지음

기파랑

들어가며

지난 10년간 필자가 SNS에 포스팅한 내용들 중 중요하다고 생각되는 부분들을 가다듬고 보완하여 이 책을 내놓게 됐다.

원문 취지를 살리고자 최대한 가필과 수정을 자제하였지만, 정권교체 후 2017년부터 근 4년간 집값의 드라마틱한 폭등으로 가격, LTV 등 수치들 중 의사소통의 유효성 면에서 불가피한 부분은 어느 정도 조정했고, 무려 24차례(그리고 이 책의 편집과정에서 한차례 더 2021년의 2.4대책이 발표되어 25차례)에 걸친 온갖 누더기 땜질식 정책 폭주를 감안하여 일부 내용에 대해서는 해당 시점을 명기하는 식으로 보완하기도 했다.

4년 전만 해도 서초·강남 등 인기지역이 아니라면 저렴한 가격에 용산·송파·마포·성동 등의 중상급지는 물론이거니와 노원·도봉·강북 등에도 역세권·학세권을 만족시키는 아파트들이 많았던 것이, 시장이 원하는 공급보다는 수요를 틀어막아 정 반대로 가는 정권이 '정책'이 아닌 '정치'적 목적으로 부동산 시장에 개입하여 온갖 분탕질을 친 결과 최소 2배씩의 집값 폭등이 일어났다.

일반인들이 같은 금액으로 매입할 수 있는 주택의 입지와 수준은 현격하게 낮아졌다. 4년 전의 10억 원이면 강남의 중형 아파트를 구입할 수 있었지만, 지금의 10억 원은 서울 아파트 가격의 중간값이 되었다. 이제 강북 중상급지도 아닌 평범한 동네들의 신축 소형아파트조차 10억 원을 호가하는 시대다.

그럼에도, 세금잔치를 위해 집값을 올렸다는 말 그대로 각종 조세의 기준가격은 15년 전에서 단 한치도 변하지 않았다. 여전히 주택 취득세는 6억 원까지 1.1%, 6억 원에서 9억 원 구간은 1.1~3.3%, 9억 원부터는 3.3%이며 종합부동산세 과세 기준은 9억 원(다주택자 6억 원)이다. 서울의 평범한 집을 사면서 내는 취득세가 과거엔 1.1%였다면, 이제는 3.3%가 됐고 중개보수도 그만큼 더 내며, 서울의 괜찮은 주택을 가지면 자기 지역에 쓰이지도 않는 국세인 종부세를 보유세로 보편적으로 내야 하는 지경에 이르렀다. 그간의 집값 상승과 인플레를 감안하더라도 취득세는 12억 원까지 1.1%, 12억 원 초과는 2.2%로 조정하고, 종합부동산세 과세 기준은 18억 원 이상으로 상향함이 옳다. 아니, 애초에 세계 어디에서든 부동산 보유세는 보유자의 지역에 쓰이는 지방세임이 원칙이고 국가가 멋대로 뜯어 가서 보유자와 전혀 상관없는 중앙정부 정치권력의 임의 재원이나 늘려놓는 종부세 자체를 폐지하고 재산세만 운영하는 것이 올바르다.

그뿐인가. 2주택째부터는 8.8~13.2%라는 세계적으로 비상식적인 취득세까지 강탈해간다. 종합부동산세는 3주택부터 6%까지 올려놓았고, 2주택부터는 서울 중급지에 두 채만 가지더라도 실효세율이 시세의 2% 이상을 마크하게 됐는데, 이런 보유세는 세계적으로 유일하다. 선진국의 중산층이 거주주택 외에 다른 곳에서 임대료를 받아 노후를 대비하는 안전한 방식을 한국인들은 이제 택하기 어렵게 됐다. 웬만한 2주택만 되어도 월세를 받아 보유세와 임대소득세까지 내면 적자이든지, 남는 게 없어서다.

서울의 분양주택 공급이 모자란데 정치권력과 LH만 이득을 보는 온갖 신도시 건설과 임대주택에만 탐닉했으며 서울에 시장이 원하는 유효한 주택을 공급할 수 있는 재건축·재개발 정비사업 현장들에 대해서는 재건축 초과이익 환수제로 미실현 이익에 대해 조합원 개개인에게 수억의 현금을 뜯어가고, 낡은 집을 가지고 세금 내며 사업 리스크까지 감당해온 조합원들의 돈을 뜯어 소수의 수분양자에게 관제 시장교란 차익을 몰아주는 분양가 상한제로 정비사업의 사업성 자체를 박살내어 공급을 절멸시켜버렸다.

정비사업 뿐인가. 토지를 매입해 사업을 시행하는 민간 사업자 입장에선 정상적인 아파트를 공급하면 정부의 분양가 통제를 받아 손해를 보게 되니 어떻게든 이를 피하기 위해 서울 요지의 아파트들이 공급되어야 할 토지들에, 아파트와는 달리 분양가 규제를 받지 않는 원룸 소형면적 오피스텔, 도시형 생활주택들을 쪼개어 공급할 수밖에 없게 됐다. 분양가 평당 8천만 원 이상을 받아야 수지가 맞는 곳에 정부는 평당 5천만 원을 받으라고 HUG를 동원해 강짜를 놓고 분양가를 억누르니 규제를 받지 않는 이런 상품들로 눈을 돌릴 수밖에 없고, 결국 전용84㎡ 분양아파트 100호가 들어설 땅에 전용 21㎡ 임대용 오피스텔·도생 400호가 들어서 국민의 자가(自家)

마련 희망은 멀어지고 임대만 살게 되며, 정권은 주택 공급호수 뻥튀기라는 실적 마사지 수단만을 갖게 됐다.

공급 불균형의 결과 집값은 치솟았지만, 결국 그 이득은 오직 정권을 쥔 권력자만이 취하게 되었다. 2019~2020년에 걸친 세계 유례없는 가렴주구의 조세 폭등으로 한국은 취득세(~13.4%), 보유세(~6%), 양도세(~79.2%)로 각 부문별 세계 최고세율을 짜깁기해 부동산 세금 세계 1위를 자랑하는 가렴주구의 부동산세 대국이 되었다. 실거주 1주택자들은 자기 집에 살면서 보유세라는 이름의 월세를 뜯기게 되었고, 다주택자들은 받은 임대료를 모두 국가에 세금으로 털리며, 세입자들은 그렇게 오르는 임대료를 보며 임대인을 원망하지만 결국 그 돈은 임대인이 아닌 권력자의 포켓으로 들어갈 뿐이라는 것을 모르는 채 정치선동에 속는 바보들로 살아가게 된 것이다. 전월세 상한제와 재건축 주택의 실거주 의무화로 전세 공급이 멸종되니 대치동의 낡은 은마아파트 전세가가 5억에서 10억으로 바로 치솟는다.

국가는 세금으로, 공공기부채납으로, 2.4대책 공공재개발이란 명목으로 민간에게 분산되어 소유되던 토지를 야금야금 국유화하며, 국민을 자기 재산을 가지고 자기 운명을 결정하는 자유시민이 아닌, 국가권력의 처분을 기다리며 권력이 던져주는 개평이라는 어쭙잖은 선의에 의존하는 신민으로 격하시키는 리바이어던이다.

개개인이 현명해야 이런 정권의 협잡질에 속지 않으며, 생존할 수 있다. 권력과 그 친위 언론, 관변단체들의 선전에 속지 않는, 객관적 이성으로 현실을 냉정하게 직시할 수 있는 개인들이 모인 건강한 사회가 되는 데 이 책이 조금이라도 역할을 했으면 하는 바람이다.

시장과 싸우는 정권

밥그릇 걷어차는 권력

호모에코노미쿠스

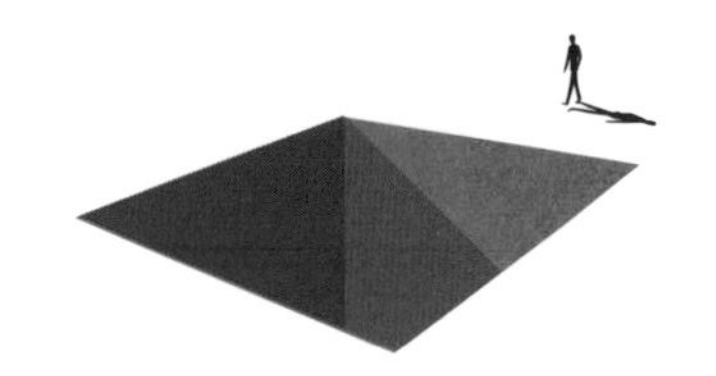

어떻게 만든 나란데

1부
시장과 싸우는 정권

내집 갖지 말라는 나라

2020년 1월, 박원순 당시 서울시장은 "집값 상승을 근본적으로 잡기 위해 공공임대주택 공급을 확대하겠다"고 밝혔다. 구체적으로 당시 32만 1천 호였던 공공임대주택을 임기 중 7만 7천 호 더 공급해 2022년까지 7만 7천 호 더 공급해 40만 호 가까이까지 확대하겠다는 것이었다. 40만 호는 서울시 전체 주거의 약 10%에 해당하는 양이다.

그러나 시민들이 원하는 것은 전혀 달랐다. 2019년 국토교통부가 실시한 실태 조사에 따르면, "내 집을 꼭 마련해야 한다"고 생각하는 서울시민이 81.4%에 이르는 것으로 나타났다. 공공임대주택에 대해서는 절반이 넘는 52.6%가 "입주 의향이 없다"고 응답했다. "내집을 마련할 예정이기 때문"이라는 등의 이유였다.

전문가들도 "소유를 원하는 사람에게 집을 빌려준다는 것은 엉뚱한 해법이어서, 집값을 잡는 데 아무런 도움이 되지 않는다"며 회의적이다.

그런데도 왜 문 정권과 더불어민주당 자치단체장들은 임대주택만을 강권한 것일까? 자기 집 사서 잘 꾸며 정착해 살고 싶은 사람들에게 왜 자꾸 임대주택에 세 들어 살라고 하는 건가? 유·무주택자 편 가르기 선동으로 증오를 부추기고, 보수 정당 대신 좌파 정당에 투표할 계층을 늘리기 위한 장기 집권 플랜이 아니라면 무엇일까?

재산권은 현대 자유민주주의의 가장 중요한 가치다. 존엄한 자유시민의 기본은 자력으로 우뚝 서 자립하는 것이다.

그러나 기본적으로 좌파 정권은 '없는 자'가 '가진 자'로 되는 것을 원하지 않는다. 사람은 자신이 소유권을 행사하고 정주하는 영토, 집을 갖게 되는 순간부터 '지킬 것'이 생기고, 그렇게 되면 자연히 재산권과 책임감을 중시하는 보수 성향을 띠게 되기 때문이다. 그러니 세입자를 계속 세입자로 살게 해야 그들이 상대적 박탈감을 많이 갖고, 좌파 성향이 강해지니 좌파정당의 든든한 표 장사 호갱님이 된다.

문 정권은 국민 개개인이 내집 마련해 행복한 인생을 누리기를 원하지 않는다. 그들이 원하는 것은 지금 집 없는 사람들이 영원히 무주택자로 남아 국가나 지자체가 보조해 주는 임대주택에 살면서, 유주택자 욕하고 보수 정당 탓하는 선동에 순종하는 문위병, 좌파 정당 지지자로 죽을 때까지 부역하며 불행하게 사는 것일 뿐이다.

세입자에겐 여러 가지 이점이 있다. 시세 10억 원짜리 아파트에 전세 6억 원으로 거주하는 경우를 예로 들어 보자.

일단 주택 매입 시 내는 취득세(3.3%, 3,300만 원)와 재산세를 내지 않아도 된다. 매매로는 10억을 내야 사는 집에 전세금 6억만 내고, 그것도 시세 변동 위험 없이 만기 원금 전액 보장으로 살게 된다.

집주인이 낸 세금으로 도로도 닦고, 학교도 짓고, 복지도 하는 동안 세입자는 사회 공동체에 단 한 푼의 기여도 하지 않으면서 혜택만을 향유한다.

그렇게 자기 구매력보다 70% 높은 집에 세입자로 살고 있는데, 어느 날 이 집의 값이 10억 원에서 15억, 20억 원으로 올랐다. 막상 자신은 6억 원의 예금금리라는 기회비용 외에 무상 주거에 가까운 혜택을 누리고 있지만 뭔가 배가 아프고, 상대적 박탈감을 풀 대상이 필요하다. 이때 좌파 정권은 이 집을 전세 끼고 보유중인, 알고 보면 평범한 동네 아재·아줌마들인 집주인을 '다주택자', '투기꾼'으로 레이블링해 공격한다. "세입자인 너의 배아픔은 전적으로 (악마화된) 집주인 때문이다. 집주인의 시세차익을 세금으로 응징해 돈을 벌지 못하게 하겠다"는 말로 세입자를 위로한다. 그러면서도 세입자가 집주인이 될 기회는 세계에 유례없는 0~40%의 LTV(주택담보대출비율)로 철저히 차단한다. 특히 2030 청년층의 대출을 철저히 막아 소득만으로는 도저히 집을 살 수 없도록 만든다. 그들이 유주택자가 되는 순간 지킬 것을 가진 '기득권자'가 되어 좌파 지지층에서 이탈하게 되니까. 집값이 폭등할수록 2030과 무주택자의 '있는 자'에 대한 적개심은 강해지고, 더더욱 좌파 정당을 지지하게 되니 정권에는 이득이라는 계산이었을 것이다. 물론 그 꼼수는 2021년 4월 7일 재보선에서 그 속셈을 간파한 2030에 의해 무참히 깨졌다.

덕분에 어떻게든 자기 소득으로 감당 가능한 대출을 일으켜 집을 구매해 실거주하며 세금도 내려던 성실한 사람들은 계속 유주택자 진입을 저지당하고 세입자이기를 강요받는다. 그리고 성실한 바보들은 자기들을 계속 무주택자로 남게 한 것이 바로 정권의 의도된 설계였다는 것을 모르는 채 계속 좌파 정당의 열렬한 호갱님으로 남으며, 유주택자를 증오하라는 선전에 중독된다. 히틀러가 소수의 유대인을 악마화해 지지를 확보했던 것처럼, 그렇게.

'없는 자'가 계속 '없는 자'로 살면서 '있는 자'를 증오하는 사회와, '없는 자'도 열심히 일해 '있는 자'가 되어서 그 대가를 스스로 지불하며 책임감 있는 사회 일원으로 살아가는 사회—당신은 어떤 사회를 택하겠는가?

국민에게 자기집이 아닌 공공임대주택을 강권하는 것은 자산축적 기회의 박탈이며, 멀쩡한 개인들 소유의 땅을 야금야금 국유화하는 것은 필연적으로 권력의 비대화와 비리로 이어진다. 토지는 국가가 아닌 개인들이 소유해야 하는 것이며, 토지를 국유화 할수록 그것을 배분하는 힘을 가진 정치권력은 강력해지고 시민은 그 권력의 배분, 타인의 의지로 인한 처분에 운명을 맡길 수밖에 없는 종속적 신민으로 격하된다. 근대 세계의 시작을 알린 유럽 자유주의 물결과 민주주의, 산업화의 근본은 토지를 국가가 아닌 개인들이 갖기 시작하면서였음을 잊지 말자.

2·4대책? 선거용 말잔치, 토지국유화일 뿐

2·4 대책의 핵심은 '강제수용', '토지국유화'라는 국가 폭력이다. 멀쩡한 개인들에게 분산된 땅의 소유권을 국가가 가져가서 행사하고 개인들에겐 관대한 처분만을 기다리라는 정치 권력의 비대화는 민주주의, 시장경제와 역행하며 전근대적 독재의 발상일 뿐이다.

일단 서울의 분양주택이 부족한데 자꾸 경기도에 정권과 LH만 이득을 보는 신도시를 개발하고 임대주택을 주겠으니 입을 닫으라던 그간의 엉뚱한 처방을 이제 서울에 공급하겠다고 전환하는 시늉을 냈지만, 디테일을 보면 아무 실효성이 없다.

종전에는 정비구역의 개인들이 각자의 보유주택에 해당하는 땅 지분을 기반으로 조합을 만들어 시공사도 선정하고, 지하주차장·평면·천장고·커뮤니티·조경 등 설계 전반에 걸쳐 주체적으로 설계 수준, 추가부담금 등을 정해오던 것을 이제 땅을 국가에 내놓으면 시공사를 선정하는 것 외의 모든 권리를 국가가 박탈해 가져가서 국유화된 토지에 국가가 짓고 싶은대로 저품질의 단지를 짓겠다는 이야기에 다름 아니다.

국가에 땅을 양도하는 시점에 양도세를 면제하겠다는 생색은 가소로우니 그냥 비웃으면 된다. 종전에 개인들이 조합을 설립하면서 조합에 땅을 출자하는 명목으로 양도세를 냈던 적이 없다. 어차피 양도세란 사후 신축주택의 처분단계에서 발생하는 것 아닌가.

2·4대책 발표 이후 취득한 모든 주택에 대해 입주권을 부여하지 않고 현금 청산하겠다는 이야기는, 현재 어느 단지를 재건축할지, 어느 지역을 재개발할지 정해놓지도 않은 채 한국 전역에 대해 2021년 2월 4일 이후 취득한 주택을 공공주도로 정비한다면 시장가보다 한참 낮으며 반값인 곳들도 흔한 공시지가 정도의 감평가만 주고 쫓아내겠다는 것이다.

예컨대 여러분이 2021년 2월 5일 살고 싶어서 구매한 3억 원짜리 낡은 빌라가 어느 날 갑자기 공공재개발 구역으로 지정되면 국가가 1억5천만 원의 가격만 쳐주고 쫓아내며 입주권을 부여하지 않겠다는 것이다. 그뿐인가. 이미 노원구와 관악구에 낡은 빌라를 1개씩 갖고 있던 사람에게, 노원구와 관악구의 해당 지역이 재개발되면 “너는 2주택자니 역시 반값 현금청산 대상“ 이라면 그 야만성을 누가 수긍할까.

집값이 오르면 지구지정을 취소하고 토지거래허가구역으로 묶겠다는 것은 그냥 이 대책으로 집을 공급할 일이 없다는 보증이나 다름없다. 아니, 많은 지역을 지정해 수십만 호를 공급하겠다며? 그런데 가격이 오르면 지정을 취소하겠다면 어느 개발대상지역이 남아날까?

이 대책의 최대 피해자는 낡고 저렴한 빌라를 자가로 보유하던 사람들이다. 이후 낡은 빌라를 샀다가 공공재개발이라도 되면 반값에 청산당할 것이고, 토지거래허가구역으로 묶는다면 세도 놓지 말고 직접 들어가서 녹물 마시며 살다가 재개발 되면 나가라는 이야기인데 누가 그 집들을 매입할까? 이 사람들은 이제 집을 팔고 이사를 가고 싶어도 팔 수가 없게 됐다. 매수 수요를 없애버린 것.

반대로 '공공'딱지가 안 붙는 민간 재건축·재개발 사업성이 있는 인기지역은 더 희소성을 갖게 되고 안전해졌다. 조합장이 공공 정비사업 컨설팅만 받은 것으로도 조합원들이 조합장을 갈아버리고 탄핵하겠다는 이야기가 나오는 것이 입지가 좋은 지역 조합들의 현실이다. 절대 공공재개발 할 리가 없는 곳에서만 집을 헐값에 수용당해 쫓겨나는 일이 없을테니 안심하고 매입할 수 있을 것 아닌가.

재건축 초과이익 환수 면제 정도가 유일하게 실효성 있는 카드로 보이지만, 어차피 공공 사업지 일반분양가를 터무니없이 낮게 산정해 기존 소유자들의 추가부담금을 대폭 더 뜯어갈 것이므로 앞에서 남기고 뒤에서 밑지는 장사를 시키겠다는 거다. 누가 그런 뻔히 보이는 요설에 속아넘어갈까?

5년 안에 뭔가 시행되는 것도 아니고, 토지를 '확보'하는데만 5년이고 관의 인·허가권 남발로 스피드를 내도 10년이다. 임기 1년 남은 정권과 장관이다. 애초에 의지도 없고 실효성도 없는 땜질 발표인데, 주택공급이 아닌 서울시장 재보선과 대선까지 지지율 장사를 하기 위한 말잔치일 뿐이라고 보시면 된다.

결론은 관심을 가질 가치가 없다는 것이다. 민간 주도로 더 효율적으로, 시장 참여자들이 원하는 아파트를 공급해오던 재건축·재개발 정비사업을 미실현 이익에 대해 몇 억씩 현금을 강탈해가는 재건축 초과이익 환수제와 조합원 부담을 늘리고 소수의 수분양자에게 관치 규제차익을 몰빵해주는 분양가 상한제로 사업성을 박살 냈으며 설계와 시공의 인·허가권을 쥔 관청이 온갖 태클을 걸며 막아놓아 공급을 절멸시켜 놓았던 정권이다.

아니나다를까, 멀쩡히 사업을 진행하던 조합들을 협박해 공공사업 치적으로 돌리려는지 민간 정비사업장들을 전면 감사해 적폐를 청산하겠다는 헛소리까지 나왔다. 민간 정비사업에 되먹잖은 태클이나 그만 걸어라. 그럼 2·4대책이니 공공재개발이니 하는 어떤 것보다도 빠르고 확실하게 많은 물량을 민간이 알아서 공급할 것이다.

집은 원래 빚내서 사는 것이다

"서울에서 몇 년을 모아야 집 한 채를 산다"는 식의 선동은 그만 봤으면 한다. 한국 정도 되는 국가들의 글로벌 도시 중 금수저가 아닌 이상 일반 직장인이 몇 년간 모은 돈으로 대출 없이 집을 살 수 있는 도시는 없다.

자기자본 1억 원 이상의 보증금을 마련할 수 있는 사람에겐 그 값의 집을 사든지 아니면 대출을 용이하게 해 주어 레버리지를 끼고 좋은 집을 사게 해 주고, 자기 몫의 취득세와 재산세를 내면서 공동체에 기여하게 하는 대출-주택 매수 활성화가 올바른 주거 복지 대책이다. 이런 면에서 과거 보수 정부 몇 년간의 대출한도 확대, 거래 활성화 대책은 글로벌 관점에서 매우 옳은 방향이었다.

대학에서 팀플 할 때 항상 있는 프리라이더들 있잖은가. 누군가가 다 준비해 놓으면 이름만 살짝 올리는 사람들. 지금 한국의 주거 복지는 이런 대학의 주먹구구식 팀플 학점 부여만도 못한 인센티브 체계다. 열심히 한 사람에게 C를, 이름만 올린 양심 불량자들에게 B를 주고 있는 것 아닌가.

청년을 위한 최선의 경제정의는 LTV 95%다.

세계 어느 나라에서든 집은 빚내서 사는 것이고, 총부채상환비율(DTI, 소득 대비 대출 비율)로 측정되는 개인의 상환 여력이 있다면 20~30년 만기 분할상환 모기지로 집값의 80~110%까지 빌려주는 게 글로벌 스탠더드다.

대출을 집값의 40%에서 틀어막고, 특정 가격대를 초과하면 20%에서 심지어 대출을 금지하는 나라는 OECD 어디에도 없다. 그것은 개인의 경제활동에 대한 국가의 폭력이며, 화폐금융시장을 부정하는 반상식적 독재 행위다. 박근혜 정부 때 LTV 70%, DTI 60%로 완화됐던 게 그나마 국제 기준에 근접한 것이었는데, 이 문조차 닫아 버린 것이다.

부모에게서 증여 받았든지 사업이나 재테크로 특출난 성공을 거둔 귀재가 아니고서야 어떻게 젊은 나이에 집값의 60~100%에 해당하는 현금을 동원할 수 있겠나? 물려받은 것 없고 증여 받은 것 없어도, 월급이든 자영업이든 증명 가능한 소득이 있는 사람이면 누구나 목돈 없이도 집값의 80% 이상을 대출받을 수 있게 해주고, 대출금을 20~30년 분할상환하며 자기 집을 사서 보유할 수 있게 해 주는 게 글로벌 스탠더드다.

미국·영국·유럽·일본 등 세계 거의 모든 상식적인 국가들에서 주택 구입 시 담보대출의 LTV는 90~105% 수준이다. 네덜란드는 부대비용까지 내라고 집값의 106%를 빌려주다가, 좀 강화했다는 게 101%다. 보수적이라는 독일도 80%다. 한마디로 상환 능력(DTI)만 충분하면 집값만큼 돈을 빌려준다는 말이다. 세계에서 집값이 가장 비싼 도시 런던조차 집값의 5%만 있으면 'London Help to Buy'로 95%까지 대출을 당길 수 있다.

이게 아무리 흙수저라도 자기가 노력해 좋은 직업을 가졌으면 그에 걸맞은 집을 구입해 세금 내며 오너십을 갖고 사회의 일원으로 기여할 수 있게 하는 상식적인 민주사회의 제도다. 갚을 능력이 충분한데도 집값의 40%만 빌려주겠다고 강제하며, 목돈으로 집값의 60%를 가져오지 못하면 집 사지 말라고 하는 나라는 OECD에 한국밖에 없다.

주거비는 의·식과 마찬가지로 당연히 개인이 누리는 대가로 지불해야 하는 돈이다. 그 돈을 매월 월세로 지불해 비용화하느냐, 모기지로 집을 사서 원리금 상환해 가며 자산화하느냐, 그 선택권을 목돈 없는 젊은이라도 당연히 가져야 하는 것이다. 젊은 나이부터 그렇게 집을 사서 지방세인 취득세와 보유세를 내면 지자체가 그 돈을 허투루 낭비하지 않는지 감시하고 참여할 유인도 생기고, 그게 풀뿌리 지방자치는 물론 지역구 대표를 국회에 보내는 의회정치의 동기 부여도 된다.

LTV를 높이면 가계대출이 늘고 은행이 부실해진다고? 당장 기업 운전자금과 시설투자 여신부터 끊어라. 한국의 은행들 중 외환위기 때 기업 여신으로 망한 은행은 많아도 주택담보대출로 망한 은행은 없고, 주택담보대출이 그 수준으로 부실화된 적도 없다. 주택담보대출은 소액으로 다수의 차주에게 분산되며 담보 물건도 확실하기에 지구상에 존재하는 모든 대출 중 가장 안전하고 건전한 대출이며 다수가 혜택을 누릴 수 있는 대출이다.

DTI 60% 이내의 갚을 수 있는 충분한 소득만 있으면 LTV 95% 정도는 적용해 얼마든지 돈을 빌려줘야 한다. 이렇게 상환 능력만 있으면 집값의 95%를 빌려서도 사게 해 주는 게 진정한 자기 노력을 인정하는 기회 공정의 사회다. 서민층 출신으로 자산이 없어도 노력해 좋은 직업을 가져 월수입이 1천만 원쯤 된다면, 자기 능력에 맞게 초기 자금 5천만 원에다 9억 5천만 원을 빌려 25년 모기지로 월 500만 원씩 갚으며(DTI 50%) 10억짜리 집에 살 수 있게 해 주는 것이 기회의 사다리다. 그런데 이 사다리를 걷어찬 게 문 정권이다. 한마디로 금수저·은수저라 부모가 돈 일시금으로 60%를 대 주지 않는 이상, 아무리 능력이 있어도 집 살 꿈은 꾸지 말라는 얘기다. 근본이 흙수저면 아무리 좋은 대학 졸업해 좋은 직장을 잡은 청년이라도, 상환 능력이 충분한 억대 연봉자라도 집은 월세·전세만 살라는 얘기밖에 안 된다.

빚내서 집 사라는 건 지극히 옳으며 바른 정책의 길이다. 스스로 돕는 자를 돕고, 성과를 낸 이에겐 길이 열리는 게 공정 사회다. 태생적 금수저가 아니곤 돈도 못 빌리게 해서, 연봉이 얼마라도 목돈 없으면 자기 능력보다 한참 떨어지는 집에 살게 하거나 전월세 외엔 선택지가 없게 하는 행태야말로 수구적 신분제 사회를 지향하는 것일 뿐이다. 정권이 부동산을 '정책'이 아닌 '정치'의 수단으로 삼으니 다른 나라들에선 안 하는 정책을 펴고 있고, 그러니 실패할 수밖에 없는 것이다.

문 정권은 실수요나 노후 대비용으로 집 1~3채를 차곡차곡 성실하게 모은 사람들을 모두 적폐로 몰고, 청와대와 집권당 그리고 관료와 어용 언론, 관변 시민단체가 총동원된 선동으로 유주택자와 무주택자를 편갈라 적대심을 고취하는 정치에 올인한다.

금융을 풀어서 집값이 오르는 게 아니라, 수요가 있는 곳에 집을 못 짓게 공급을 틀어막으니 집값이 오르는 것이다. 재건축·재개발이 아니고선 신축 주택을 공급할 수 없는 서울 요지의 도시재생정비 사업은 인·허가권 남용과 재건축 초과이익 환수제, 분양가 상한제로 그 사업성을 멸절시켜 막아 놓고, 정권과 LH의 이득에만 부합하는 외곽 신도시만 지어 대는 식으로 관(官)이 시장을 교란하니, 수요가 있는 곳엔 공급이 없고 공급이 넘쳐 나는 곳엔 수요가 없다. 정부가 시장을 부정한 대가를 국민이 치르고 있다.

아무리 유주택자가 보수 정당을 찍는 성향이 있다 해도, 선진국에서는 좌파 정당이 집권해도 문 정권처럼 대출을 재산권을 부정하는 수준으로 막아 집을 못 사게 하고, 민간의 개발사업을 수익성이 안 나올 정도로 방해해 공급을 멸종시키며. 집 있는 사람과 없는 사람 편 가르기로 국민을 이간질해 이득을 취하려 들지 않는다. 정치가에게 국가와 국민을 생각하는 최소한의 품격이란 게 있을뿐더러, 국민들이 그런 빤히 보이는 술수에 넘어가지도 않는다.

직업과 소득이 있으면 당장 목돈 없이도 집을 살 수 있는 게 건전한 자본주의 국가다. 빚내서 집 사라고 하는 게 정의이자 공정이고, 빚 못 내게 하는 게 불의이자 불공정이며 신분제다. 국민이 원하는 공급을 막아서 집값이 오른 것을 빚 때문에 올랐다는 남의 탓, 구차한 헛소리 변명을 하는 정권은 한국의 문 정권밖에 없다.

재건축 초과이익 환수의 결과

2023년 래미안원베일리(신반포3차·23차·경남), 2024년 신반포메이플자이(신반포8차·9차·10차·11차·17차·녹원), 그리고 디에이치클래스트(구반포1·2·4주구), 래미안원펜타스(신반포15차), 르엘청담(청담삼익) 등 2017년까지 관리처분인가를 받은 단지들을 끝으로 10년간 강남 신규 재건축 공급은 끊길 것으로 보인다.

그나마 이 단지들은 문 정권 출범 전 2017년까지 어느 정도 정비사업 진행이 됐던 단지들이다. 신규 택지 공급이 불가능한 서울에서 주택의 대규모 신규공급이란 결국 기존 노후주택을 철거하고 용적률과 호수를 증가시켜 다시 짓는 재건축, 재개발 정비사업 뿐인데, 이것을 문 정권이 철저하게 억압해온 덕에 추가 사업 진행의 맥이 끊겼다.

내용년수가 다 됐든지, 최초 건축된 70~80년대 개도국에서 2010년대 선진국 진입후 주거수요자들의 눈높이에 맞지 않게 진부화됐든지, 낡은 주택은 멸실시키고 용적률을 높여 더 많은 새 주택을 공급함으로 공급순환 사이클이 유지되어 오던 것을 민주당 정권이 싹둑 그 중간을 잘라버리니 신축주택의 공급이 막혀 신축과 준신축은 희소성으로 가격이 폭발적으로 상승해 시장을 견인한다.

게다가 그 희소성은 이제 향후 10년간 라이벌이 없다는 것까지 더해진다. 재건축초과이익환수금(재초환)으로 최대 10년간의 시세

상승분을 재건축 주택 평가차익에 대한 과세라는 지구상 유례없는 폭거로 막아놓으니 반포3주구 같은 경우는 사업비 추가부담금 외에 1인당 평균 5~6억씩을 현찰로 내야하고, 조합원들이 그런 부담까지 져가며 사업을 진행할 이유가 없다. 이런 이유로 2017년까지 관리처분인가를 받지 못한 사업장들 재건축은 올스톱됐다.

정비사업이란 것이 조합원들이 시행자가 되어 하는 일종의 디벨로핑 사업인데, 최대 10년까지 소급해 실현되지도 않은 평가이익을 6억씩 선납하라면 누가 그 짓을 할까.

그래서 10년간은 정비사업을 통한 공급이 막힌다는 것이다. 물론 그 후에도 재초환이라는 거대모순이 폐기된다면 모를까 유지된다면 사업진행 가능성은 불투명하다. 그때의 시세는 또 어느 안드로메다로 가 있을지 모른다.

분양가 상한제라는 폭탄도 있다. 예컨대 1천호의 조합원들이 주택을 멸실시키고 1,200호 아파트를 지어 1천호는 자기들이 갖고, 100호는 공적임대주택으로 저가헌납하고, 100호는 일반분양을 한다고 가정하면, 그 일반분양에서 어느 정도 수익을 봐야 이 디벨로핑 사업이 진행될 것인데 그것을 주변시세 반값도 안되는 가격에 팔게 하는 분양가상한제로 평생 주택관련 세금 한 푼 안내며 프리라이딩해 온 무주택 고가점자들에게 낡은 집에서 세금 낼 거 다 내면서 공동체 구성원으로 역할을 해온 사람들의 돈을 뜯어 관제 시세차익을 집값의 곱절로 안겨주고 조합원들은 추가부담금 건축비에 재건축초과이익환수금까지 거액을 떠안게 해놓으면, 어느 조합원들이 그 돈 안되는 사업을 진행하겠는가.

지겨운 원가타령, 분양가 통제의 결과

대체 왜 자꾸 기업 경영기밀인 원가정보를 내놓으라 하고, 집값을 원가에 연동하겠다는 비상식적 발상이 득세하는 것일까?

어떤 물건을 만드는 데 1천 원이 들어갔다면, 이 물건을 1,100원에 팔아야 할까, 2천 원에 팔아야 할까? 마진을 10% 남기면 '착한 가격'이고, 100% 남기면 폭리일까?

우문엔 우답이 있을 수밖에 없다.

현답은 한 가지다. 시장에서 구매자들의 지불 의사 중 가장 높은 가격에 팔면 된다. 원가가 1천 원이라도 아무도 찾지 않는다면 100원에도 못 팔고 폐기 처분해야 할 수도 있고, 원가의 1만배인 1천만 원에라도 살 사람이 줄을 서 있다면 1천만 원에 팔면 된다.

시장이 원하는 제품을 더 낮은 원가로 만들어 낼 수 있는 기업은 종업원에게 임금을, 주주에게 주식 가치와 배당을, 채권자에게 약속된 원리금을 주고, 국가에는 법인세를 납부하면서 더 오랫동안 영속되는 기업 활동으로 시장에서 살아남아 경제에 기여한다. 반대로, 제품의 시장 판매 가격과 별 차이가 없는 원가로 경쟁하는 기업은 저임금과 임금 체불, 주가 하락과 저배당, 원리금 상환 지연 또는 불능에 빠지고, 이윤이 없으니 세금도 안 내고, 결손으로 위기에 빠지면 바로 청산되거나 아니면 금융권이 대출 손실을 떠안고 국가가 정치 논리에 밀려 공적 자금을 투입해야 할 수도 있다.

가장 아름다운 기업은 많은 이익을 내면서 장기 영속·성장하는 기업이며, 가장 해로운 기업은 이익을 못 내는 기업이다.

원가는 기업의 효율적 운영을 위한 관리회계 정보일 뿐, 시장가격 결정시 고려할 요인이 전혀 아니다. 원가 정보는 그래서 기업 경쟁력을 정하는 주요 기밀 정보이며, 시장의 매매가격과 연동되는 팩터가 아니고, 공공에 공개될 성질의 것은 더더욱 아닌 것이다.

개인간 거래에서도 원가라는 게 얼마나 무의미한 것인지, 2018년 당시 강북 한 뉴타운 재개발 구역의 조합원 분양가 4억 원, 일반분양가 7억 원, 시장 수요 공급에 의한 지분 매매 시세 9억 원인 25평형 아파트 입주권을 예로 들어 보자.

원주민 조합원 A는 수십 년 전 1천만 원에 산 집의 토지 지분 가치를 3억 원으로 인정받아 거기에 조합원 분양가와의 차액인 1억 원만 더 내면 25평형 아파트를 받는다. 즉 총 원가 1억 1천만 원을 들여 9억짜리 집을 얻는다.

승계 조합원 B는 같은 3억 원의 지분에 프리미엄 6억 원을 얹어 9억 원에 매입하고, 마찬가지로 1억 원을 더 내고 총 10억 원에 이 아파트를 받는다.

이 경우, A는 집을 2억 원에 팔아도 폭리고 B는 10억 원에 팔아도 본전인가?

시장가격 9억 원인 집을, B가 원가 생각에 10억 원 이상이라야 만 팔겠다고 고집해 봐야 시장에서 먹힐 리 없다. 같은 9억 원짜리 집을, A가 원가 1억 1천만 원에 샀으니 2억 원에 팔면 90% 가까이 남겼다고 좋아할 리 없다.

A가 2억 원에 내놓은 집을 C가 구매했다고 하자. C는 그 자리에서 그 집을 D에게 9억 원에 팔아서 7억 원의 무위험 차익을 남긴다. C가 부도덕한 것인가, A가 멍청한 것인가?

가격은 시장의 수요·공급이 결정할 뿐, 원가가 결정하지 않는다.

2014년 이후 유명무실해졌던 분양가 상한제가 본격 시행됐다. 한마디로 시장가격 10억 원짜리 아파트를 5억 원에 분양하라고 강제하는 것이다.

OECD 어느 나라에서도 민간 주택사업자에게 이토록 터무니없이 낮은 가격으로 집을 공급하게 강제하는 설계주의적 국가 통제를 하는 경우는 없다. 누군가가 빼앗긴 돈은 누군가의 배를 채울 뿐이며, 가격 상한 통제는 공급 중단과 가격 폭등으로 이어진다는 경제의 기본 원리를 알기 때문이다. 좁고 낡은 집에서 오랫동안 불편을 감수하며 살다가 리스크를 끌어안고 개발사업을 벌인 시행자인 조합원들의 돈을 빼앗아, 소수의 운 좋은 수분양자들에게 무위험 관제 시세차익을 안겨주는 불의와 불공정은 어떤 사유로도 정당화될 수 없다.

문 정권 들어 강남·서초 등 인기 지역 아파트 값이 줄기차게 오른 것도 다 그런 공급 감소와 기대감에서 비롯된 자연스런 시장가격

결정 메커니즘의 결과다. 그러잖아도 HUG를 동원한 분양가 통제와 재건축 초과이익 환수제로 미실현 평가이익에 대해 조합원 1인당 몇 억씩의 현금을 납부하게 해 사업의지를 소멸시켜 재건축 사업 자체가 전면 중단되어 강남권 재건축 신규 공급의 씨가 말라 가던 차에, 분양가 상한제까지 끼얹어 사업성을 심각하게 훼손시켰다.

손해 보는 사업을 할 사람은 없다. 재건축조합원들을 비롯한 사업 시행자들 입장에선 시장가의 반에도 못 미치는 가격을 받고 파는 사업을 할 경제적 인센티브가 전혀 없으니, 웬만큼 진행된 정비사업장들에서는 어떻게든 마무리가 되겠지만, 초·중기 단계의 정비사업은 올스톱되는 결과를 낳은 것이다. 아예 "다음 정권 때까지 연기하겠다"며 계획을 거둬들이는 재건축조합도 속출했다.

진행하더라도 세대수 증가 없는 1 대 1 재건축이라든지, 증가 세대수를 기존 조합원들에게 1 플러스 1로 한 채씩 더 배정하는 방식이라든지, 고급 아파트가 먹히는 강남·서초에서는 중대형 평형 비중을 최대한 늘려 조합원이 흡수하는 방식으로 일반분양 물량 자체가 줄어들게 된다. 그리고 이 동네들은 향후 공급이 더 희소할 것이니, 정부가 보증해 주는 투자처가 지정된 셈이다.

분양가 통제로 신축 아파트 분양 공급이 한동안 뚝 끊겼던 2018년 강남의 한 재건축 단지 분양 사례를 보자.

분양 시장의 대세인 선분양의 경우 주택도시보증공사(HUG)의 분양보증이 필요한데, HUG가 허락하는 가격 이상으로 분양가를 책정하면 그 승인을 거절하는 관치 통제 방식으로 실질적 분양가

상한제는 이미 실시됐었다. (아파트 골조 공사 3분의 2 이상이 진행된 후의 후분양에는 HUG의 분양보증이 필요하지 않다.)

서초 우성1차 재건축은 당시 시세 기준으로 최소 평당 6천만 원 이상 분양가를 책정해도 되는 곳이었는데 평당 4,250만 원을 강요당했다. 시행자인 조합원들 입장에선 건축비 추가 부담금을 더 내면서 예컨대 33평형의 경우 6억 원 이상의 차익을 수분양자에게 안겨주는 상황이었던 것이다. 재건축조합 입장에서는 선분양하면 당장 돈이 계약금 10%, 그리고 4~5개월마다 10%씩 들어와서 자금 조달 부담이 없어진다는 이점만이 있을 뿐이다. 그렇다면, 이 돈을 다른 데서 조달해 대략 1년 반 정도만 버틸 수 있다면, 당시 시세 기준 후분양으로 22억에 팔 수 있었던 물건을 굳이 선분양으로 16억에 팔 이유가 없다.

단순하게 일반분양 232가구 평균 33평형, 선분양가 16억 원, 후분양가는 선분양보다 18개월 뒤이고 22억 원이라고 가정해 보자. 18개월을 견뎌서 일반분양 물량 가구당 6억 원씩을 더 받으면 분양 총수익이 1,392억 원 증가한다. 18개월을 늦춘 결과 늘어날 지출은 금융비용일 뿐이다. 선분양해 봤자 18개월 동안 가구당 분양가의 50%, 8억 원 정도를 미리 조달할 텐데, 단번에 들어오는 게 아니기 때문에 기간 평균으로 따지면 기간 평균 조달금리 절감 원금은 그 절반인 4억 원, 232가구에 928억 원 정도다. 이 돈을 1년 6개월간 조달하는 금리 총 비용은 금리 4.5% 가정 시 62억 원에 불과하다. 1,392억의 추가 수입에서 비용 62억 원 빼면 1,330억 원. 조합원이 1천 명이라면 가구당 1억 3,300만 원 분양수익만큼의 추가부담금 절감효과가 발생하는 셈이다.

상황이 이러니 강남권 재건축 조합들이 후분양제를 심각하게 고려하지 않을 수가 없었던 것이다. 당시 시세 기준 평당 6천만 원 이상에 분양할 수 있었던 강남권 대부분의 단지들이 HUG에 의해서 4천만 원대라는 정치적 가이드라인을 강요받았다.

그래서 2018년 당시 서초·강남의 신축 아파트 분양 공급은 3월의 개포8단지 재건축 디에이치자이 이후 한동안 뚝 끊겼다. 이 단지도 선분양으로 HUG 기준에 맞추다 보니 시세(18~19억 원) 대비 분양가(14억 원선)를 낮게 책정했고, 그 결과 수분양자들에게 당시 시세로만 최소 4억 원 이상씩의 무위험 차익이 보장됐었다. 개포디에이치아이는 애초에 공무원 임대아파트였기에 조합원들이 없었지만, 이렇게 뻔하게 가구당 억대의 추가 부담금이 걸려있는 조합원들이 존재하는 여타 재건축 아파트 단지들에 HUG의 강짜가 순순히 통하겠는가?

비상식적 분양가 통제의 최대 수혜자로 이 정권의 고위직 몇 명을 언급하지 않을 수가 없다. 국민 세금으로 운영되는 정부 공관에 무상 거주하는 방식을 활용해 거액 현금을 확보했던 무주택자들이다. 반포에서 시세차익 대비 초저가 분양을 받아 15억 원 넘는 평가차익을 거둔 대법원장의 아들은 부친의 공관에 거주했다고 한다. 전 청와대 대변인은 청와대 공관에 거주하면서 일반인은 받을 수 없는 거액의 대출을 받아 흑석뉴타운에 전액 투자해 한때 40억 원 자산가가 됐다. 이곳은 분양가 상한제에서도 제외되어 사업성이 좋아졌다.

시장의 수요 공급과 가격이라는 시스템이 엄연히 존재하는데, 그것을 외면하고 분양가 통제로 집값을 잡아 보겠다는 발상은 결국 당분간 신규 아파트들 골조가 올라갈 때까지 2~3년간 분양 공급 물량의 멸종과 이에 따른 기존 서초·강남 아파트 가치 상승으로 이어질 수밖에 없다. 막상 후분양 때가 돼서 정부가 또 무슨 꼼수를 부릴지 모르니 아예 재건축 자체를 정권 교체 이후로 미루는 단지들도 나오니 강남의 희소성은 더 증가한다.

결국 분양가 통제는 강남권에서 기존 신축 아파트들의 희소가치를 높여놓았고, 신규 공급을 기형적으로 왜곡하는 결과를 낳았다. 시행사 입장에선 비싼 가격을 주고 산 강남의 토지에 시장 수요가 가장 절실한 전용면적 59~84㎡의 제대로 된 '아파트'를 공급하고 싶어도 정부의 아파트 분양가 통제로 평당 8천만 원 이상의 분양가를 받아야 손익계산이 맞는 곳에서 5천만 원대 분양가를 강제 받아 손실을 떠안아야 하니, 분양가 통제에서 자유로운 원룸, 투룸 '오피스텔'과 '도시형 생활주택'을 지어 손실을 회피하고 사업성을 확보할 수밖에 없다.

그렇게 재건축·재개발 정비사업이 아닌 강남 요지의 시행사 직접 토지매입 사업들은 초소형 오피스텔과 도시형 생활주택들로 난개발이 되고, 시장이 절실히 원하는 아파트 공급은 확 줄어들었다. 전용 84㎡ 아파트 100호를 공급할 수 있는 땅에 그걸 넷으로 쪼갠 넓이의 전용 21㎡ 원룸 오피스텔·도생 400실을 지어놓는 꼴이다.

사람들은 제값주고 구매해서 정주해서 살 자기 집을 원하는데, 이런 임대사업용 초소형 방들만 깔아놓으니 제대로 된 아파트들의 희소성과 몸값은 더욱 상승할 수밖에 없다. 이렇게 해놓고 또 그걸 공급실적 400개로 가산하는 정권의 통계놀음에만 도움이 될 뿐이다.

시장의 힘에 호되게 당한 문 정권은 아예 시장 자체를 말살하려는 태세다.

2020년 6·17 대책으로 강남을 토지거래 허가 구역으로 지정해버린 것이다. 강남에서 구청 공무원이 민원인에게 했다는 망언을 살펴보자.

"인천 사람이 왜 세곡동 땅을 사요?"

"4인 가족이 왜 40평 아파트씩이나 필요합니까?"

이건 해당 공무원을 파면하고, 구민들이 나서서 구청장을 소환해야 할 일이다. 일개 지자체가 뭐기에 개인의 가족 수에 따른 살 집 평수까지 관리하고 간섭하며 거래 자체를 못 하게 하는가? 자발적인 과잉충성일까, 더불어민주당 소속 구청장이 주택거래 허가 반려 건수를 공무원들 핵심성과지표로 짜기라도 한 것일까? 이런 식으로 거주 이전의 자유와 재산권, 계약의 사적 자치 원칙 등 권리를 말살하는 폭압적 권력은 OECD 어디에도 없다.

멀쩡한 주택들에 대한 토지거래 허가제는 세계 문명국가 어디에서도 있을 수 없는 블랙 코미디다. 상식 외의 부당한 명령에 대해선 사회 전방위적인 무시와 저항이 있어야 그게 건강한 국가다. 헌법에 위배되는 권력자의 지시와 명령에는 저항해야 한다.

왜 꼭 강남이 기준?

허구한 날 강남 타령으로 부동산 정책이 아닌, 편 갈라치기 분노 유발 정치를 하는 정권이다.

주택 정책의 초점을 강남구·서초구 아파트 가격에 맞추는 건 마치 자동차 가격의 표준을 롤스로이스나 벤틀리에 맞추는 것과 같다. 용산·송파·마포·성동구래도 마찬가지다. 자동차 가격의 표준을 벤츠·BMW·아우디에 맞추는 격이다.

원래 사치재, 명품의 가격은 사용가치로 결정되는 게 아니라 차별화와 희소성의 욕망이 프라이싱의 기재다. 사치재는 그만한 가격을 기꺼이 지불할 용의가 있는 사람들이 누리면 되는 것이며, 대부분의 사람들은 그것을 갖지 못한다고 해서 삶의 질에 무슨 문제가 생기지 않는다.

강남만 대한민국인가? 아파트만 집인가? 대체 강남 아파트 가격이 왜 주택 정책을 결정하는 지표가 되고, 통제의 대상이 되나?

서울만 해도, 불과 2019년까지만 해도 동급의 글로벌 국제도시에 비해 비싸지 않은 집은 아직 많았다. 노도강(노원·도봉·강북)과 금관구(금천·관악·구로)의 많은 아파트들은 1㎞ 이내에 전철역이 있고, 학교들도 걸어 다닐 거리에 있다. 아파트가 아닌 다세대주택이면 어떤가? 그냥 아파트보다 규모가 작은 주거용 공동건물일 뿐이다. 한국의 단지형 아파트처럼 쾌적하고 낮은 건폐율을 자랑하는 주거 환경이 필수재라면, 다닥다닥 붙은 다세대주택들에서 살아가는 유럽 사람들은 뭐가 되나? 파리 몽마르트 언덕? 가파른 계단 골목이 있는 곳의 다세대주택들이 미관상 아름답다는 점(거기 사는 사람들도 그렇게 생각할지는 모르겠지만)을 제외하면 주거 기능적인 면에서 한국의 다세대주택과 얼마나 다른가? 서울 부도심 바깥의 평범한 아파트와 다세대주택 정도 가격의 주택들이 업무중심과 전철로 가깝게 연결되어 있는 글로벌 도시가 서울 말고 또 얼마나 더 있을까?

사치재 가격은 사치재 사고 싶은 사람들이 더 지불하든지 말든지 놔두면 된다. 서민 코스프레 하는 부자 말고 정말로 서민이라면, 강남 아파트 값 오르면 그냥 오르는가 보다 하면 된다. 괜히 때려잡겠다고 다주택자를 적으로 삼아 징벌하겠다고 하니 강남·서초의 똘똘한 1주택만 가지겠다는 매입 수요만 증가한다. 그 덕분에 강북과 지방의 물건들이 매물로 나온다면 오히려 이건 보편적 중산층과 서민들을 위해 더 희소식 아닌가? 정부가 신경 써야 할 것은 중산층·서민의 주택 가격 아닌가? 압구정·반포·잠원·대치동이 아니라 도봉·쌍문·면목·미아동 아파트 가격의 안정이 진짜 주거 정책의 시작이란 얘기다. 오히려 강북의 평범한 아파트와 다세대주택의 가격이 저렴하게 유지된다면 그게 주택 정책 면에서 훨씬 더 의미 있는 성과다.

2018년 정부는 재건축 최소연식을 30년에서 40년으로 때려 막겠다고 했는데, 어차피 압구정 현대, 구반포 주공처럼 이미 40년을 채운 단지들은 아무런 문제가 없었다. 30년 되는 오륜 올림픽선수촌, 목동 신시가지가 당장 독박을 쓰는 것으로 보일 뿐이고, 그나마 10년 채우고 나면 어차피 재건축은 또 진행된다. 재건축 조합원 지위 양도를 금한다고? 그러니까 문 닫히기 전에 들어가기 위해서 압구정과 반포에 사람들이 매물만 나오면 돈 싸 짊어지고 가지 않았나.

문 정권은 배아파리즘에 기댄 표 장사용으로 강남 타령, 그러니까 롤스로이스·벤틀리 가격을 때려잡아야 한다는 프로파간다의 정치 퍼포먼스를 중단하라. 그리고 정말 중산층·서민을 위해서라면 강북의 평범한 주택들, 그러니까 현대·기아의 소형차·경차 가격에 포커스를 둬라. 캐비어 값이 식량 정책과 대체 무슨 관계가 있는가? 식량 정책 목표는 쌀값에 있어야 한다. 캐비어가 얼마에 팔리든 말든 그게 왜 정책의 초점이 되어야 하는가? 사치품은 시장에 맡기고 필수재에 집중해라.

대체 세계 어느 나라에서 한국처럼 정치권력이 임의로 특정 지역들을 찍어서 투기지역 과열지역 조정지역 같은 괴랄한 네이밍 딱지를 붙여대고,

대체 세계 어느 나라에서 특정 금액대를 찍어 대출을 40%에서 20%로 까거나 아예 0%로 대출을 전면 금지하는 식으로 자산의 금융 유동성을 없애버리는 위헌적 재산권 침탈행위를 해대며,

대체 세계 어느 나라에서 특정 지역과 주택 채수를 찍어서 취득세, 보유세, 양도세를 최대 12배까지 세게 때리는 정치 짓거리를 부

끄러움도 모르고 부동산 정책이랍시고 내놓던가.

집값이 백 억 단위를 넘어 천 억 단위로 달려가는 뉴욕 맨해튼, 런던 켄징턴 첼시 왕립구를 비롯 도쿄 미나토구를 정부가 찍어 보유세와 취득세, 양도세를 몇 배 때린다는 이야길 들어본 적이 있는가.

집값의 20~40%만 대출해주며 특정 금액대 넘어가면 대출 안 해주는 나라가 세계 어디에 있던가. 글로벌 주택담보대출 담보인정 비율은 80~110%가 상식이다.

주택 보유채수가 늘어난다고 세금을 폭증시키는 나라도 없다. 그렇게 다주택자를 때리면 임대주택은 절대 공급될 수 없고 임차인들이 바로 직격탄을 맞게 된다.

세계 어느 나라든, 부동산 정책의 기본은 시장 인정이며 민간의 수요와 공급을 존중하는 것이다. 한국을 뺀 모든 선진국이 다 그렇다. 문 정권의 부동산 정치는 뉴욕, 런던, 파리, 도쿄 등 세계 어디에서 봐도 말이 안되는 방식이다.

청약가점제는 불공정의 끝판왕이다

2018년, 강북(서대문구) 홍제동의 오래된 28평형 아파트 한 채를 보유한 어느 어르신의 하소연을 들었다. 강남 고가 아파트도 아니고 그냥 자기 동네 홍제동에 신축되는 아파트 33평형을 청약하려고 해도 유주택자라 가능성이 희박하다는 것이었다.

분수에 맞게 저렴한 다세대주택이나 강북·경기도의 아파트를 취득세 내고 매입해 매년 재산세 부담하며 자가 거주하던 평범한 월급쟁이와 자영업자들에게는, 새로 짓는 집을 분양받아 가고 싶을 때 전용면적 84㎡(33평형)의 집은 100% 가점제로 운영되어 그림의 떡이 된다. 울며 겨자 먹기로 50% 가점제, 50% 추첨제를 운영하는 대형 아파트에만, 그것도 실낱같은 확률만에 기대어 청약하기를 강제당하는 것이다. 그나마 이런 곳에 살던 사람들은 분양가 9억 원을 초과하여 중도금 대출이 금지되는 강남은 언감생심이고, 향후 시장에서 가장 인기가 없는 강북의 대형 아파트에만 청약의 기회가 열린 셈이다.

이건 기본적으로 청약가점제가 무주택자에게만 가점을 주고, 그것도 무주택 기간(최대 32점), 부양가족 수(최대 35점), 청약통장 가입 기간(최대 17점)을 합해 최대 84점으로 운용하기 때문이다. 강북 다세대·아파트 서민이 뒤늦게 깨닫고 자기 집 팔고 전세로 옮겨도 이미 무주택 기간을 다 까이고 들어가니 기본 커트라인 60점은 넘어가는 가점제 시장에서 나머지 52점으론 들이밀 여지도 없다.

반면, 부자 부모에게서 증여를 받았든 자기가 고소득자이든, 10억 원쯤 하는 거액의 전세금을 밀어넣고 인기지역 신축 아파트 골라서 이미 살고 있다든지, 부모덕에 자산은 많은데 소득 요건이 딱 들어맞아 반값 전세로 강남 장기임대주택(시프트)에 거주하는 자발적 무주택자들에겐 이 청약가점제가 최고의 어드밴티지를 부여하는 재테크 수단이 된다. 그간 취득세·재산세 한 푼 안 내 온 이런 고가 전세 거주자들이, 세금 열심히 내며 저렴한 다세대주택이나 아파트에 자가 거주해 온 사람들을 제치고 정부 분양가 규제 차익을 따먹는 셈이다.

예컨대 개포8단지 재건축의 경우, 정부의 저분양가 압박으로 34평형 분양가가 당시 인근시세(18억~19억 원) 대비 4억 원 이상 낮은 14억 원에 불과해 앉아서 큰 이득을 보고 시작하는 게임이었다. 분양가가 9억 원을 초과해 중도금 대출까지 불허라니, 계약금(10%)과 중도금(60%)을 합한 10억 원을 조달 가능한 사람들끼리만 들어가게 게임을 세팅해 놓았는데, 10억 전세 사는 사람에게 10억 조달이야 자기 전세금을 빼든 다른 여유자금을 가져가 쓰든 누워서 떡 먹기가 됐다. 그냥 그간 '무주택'이기만 했으면 자금 안 되는 가점제 경쟁자들은 정부가 알아서 떨어내 줬으니 커트라인은 더 낮아지고 확률은 더 높아진 것이다. 아닌 게 아니라 장기간 강남 고가 전세만 옮겨 다니며 새집 플레이 즐기던 억대 연봉자 586 여럿이 개포

8단지 분양에 가점제로 입성해 무위험 차익 4억씩을 챙기고 시작한다는 소식을 많이 들었다.

강남은 대·중·소형 가리지 않고 다 인기가 좋지만, 기본적으로 강북의 인기 평형은 중소형이다. 문제는 중소형은 100% 가점제로 운영되다 보니 자발적 무주택 고가 전세민들이 강북 중소형마저 독식하고, 처음 언급했던 낡고 저렴한 강북 소형 아파트나 다세대 주택 보유자들은 강북 중소형 청약을 꿈도 못 꾼다는 데 있다. 그렇다고 강북 대형 50% 추첨제에 희박한 확률 노리고 들이밀 처지도 아닌 사람들이다. 애초에 강북이든 강남이든 40평대가 필요한 사람들이 아니니까.

그래서 비인기 아파트·다세대주택은 보유해 봐야 세금이나 내고 청약가점제로 신규 주택 분양에서도 소외당하니, 차라리 안 사 버리겠다는 쪽으로 선회한다. 이왕 주택 보유할 거면 강남·서초·용산·송파·마포·성동 같은 인기 지역에 가지는 것만이 합리적 선택이 된다.

그렇게 인기지역 청약 건은 현금 빵빵한 고가 전세민 가점 고득점자들만의 리그가 되고, 강북의 돈 되는 중소형 평형도 이 사람들의 무위험 차익거래 리그가 된다. 반면 강북의 저렴한 아파트와 다세대 자가거주자들은, 전세 거주자들은 안 내는 취득세와 보유세는 다 내면서도 새 아파트 살겠다는 꿈에서는 원천 차단된다. 정 사려면 입주 시점에 저 사람들에게 고가의 프리미엄이나 주고 매입할 수밖에.

이렇게 빌라와 비인기 아파트는 도무지 보유할 이유가 없으니 계속 외면당하고, 분수에 맞게 살던 사람들은 바로 2007년 그 청약가점제를 도입한 노무현과 2017년 8·2대책으로 청약가점제를 중소형주택 100%로 확대해 분양 자체를 못 받게 만든 후계자 문재인을, 자기가 누구 때문에 그렇게 됐는지도 모르고 찍고 있는 자발적 호구들로 살아간다. 역시 가점제로 586들에게 청약을 원천 차단당한 무주택 2040 젊은 사람들도 함께.

청약가점제가 얼마나 불합리하고, 자원을 부당하게 몰아주는지를 바로 이런 사람들이 알 필요가 있다. 5억 자가민의 기회를 10억 전세민이 빼앗고, 2040의 기회를 현 정권 탄생의 주역 세대인 586들이 빼앗는 것, 그게 바로 청약가점제다.

청약가점제, 분양가상한제는 거래세, 보유세를 꾸준히 납부해 공동체에서 한사람 몫을 다하면서 인생의 시기별로 각자 구매력 분수에 맞는 주택을 구입해 차근차근 넓혀온 성실한 자가보유자들을 엿 먹이는 제도이다.

이 제도의 수혜자는 주택구매력이 있음에도 분수에 맞지 않는 주택에 임차인으로 거주하든지, 하방베팅 전략적 투기든 청약 제도로 인한 무위험 관제차익이든 그런 것들 한방을 노리며 평생 주거관련 세금 한푼 안내고 임차인으로 살아온 프리라이더들이다.

2억짜리 단칸방 집으로 시작해 5억, 10억, 15억짜리로 넓혀오며 꼬박꼬박 납세한 성실한 유주택자들은 이 제도에서 철저히 배재되며, 같은 시기 5억, 10억, 15억 전세를 향유하며 세금한푼 안내고 프리라이딩하던 임차인들은 이 제도로 시가 20억짜리 아파트를 10억 원에 분양받아 무주택기간동안 주택세금 제로로 평생납세액의 비약적 감소라는 절세와, 분양가 상한제와 HUG를 동원한 관제 반값 분양가로 한방에 거액의 시세차익까지 거머쥔다.

오히려 무주택 기간이 길수록 청약에서 철저하게 배재하고, 장기간 거래세와 보유세를 부담해온 기존 주택 보유자들에게 더 넓고 좋은 입지의 집으로 업그레이드 할 우선권을 줘야 하는데 설계가 반대로 되어도 한참 반대로 된 것이다.

그래서 아파트 분양가는 시행자가 자율적으로 시장에서 받을 수 있는 가격으로 책정하게 해야 하며, 청약은 통장이고 가점제고 말도 안되는 시장교란 관제차익장치 없이 기존 재고 아파트들과 동일하게 선착순 자율계약으로 진행하게 두어야 하는 것이다. 선진국의 부동산 분양은 다들 그렇게 한다.

대체 미국, 유럽, 일본 등 상식이 있는 어느 나라에서 시세 10억짜리 집을 시행자 팔 비틀어 5억에 분양하게 하고 그것도 그간 가장 세금을 안낸 무주택 기간 긴 자들에게 가점을 줘가면서 5억, 10억씩의 관제 무위험 차익을 시행자들 돈으로 안겨주는가.

청약가점제, 분양가상한제는 최대한 자기 분수에 맞지 않게 살면서 납세를 해태해온 무임승차자들에게 거액의 보상을 안겨주는 최악의 인센티브 체계로 즉각 철폐됨이 마땅하다.

차라리 세계 최악의 저출산 극복을 위해 주택보유여부, 보유주택수에 관계없이 1명 출산시마다 청약 1건씩 우선권을 부여하는 게 사회에 대한 기여와 인센티브 설계면에서 차라리 납득할 수 있겠다. 정 이 말도 안되는 세계 최악의 역인센티브 제도를 문 정권의 시조 노무현의 유산이랍시고 꾸역꾸역 끌고 가야겠다면.

세계 1위 부동산세 약탈 국가

2019~2020년에 걸쳐 취득세·보유세·양도세 전방위에 걸쳐 각 부문별로 세계 최고세율만 떼어다가 짜깁기하고 원칙도 철학도 없는 누더기 세법 개악을 한 결과 한국의 부동산 세금은 압도적 세계 1위를 마크하는 가렴주구 국가가 됐다.

미국은 주에 따라 다르지만 부동산 보유세로 1~1.5% 정도를 부과한다. 물론 다른 선진국과 마찬가지로 미국 역시 보유세의 지방세 원칙이 지켜지고 있어 철저하게 납세자 지역의 교육, 사회간접자본에 쓰인다.

한국처럼 특정지역과 주택채수 등을 이유로 6%까지 올리는 말도 안되는 짓을 하지 않으며, 납세자의 지역에 쓰여야 할 돈을 국세인 종부세로 거둬가서 문 정권과 민주당 거수기들같은 중앙 권력집단이 멋대로 쓰지도 못한다.

또한 미국에선 보유세 낸 만큼 납세자 가처분소득이 줄어드니 보유세 납세액을 납세자의 연말정산 소득에서 공제해 준다. 이렇게 하니 보유세의 실효세율은 더 떨어진다. 그뿐인가. 미실현 평가이익에 대한 국가의 임의과세라는 부당한 폭력을 방지하기 위해 취득원가에 매년 감정평가한 금액만큼을 업하는데 그 상승률이 연간 2%를 넘지 못한다.

한국처럼 연봉 1억인 사람이 보유세 8천 내고 소득세 2천 내서 계좌 전액을 탕진하는 사태가 벌어지지 않는다는 말씀이다. 연봉에서 보유세 낸만큼은 소득에서 차감해 주니까 보유세를 낸만큼 소득세 절세효과가 있는 게 미국이다. 세금을 낸만큼 소득이 줄어들었으면 그만큼은 소득에서 빼주는 건 당연한 거다. 물론 한국처럼 공시가격을 권력 임의로 폭등시키고, 소득 없는 은퇴자들에게 집값이 올랐다는 이유만으로 몇년만에 10배 보유세를 부담시키는 연간 300% 보유세 폭증을 용인하지도 않는다.

그래서 미국에선 저가 주택이든 고가 주택이든, 집이 1채이든 100채이든 보유세를 같은 기준의 세율로 내며, 한국처럼 6억짜리 주택에 보유세 60만 원(실효세율 0.1%)를 때리면서 30억짜리 주택에 보유세 4,500만 원(실효세율 1.5%)를 때리는 말도 안되는 폭력을 자행하지도 않는다. 집값은 5배인데 세부담은 75배가 되는게 말이 되는 일인가? 이것도 그나마 1주택자 기준이고 2주택자의 경우 실효세율이 2~6%까지 치솟으니 단위금액당 수백배 담세차가 발생한다.

또한 미국은 보유세를 어느 정도 매기는 대신에 취득세가 없으며, 주택채수와 지역에 따른 양도세 중과같은 짓도 하지 않는다. 내봐야 20%수준이다. 물론 양도세도 기본적으로 종전 처분주택보다 비싼 집으로 업그레이드 할 때에는 유예가 되며, 종전 처분 시 손실이 발생했다면 그후 주택의 양도차익과 상계 통산하도록 캐리 포워드도 된다. 첫빵에 20억 주고 집을 샀을 때보다 5억 원 집으로 출발해 10억 원, 15억 원, 20억 원으로 집을 단계적으로 넓혀가면서 중간에 취득세, 양도세로 돈을 몇 억 날려 많은 금액을 부담하는 일이 없게 하는 형평 차원에서다.

한국은 조정지역이라는 것을 권력이 임의로 정해놓고 취득세를 2주택 8.8%, 3주택 13.2%를 때리고 양도세를 2주택 최대 70%, 3주택 80%대까지 부과하는데 미국에선 이런 말도 안되는 중과가 없으며 일반과세율도 한국처럼 45%까지 치솟지 않는다.

평가차익에 대한 과세도 불공정하다. 같은 실거주 1주택자라도 1억 원 주고 산 집이 9억 원이 되어 8억 원의 시세차익을 거둔 경우에는 양도세를 비과세하지만, 9억 원 주고 산 집이 10억 원이 되어 1억 원의 시세차익을 거둔 경우에는 양도세를 과세한다. 더 많은 취득세와 보유세를 냈고 차익은 훨씬 적은데 왜 세금을 더 때리는가? 그냥 비싼 집에 사는 것이 죄이고 징벌하겠다는 것인가? 주택가액에 무관하게 실거주 1주택자라면 양도차익을 9억 원까지는 비과세하고 그것을 넘더라도 더 비싼 집을 사서 이사가는 경우에는 추가 부분에 대해서만 취득세를 거두고(물론 미국처럼 취득세 자체를 폐지함이 맞지만), 최종주택의 처분시점까지 양도세 과세를 이연함이 옳다.

말도 안되는 8.8%~13.4%의 취득세를 때리면서 싱가폴을 참고했다던데 그 나라의 다주택자 보유세와 양도세는 한국보다 훨씬 가볍다. 영국에선 주택의 보유자가 아닌 실제 거주 효익을 누리는 거주자(즉 임차인)가 보유세를 내며, 프랑스에선 1주택자 보유세를 아예 없애려고 한다. 물론 보유세의 지방세 원칙이나 주택 채수와 지역에 따라 말도 안되는 중과세를 하지 않는 것은 이 나라들을 포함한 선진국 어디서나 지켜지는 조세 형평의 철학이며 상식이다. 주한 프랑스 대사관 직원들 거주주택에 대해 한국 정부가 미친 종부세를 매기니 프랑스 대사관이 공식 항의하는 것도 다 그런 연유다.

거래세가 무거우면 보유세, 양도세가 가볍고, 보유세가 무거우면 거래세, 양도세가 가벼우며, 양도세가 무거우면 거래세, 보유세가 가벼운 것이 글로벌한 조세철학의 이치다. 한국을 뺀 모든 국가들이 다 그렇다.

국가가 주택을 공급하는 데는 예산 한계가 있으니 임대주택을 공급하는 민간에게 유인책을 제시하고, 국가 예산이 들지 않게 자력으로 집을 장만하는 국민이 많아지기를 바라고 이를 적극 지원해 자가 보유를 장려하며, 세금이라는 권력의 임의 침탈을 최소화하는, 조세 제도에 균형과 철학이라는 것이 있는 것이 선진국들의 철학이다.

문 정권이 세계 각 국가에서 최악의 제도만을 한개씩 쏙쏙 체리피킹 해다가 누더기로 만들어놓은 거악의 세법 리바이어던 같은 짓을 선진국에서 했다간 민란의 철퇴를 맞고 대통령은 거리에 끌려나오며, 집권당은 쫓겨난다.

주택을 구입, 보유, 처분하는 전과정에 있어 한국의 부동산 세금이 현행 세계 최고액이며, 최악이라는 사실만 알아두시면 된다.

2018년에 이미 한국은 이미 부동산 명목으로 국민들에게 많은 세금을 거두고 있는 나라였다. 2018년 한국의 부동산 보유세수는 GDP 대비 0.9%로 OECD 평균(1.1%)에 소폭 미달하는 0.8배였지만, 거래세수는 2.0%로 OECD 평균(0.5%)의 4배에 달했으며, 합산 세수는 2.9%로 OECD 평균(1.6%)의 1.8배다. 그조차도 세계적으로 무거운 한국의 양도세는 감안하지도 않은 수치다. 덧붙이자면 이는 문 재인정권이 연거푸 대폭 세율을 올리기 이전 기준이라 2020년 한국 국민들은 세계 최고 수준의 부동산 세금을 부담할 것으로 보인다.

0.8배의 보유세가 적다고 올리려면 4배의 거래세를 동시에 그보다 더 낮춰야 한다는 이야기고, 한 사람이 부동산을 평생 취득하고 보유하며 내는 세금 합산액의 총량을 글로벌 수준에 맞추려면 이미 낸 거액의 취득세는 돌려주든지, 올리는 보유세에서 이미 납부한 취득세만큼은 차감해 주는 것이 조세 포트폴리오 믹스 상 정당한 처사다.

보유세를 국세인 종부세로 국가가 거둬 가는 것도 부당하다. 부동산 보유세의 글로벌 기준은 그 지역에서 쓰는 지방세다. 선진국들에서 보유세에 대한 저항이 적은 것은 거래세가 낮기 때문이기도 하지만, 자신이 낸 보유세가 지역에 쓰여 결국 자신에게 그 대가가 돌아온다는 믿음이 있기 때문이다. 풀뿌리 지방자치와 의회정치도 바로 이렇게 조세의 징수와 활용처가 괴리되지 않기에 가능하다. 국가가 보유세를 국세로 거둬다가 대북 퍼주기 같은 데 쓰는 것은 더더욱 몰상식한 일이다. 기초자치단체 구청에서 쓸 돈의 상당 부분을 광역자치단체인 서울시청에서 거둬다가 대북 사업이니 신발 트리니 하는 해괴한 이데올로기 정치, 이적 사업, 자기 사람들 챙기기용 전시성 행사에 쓰는 일이 선진국에선 있을 수 없다.

부의 재분배? 그것은 국세 수입인 소득세·법인세·소비세로 할 일이지, 지방세이며 수혜자 부담이 원칙인 부동산 보유세 뜯어서 할 일이 아니다. 기형적 종부세는 폐지하고 지방세인 재산세만을 운영해야 하며, 광역자치단체가 기초자치단체 세금 마음대로 가져다 전횡을 하지 못하게 기초자치단체인 구청들의 몫도 지켜져야 한다.

보유 자산의 시장가치가 올랐다고 해서 미실현 이익에 대해 마구잡이 증세를 하는 것은 국가의 폭력이며 야만이다. 미국에서는 보유세를 취득 원가 기준으로 매기고 매년 인상에 최대한 낮은 상한선이 있으며, 보유세 낸 만큼은 만지지도 못한 소득이니 연말정산 소득금액에서 공제해 준다. 집이 2~3채라고 해서 세율을 폭등시켜 가족 해체를 조장하지도 않는다. 1주택자든 몇 주택자든, 거주하는 주택의 양도차익은 원칙적으로 비과세한다. 무거운 한국식 취득세에 더해 거주 주택에 양도세까지 매기면 그 집을 팔고 다른 집으로 이사를 갈 때 그만큼 다운그레이드를 해서 가든지 많은 돈을 들여야 하는 경우를 방지하는 것이다. 무거운 거래세는 단계별로 분수에 맞게 집을 넓히거나 입지를 올려 가는 것보다 처음부터 최대한 비싸고 좋은 집을 사라고 등 떠미는 것과 같다.

보유세 부담 주체도 집의 등기상 명의보다 누가 거주 효익을 누리는가를 본다. 영국에서는 자가든 임차든 실제 그 집과 지역의 거주 효익을 누리는 거주자에게 보유세를 부과하고, 프랑스에선 아예 그 세금조차 전면 폐지할 방침이다. 5억 원 아파트를 자가로 매수해 사는 사람은 보유세를 내는데 20억 원 아파트에 10억 원 전세가 내고 사는 사람은 보유세 한 푼 안내면서 그 가치를 누리는 한국식 정의가 선진국에서는 통하지 않는다.

예컨대 5억 원짜리 집에 자가로 사는 사람은 취득세 550만 원(1.1%)에 더해 매년 보유세(70만 원)를 내 가며 커뮤니티와 기반 시설을 지탱하며 나름 자기가 사는 사회에 기여하는데, 20억 원짜리 집에 10억 전세로 사는 사람은 단 한 푼의 세금도 내지 않는다. 취득세·보유세 그딴 게 어딨나? 실제 그 아파트엔 살아 보지도 못하고 그 전세입자가 무상 거주를 누리게 해 주는 집주인은 취득세 6,600만 원(3.3%)과 매년 보유세(2020년 기준 재산세+종부세 합 690만 원)까지 내 가며 자기는 누리지도 못하는 커뮤니티의 도로·공원 등 기반 유지비를 내 주고 있는데, 이게 무슨 경제정의인가?

무주택자라고 해서 무조건 약자가 아니고 유주택자라고 해서 무조건 강자가 아니다. 무주택 30억 아파트 월세입자와 10억 아파트 자가입주자가 있다고 하자. 전자는 부동산 관련 취득·보유 어느 세금 한 푼 안 내는데 후자는 유주택자라는 이유로 세금을 몰빵 부담하는 것이 대체 어느 나라에서 정의로 인정받을 수 있을까?

미실현 평가차익에 대한 과세도 문제다. 평가차익으로 평소에 보유세를 많이 냈으면 그 차익을 실현할 때의 양도세는 안 거둬야 하지 않나? 왜 이익은 한 번인데 세금은 중복해 거두나? 미리 거둬두는 거라면, 집값이 내리면 과거에 시세 상승만큼 낸 보유세는 다시 돌려주는 건가? 당장 보유세 낸 만큼은 소득세 공제도 안 해 주지 않나? 선진국에서 왜 미실현 차익에 대해 한국처럼 징벌적 중복과세 폭탄을 안 때리는지 이쯤이면 알 수 있지 않나? 조세엔 원칙과 형평 그리고 철학이 있어야 한다.

정권이 유주택자와 무주택자를 편가르고 증오심을 유발하며 사회를 쪼개 놓으며 정치적 이득을 얻으려 하는 징벌적 중과세는 현대 자유민주주의를 부정하는 것이다. 미국 독립전쟁, 영국 명예혁명, 프랑스 혁명의 공통점은 '조세 투쟁'이라는 것이었다. 절대왕정 뺨치는 문 정권이 하는 것 같은 철학도 원칙도 없는 가렴주구 무단 증세에 대한 자유시민의 납세 거부, 재산권 투쟁이었다. 세금으로 정책이 아닌 정치질 장난을 치는 정권은 확실히 대가를 치르게 하는 게 선진국이다.

1주택자의 세부담 가중이 없다고 정부는 선전하지만, 실제 납세자들의 경험은 이것을 간단히 부정한다. 강남구의 평범한 중형 아파트 실거주 1주택자의 보유세는 문정부 5년간 2017년 252만 원에서 2021년 1,192만 원으로 5배 가까이 늘었다.

2017년에 구매한 주택을 사지도 팔지도 않고 그냥 거주만 하고 있었을 뿐인데 4년 만에 세금이 5배가 됐다. 2021년 기준 멀쩡히 자기 집에 살면서 2021년에는 월세로 매달 102만 원씩을 납부하는 꼴이다. 2025년이면 보유세는 2,584만 원까지 증가, 월 215만 원이 국가권력의 포켓으로 들어간다. 이러니 소비지출은 최대한 억제되고, 기부 따위 할 여력들이 있을 리 없다. 자기 집에 사는 은퇴자가 가렴주구 증세 주거비 때문에 경제활동으로 내몰리든지 집을 팔고 떠나야 하는 나라가 됐다.

그나마 선진국에선 보유세 연간 인상 상한이 타이트하고, 걷힌 보유세는 지방세로 그가 사는 지역에 쓰이며, 보유세를 낸 만큼 소득이 줄어든 것을 인정하는 소득공제를 받지만, 이 정부에선 그런

거 없다. 보유세 중 재산세의 절반은 그가 사는 지역이 아닌 광역지자체가 가져가며, 종부세는 국가가 가져가 쓰니 그만큼 태양광 게이트, 대북 퍼주기 등 권력이 해먹을 재원만 늘린다. 보유세 내느라 소득이 줄었든 말든 소득세는 풀로 뜯어간다. 조세의 징수에도, 용처에도, 폭등에도, 아무런 원칙이 없다.

세상에 공짜는 없고, 돈을 지불하는 자는 그에 상응하는 대우를 받아야 하며, 대가는 누리는 사람이 지불해야 한다는, 지극히 당연한 근대적 상식의 확립이 시급하다. 그게 전근대 조선을 탈피하는 길이며, 그렇게 해야 사회의 발전과 지속 가능성을 담보할 수 있다.

이쯤 해서, 2020년 여름 '직보다 집'이라는 유행어를 만든 전 청와대 민정수석의 경우를 돌아보자.

집을 지키고 청와대를 때려치우는 건 합리적인 선택이었다. 그가 보유한 잠실 갤러리아팰리스의 당시 시세는 19억 9천만 원이었다. 이 가격보다 2억 원을 덧붙인 22억 원에 매물을 내놓았다가 여론의 뭇매를 두들겨 맞고 "아내가 했다"는 변명을 내놓았다가, 갑자기 매물을 철회하고 곧바로 사직서를 던졌다.

그깟 2억 원 차액 더 받으려고 청와대 수석이라는 권부 핵심 보직까지 던져야 했을까 의아해 한 사람들이 여럿일 텐데, 그런 사람들은 알짜 2주택을 가져 본 적이 없으니 그의 처지를 이해하지 못하는 것이다.

2주택자로, 강남이든 잠실이든 어느 쪽을 먼저 팔든 거액의 중과세를 때려맞을 수밖에 없었다. 당시 청와대 비서실장처럼 차익이 없는 청주 집을 먼저 팔아 1주택자가 된 후 차익이 많은 반포를 파는 식의 '신공'으로 세금을 줄일 수가 없었다. 일단 둘 중 더 장기로 가져갈 강남 집을 보전하고 투자 가치가 상대적으로 낮은 잠실 집을 던지는 선택을 했다.

2001년 4억 3천만 원에 분양 받은 집을 2020년에 22억 원 쯤에 던지면 그래도 꽤 남을 거라고 처음에는 생각했을 지도 모른다. 그런데 세금을 계산해 보면, 집을 지키고 직을 던지는 게 맞다는 결론이 바로 나온다. 문 정권이 조정대상지역(서울 전역 해당)에서 2주택자가 집을 팔 때 양도소득세를 무려 52%로 중과해 놓았기 때문이다. 갤러리아팰리스를 22억 원에 팔면 차익 17억 7천만 원 중 무려 9억 6천만 원을 세금으로 내야 한다. 그러면 수중에 남는 돈은 12억 4천만 원이 전부다. 문 정부가 그나마 2021년 6월까지 집을 내놓을 기회를 주겠다며 그 전까지 팔면 덜 때리겠다고 같잖은 생색을 낸 수준이 이 정도다. 2021년 6월부터는 세율이 62%로 증가해 낼 세금은 11억 6천으로 2억 원이나 증가하고, 손에 남는 돈은 10억 4천만 원으로 줄어든다.

세금을 왕창 내고도 당장 팔면 8억, 1년 뒤 팔면 그래도 6억이 남으니 돈 번 거 아니냐고? 미안하지만 그런 생각을 하는 여러분이라 그런 집을 못 사는 것이다. 부자가 되고 싶거든, 부자의 마인드를 탑재하는 것이 좋다. 돈을 흩어지지 않게 하려거든 '땅'에 묻으라는 게 부자의 마인드다. 우량 부동산은 팔아서 이익을 실현하고 현금화하는 물건이 아니라 가치를 저장하는 애셋 파킹의 수단이며, 그 자체로 컬렉션으로 유지할 필요가 있는 물건이다. 직업이든 주식이든 그런 것은 수단이고, 그걸로 번 돈을 저장하는 최종

목적지는 부동산이다.

당장 청와대 직 유지하려고 갤러리아팰리스를 팔고 쥔 현금으로 훗날 다시 집을 살 때는, 판 값에 고스란히 다시 되산다고 해도 22억 원에 문 정권이 매겨 놓은 8.8%의 조정지역 2주택 중과 취득세까지 더해 24억 원의 돈을 들여야 한다. 즉 동급의 집을 다시 사려면 당장 팔면 12억 원을 더, 1년 뒤 팔면 14억 원을 더 투입해야 한다는 얘기다. 잠실 대형을 팔고 손에 떨어지는 돈 10억~12억 원으로 살 수 있는 집은 2주택 취득세 8.8%까지 감안하면 강북으로 건너가서 찾아야 하는데, 이 돈으론 마포·성동 신축도 어렵고 서대문·동대문·영등포 신축 소형 아파트나 간신히 두드려 볼 수 있다. 입지도 하락하고 면적은 반토막이 되는 드라마틱한 다운그레이드 스토리다. 22억 원짜리 집 던져서 현금 10억~12억 원 손에 남기느니, 그냥 문 정권이 또 사정없이 올려놓은 증여취득세율 13.2%를 부담하고서라도 자식에게 증여해 주는 게 합리적 선택이다. 그렇게 함으로써 그의 일가는 10억 원이 아닌 증여 과정 세금만 부담하면서 강남·잠실 모두를 세이브할 수 있게 된다. 패밀리 레거시를 만들려면 자산을 지켜야 한다.

물론 또 다른 방법이 있는데, 그냥 기다리는 거다. 세계 최고 수준의 취득세·보유세·양도세를 매겨 놓은 문 정권식 약탈적 벌금형 조세는 세계 어디에서도 지속 불가능한 체제다. 이렇게 세금을 때리는 나라는 지구상 어디에도 없으며, 이건 오래갈 수도 없고 가서도 안 된다는 걸 민정수석 스스로가 너무 잘 알고 있을 것이다.

결론은 10억 원 날려먹고 청와대에서 일하느냐, 아니면 그냥 자산을 보전하고 청와대를 때려치우느냐인데, 이쯤 되면 당연히 청와대를 때려치우는 게 합리적 선택이다.

부자를 세금으로 때리면 집을 시장에 내놓을 거라고? 천만의 말씀이다. 세금으로 때릴수록 쭉정이들만 던지려 들지, 알짜는 그대로 들고 버티기 모드로 간다. 좋은 집을 시장에 내놓게 하고 싶거든 반대로 양도세와 취득세를 낮춰서, 그 집을 팔고 나온 돈으로 언제든지 그만 한 집을 또 다시 살 수 있게 해 주면 된다. 코트를 벗기는 건 햇볕이지 강풍이 아니다.

물론 그것은 문 정권의 다주택자 비난 프로파간다와 배아파리즘 갈등선동, 징벌 카타르시스, 표 장사에 전혀 도움이 안 되고, 정권의 실패를 자인하는 굴복이기에 절대 그렇게 할 리가 없지만.

전월세 폭등의 이유

세계 어디에도 유례가 없는 문 정권만의 막가파식 증세로 쓸 만한 지역에 2주택을 가지는 순간부터 취득세(8.8~13.2% 글로벌 1위), 양도세(70~80% 글로벌 1위), 보유세(시세대비 실효세율 최소 2% 이상 글로벌 1위이며, 심지어 6%까지)를 매겨놓았으니 임대소득세, 부대비용 등을 감안해 집값의 4% 월세수익을 거두면 통상적으로 보유세 다 내고 남는 게 없게 된다. 이익이 문제가 아니라, 강북 10억짜리 아파트에서 월세 300을 받아야 손해를 안 본다는 말씀이다. 물론 이건 보유세만 감안한 거고, 취득세 8.8% 뽑으려면 5%씩의 월세수익을 8년간 거둬야 할 것인데 이러면 400을 받아야 손해를 안본다. 이런데 누가 2주택을 보유해 가며 전월세를 공급하겠는가.

1주택 보유자의 경우도 9억 원 초과 시 양도세 장기보유특별공제 요건에 실거주를 박아버렸으니, 굳이 자기 집을 세놓고 남의 집에 세를 살면서 세금폭탄을 자진할 이유가 없다. 그냥 세입자 내보내고 들어가서 살 일이다. 이렇게 1주택자가 공급하는 전월세도 사라진다.

이런 와중에 드물게 전월세 2년 만기가 되는 물건이 나와도 임대인이 세입자를 내보내고 들어가 실거주 하든지, 아니면 주변 시세대비 현격하게 낮은 전월세가로 들어가 있는 기존 세입자가 연장권을 사용해버리니 신규 진입 세입자에게 돌아갈 전월세 물량은 없다.

재건축 정비사업 입주권을 받으려면 2년 실거주를 해야 하는 말도 안되는 법을 만들어 놓았으니, 그간 낡고 불편한 점을 이유로 인근 대비 전세가가 저렴했던 대치동 은마아파트 같은 곳들도 임차인을 내보내고 임대인이 들어가 사는 몸테크를 하든지 주소만 옮겨놓든지 한다. 이렇게 전세물건이 사라지니 은마아파트 전세가도 5억 원에서 10억 원으로 폭등한다. 그 와중에도, 기존 세입자 연장권을 쓰는 경우에는 그래도 5억 원 실거래가 찍혀 정권의 입맛대로 총 전세가상승률 통계 수치를 마사지하는 재료가 된다.

임대인을 윽박지르고 세입자에게 특권을 줄수록, 임대인은 세입자가 퇴거에 불응하든지 2년 더 살겠다고 할까봐 그냥 집을 비워두고 만다. 언제든지 매수자가 입주 가능하도록 비워두고 팔면 세입자가 들어있는 경우보다 좋은 가격을 받고 팔 수 있다. 이렇게 또 전월세 물량이 사라진다.

조세철학도 원칙도 없이 세계적으로 유례없는 글로벌 1위 가렴주구 조세 쥐어짜내기와 위헌적인 전월세 소급 일괄 적용의 임대차 3법이라는 몰상식한 짓을 일사불란한 거수기들을 국회에 두고 밀어붙이며 유주택/무주택자 편 가르기 정치놀음을 하는 독재정권의 시장조작 결과다. 그걸 좋다고 박수쳐주는 광신적 지지자들이 그 대가를 가장 혹독하게 치르는 것은 바로 업보다.

당신이 사는 집이 당신을 말해줍니다

임대차법 개악으로 기존 임차인이 계약을 연장하든지 임대인이 실거주에 들어가면서 전세 공급이 씨가 마른다. 1천세대를 넘는 단지에서 전세매물 5개가 안되는 경우가 대다수이니, 어쩌다 신규 전세물건 1건이 나오면 급등한 전세가로 계약이 체결된다. 대치동 은마아파트 30평형의 임차인들 전세연장 가액은 5% 상한에 막혀 4억선이지만, 새로 입주하는 임차인은 8억선에 계약을 체결하니 2년만에 전셋값이 두배 뛴 것이다.

게다가 이런 재건축 단지들은 이제 새 아파트를 받으려면 2년 실거주 요건까지 생겨서 보유자들이 임대 공급을 중단하고 있으며, 2주택만 되어도 취득세-보유세-양도세-임대소득세 전방위적 증세폭탄을 던지니 굳이 다주택을 보유해 대기업 연봉을 넘는 세금폭탄을 감당하지 않고 반포,잠원,압구정,대치 등 강남에서도 최상급지의 진짜 똘똘이 1채로 집중하는 절세 전략들을 택하게 된다.

이러니 다주택자가 있어야만 가능한 전세 공급은 멸종되고, 서울 웬만한 2주택만 가져도 대기업 부장급 연봉을 가볍게 뛰어넘게 되는 세계 최고율의 가렴주구 살인적 보유세까지 감당하려면 그나마 남은 다주택 보유자들도 월세를 받아 보유세 비용을 충당할 수밖에 없다. 전세 대신 월세를 놓거나, 보증금은 안올리고 올릴 수 있는 보증금만큼 월세를 받는 방식을 택하게 된다는 말씀이다.

1주택자가 전세를 공급할 이유도 사라졌다. 2년 실거주를 해야 양도세 비과세가 되고 실거주기간이 길어야 양도세 장기보유 특별공제를 80%까지 온전히 받을 수 있으니 직접 들어가 살아야지 전세를 왜 놓겠는가.

그나마 은마아파트처럼 낡아 살기 불편한 아파트이니 그간 강남 대치동 거주라는 허세를 4억선에 부려볼 수 있던 게 8억선이 됐지, 강남 인기 지역의 새 아파트 전세가는 2년 전 10억선이었던 것이 이제 20억을 호가한다.

과거에는 돈이 없어도 전세라는 비과세 프리라이딩 거주비 최소화 방식을 택해 구매력 분수 이상의 주거 허세를 부릴 수 있었던 사람들에게 이 문은 이제 좁아져 간다. 예전에는 25억 집에 10억 전세금(그중에 5억까지는 전세자금대출로 충당도 가능)만으로 거주하던 사람도, 이제 전세매물이 없고 어쩌다가 5억, 10억씩 오른 전세금을 충당하든지 아니면 월세로 500 이상씩을 납부해야 거주할 수 있는 세상이 된 것이다. 물론 그 월세 500 받아봐야 임대인도 다 보유세와 임대소득세로 중앙 정부에 뜯기는 것이니 임대인을 원망하지 말고 그 세금을 최종적으로 챙겨가는 중앙 국가권력을 욕하시기 바란다.

예전엔 마용성(마포 용산 성동)까지도 아니고 서동영(서대문 동대문 영등포) 정도에 집을 매매할수 있는 자금이면 전세와 전세자금대출 신공으로 강남에 사는 분수 넘치는 주거 허세를 부릴 수 있었지만, 이젠 최소 마용성을 구매할 수 있든지, 고액 월세를 감당할 수 있는 캐쉬플로우를 가져야 하게 됐다. 물론 이건 아파트와 고급 주택 한정이다. 공공임대, 원룸, 오피스텔, 다세대 빌라는 어디에 있든 싸니까 예외다.

어쨌든, 이 말의 신뢰도가 종전보다 높아지는 세상이 온다.

"당신이 사는 집이 당신을 말해줍니다."

정책의 배신

재건축 초과이익 환수금, 분양가 상한제로 사업 시행자인 조합의 일반분양 수익성을 떨어뜨리면 조합이 할 일은 하나다. 그냥 조합원들 안에서 평형을 넓히든가 두 채씩 가져가서 해결하지, 일반분양 물량으로 안 내놓으면 그만이다. 그것도 사업이 어느 정도 진행된 재건축·재개발 사업장의 이야기고, 다른 곳들은 사업 진행 자체를 중단하니 서울시내 공급이 늘 리가 없다.

시장에서 필요로 하는 지역의 주택 공급은 무시하고 실수요자 자금만 묶어 댄다. 세계 어느 정상적인 국가에서도 하지 않는 0~40%의 무식한 대출 규제, 주택 구매자 세무조사 협박, 자금 출처와 매도 대금 용처에 대한 월권적 개인권 침해 조사, 재건축 초과이익 환수제와 분양가 상한제로 신규 공급 절멸, 서울 웬만한 인기지역 2주택부터 세계 최고율 징벌적 보유세를 매겨 놓고 양도세도 최고 79.2%까지 매겨 퇴로를 차단하니 시장 매물 멸종, 유주택자에게 세금 폭탄 던져 무주택자를 선동하는 표 장사 등. 그렇게 문 정권 집권 4년 만에 서울 집값은 어느 정권에서도 본 적이 없는 급격한 속도로 뛰어올랐다.

독재정권은 시장 참여자의 모든 것을 설계하고 통제할 수 있다고 믿고, 사람들의 의지를 조종할 수 있는 것으로 간주한다. 천만의 말씀이다. 쓰레기를 투입하면 쓰레기가 산출될 뿐이다. 시장 무시 발상에서 기획된 데다가 '유주택자 적폐몰이, 무주택자 표 장사'라는 오염된 편 가르기 발상까지 더해진 모든 정책은 실패하고, 국민을 더 빈곤하게 만들며, 시장에 필요한 공급을 절멸시켜 가격을 폭등시킬 뿐이다.

지금은 아예 불가능해져버린 아파트 분양권 거래 사례가 그랬다. 원래 조세는 아쉽지 않은 자로부터 아쉬운 자에게 전가되기 마련이다. 아쉽지 않은 사람은 배짱 호가(높은 매도호가, 낮은 매수호가)를 부르면 그만이고, 아쉬운 사람이 그거 따라서 자신의 매수·매도호가를 움직이게 된다는 말이다. 새 아파트에 대한 수요는 넘쳐나는데 분양권 거래를 막아 두니 거래 가능한 분양권 값은 천정부지로 치솟았다. 그나마 그 물량들도 미등기 전매 시 50%의 양도소득세가 과세되니 프리미엄 1억 원을 받아 봐야 매도자가 손에 쥐는 돈은 5천만 원이 전부다.

그런데 매도자는 적어도 1억 원은 손에 쥐고 싶어 한다. 그러면 그냥 프리미엄 2억을 부르면 된다. 매물이 희소한 수요초과 시장에선 2억 원 프리미엄도 수요자가 매수를 한다. 그걸 다시 시장에 내놓을 때는 2억 5천을 부른다. 이것도 거래가 체결되면 그다음엔 3억, 그러다가 4억, 5억, 인기지역들 분양권 프리미엄은 그 이상도 순식간이다(물론 6억을 얹어 팔아도 매도자가 챙기는 건 그중 3억이고, 3억은 양도소득세로 국고에 귀속된다).

1주택이라도 9억 원을 넘으면 초과분만큼은 과세 대상이다.

10억에 산 집을 18억에 팔면 양도차익 8억이 남지만, 매도가 중 9억 초과비율(50%)에 해당하는 4억에 대해선 과세가 되어 양도소득세 1억 원 이상이 나온다. 그러니까 자기 손에 8억을 쥐려면 18억이 아니라 19억에 팔아야 한다는 계산이 나오니 호가를 더 높여 부른다.

2018년 4월부터 다주택자에게는 양도소득세를 중과하겠다고 했으니 다주택자들은 주택임대사업자로 등록하고 4~8년간 소유 주택들을 임대용 주택으로 묶어 버렸다. 임대용 주택은 종합부동산세 합산에서 배제되고, 향후 양도세도 대폭 감면되기 때문이었다. 즉 다주택자에게 양도소득세를 중과세하면 그들이 어서 파는 게 아니라 도리어 시장에 출회되는 매물이 대거 자취를 감추는 정반대 결과가 빚어진다. 안 그래도 매도자 우위 시장에서 다주택자 소유 물건들이 매물 목록에서 사라진다면 어떻게 될지는 불 보듯 뻔하다.

결국 매도자를 징벌하겠다고 매기는 양도소득세가 매매가에 전가돼 매도자가 아닌 매수자를 고통스럽게 하며, 다주택자에 대해 양도세를 중과세하면 오른 세금이 매매가에 전가되는 것은 물론이고 매도 물건마저 대폭 줄이는 효과를 낳는다. 파는 사람은 비싸게 팔아 봐야 상당 부분은 양도소득세로 날아갈 뿐이고, 결국 해피한 것은 이렇게 가득 걷히는 세금으로 선심성 예산 낭비 사업 표장사 하고 공무원 늘리기, 조직 늘리기, 위원회·산하 기관 늘리기로 586 정권 공신들 한자리씩 낙하산 내려보내는 문 정권일 뿐이다.

분양가 상한제와 전매 금지는 어떤가?

엄연히 인근 시세라는 것이 있는데 정부가 주택도시보증공사(HUG)를 앞잡이로 동원해 조합의 팔을 비틀어서 낮은 분양가를 강제하면, 결국 규제 차익은 소수의 수분양자들이 전부 가져가는 구조가 된다. 개포8단지 재건축 분양 당시처럼 34평형 주변 아파트들이 18억~19억 하는데 새 아파트 분양가를 14~15억으로 매겨놓으면 수분양자는 앉은 자리에서 준공 입주 시점(통상 3년 후)까지 4억 원의 안전 마진을 깔고 시작하는 셈이 된다. 전매 제한이 걸려 있다고 하더라도 충분히 매력적인 장사 아닌가.

반면 이 아파트를 분양가보다 높은 16억~18억에 살 의사까지도 있었지만 청약 가점이 안 되든지 아무튼 탈락한 사람들은, 분양권의 전매가 금지되어 있으니 해당 아파트가 준공되는 시점까지 분양권을 매입할 수조차 없다. 사업 시행자는 시행자대로 손해이고, 입주 희망자는 입주 희망자대로 기회를 놓치는 불합리한 제도다.

시장 무시의 결과가 어떤가는 2018년 9·13대책 전에 다주택 세팅을 완료한 임대사업자의 운명을 통해서도 볼 수 있다. 이들은 이 정부에서 어떤 대책을 내놓든 무풍지대에 있던 사람들이다. 취득 시 취득세 감면을 받았고, 보유하는 동안은 종부세 합산이 배제되며, 양도 시 장기보유 특별공제로 세금을 감면받았다. 어떤 대책과 세금 폭탄을 투하한다고 해도 이들과는 무관했다. 임대료 인상률 5%를 적용받고, 8년 장기임대로 정부와 임대주택 공급 동업을 택한 대가다. 2018년까지만 해도 임대사업자 등록을 정부가 나서서 장려하고, 그래서 주겠다던 혜택들이다.

그런데 반대로 생각해 보면, 이들이 최소 8년간은 매물을 내놓을 일이 없으니 시장에 매도 물량이 잠기는 것이 된다. 아무리 세금 폭탄을 때려도 1주택자가 대부분인 실수요자들과 뒤늦게 비조정 지역 법인 갭투자에 나서서 차익이 적은 영세 규모 투자자들만 맞지, 이미 다주택 세팅을 끝내 놓았고 차익이 큰 임대사업자들을 징벌하는 정치적 카타르시스를 줄 수도 없다. 뒤늦게 이걸 깨달았는지, 2020년부터는 임대사업자들을 '징벌'하기 위해 법치국가의 기본인 불소급 원칙까지 팽개치고 이들에게 주어졌던 제도적 혜택을 소급해서 몰취하겠다고 나선다. 똑같은 정부가 2018년과 2020년에 다른 말을 하는 조변석개의 무리수가 처연하다. 문 정권의 어떤 정책을 사람들이 믿을까?

그들이 다주택 임대사업자 가두리 친 후 세금을 올렸을 때
당신은 침묵했다.
당신은 다주택 임대사업자가 아니었기 때문이다.

그리고 2주택 보유세율을 세계 최고로 올렸을 때
당신은 침묵했다.
당신은 2주택 보유자가 아니었기 때문이다.

다음에 9억 원 넘는 1주택 대출을 20~0%로 제한했을 때
당신은 아무 말도 하지 않았다.
당신은 9억 원 주택 소유자가 아니었기 때문이다.

다음에 6억 원 집 매수 자금 출처를 조사할 때
당신은 아무 말도 하지 않았다.
당신은 6억 원 주택 소유자가 아니었기 때문이다.

그들이 당신에게 닥쳤을 때는
당신을 위해 말해 줄 이들이
아무도 남아 있지 않았다.

젊은 실수요자와의 전쟁

결과적으로 다주택 임대사업자들을 좌파 정권의 동업자에서 2년 만에 적폐로 만들어 버린 2018년의 8·2대책은 사실, 젊은 실수요자들에 대한 핵폭격을 동반한 갭투자 장려책의 결정판이었다.

목돈 없는 젊은이들, 실거주 목적으로 서울·과천·세종에 괜찮은 집 사기는 꿈도 꾸지 못하게 만들었다. 서울·과천·세종 LTV를 모두 40%로 묶었다. 서울 강북에 7억짜리 집 사려면 대출은 2.8억 원만 해 줄 테니 현찰 4.2억 원 들고 오란 말이고, 그 돈 없으면 60% 대출해 줄 테니 경기도로 나가라는 거다.

부부 합산 연봉 얼마 이내 실수요자에겐 50% 해 준다지만, 별 의미 없다. 소득 하한선도 맞벌이면 대부분 해당되지 않고, 그 금액대 소득자가 금수저가 아니고서야 50% 자본이 없으니 50% 대출받아 봤자 의미도 없으니까.

이렇게 실수요자가 은행 대출 받아 집 사는 건 막아 놨지만, 문 정권 인사들이 악의 축으로 매도해 온 투기꾼들이 전세 끼고 갭투자 할 길은 무제한으로 열어 놓았다. 길음뉴타운의 전세 3.5억, 매매 4억짜리 집 사는 데 5천만 원만 있으면 됐고, 일산의 전세 2억, 매매 2.3억짜리 집 사는 데 3천만 원만 있으면 됐다. 이렇게 전세 끼고 1채, 5채, 10채, 50채, 100채를 사도 아무런 제한이 없다. 애초에 차 한 대 값이면 되는 곳이 많고 LTV 따위가 적용되는 투자가 아니다. 주택임대사업자만 내면 양도세 중과(2주택 50%, 3주택 60%) 배제, 종부세 주택 수 합산에서도 제외, 재산세도 25~100% 감면해 준다. 신규주택이면 취득세도 50~100% 감면된다. 준공공임대주택으로 등록하면 양도세 전액 면제다.

주택임대사업자 내면 의무임대기간이 4년이므로, 일단 이렇게 산 물건들은 최소 4년간 시장에 안 풀린다. '재건축 초과이익 환수+조합원 물건 거래 금지'로 재건축 다 막아 놓고 기존 주택까지 갭투자 매물을 4년간 막아 놓으니 더더욱 공급은 줄어든다.

젊은이들에겐 청약 제도 활용도 막아 놨다. 분양면적 34평(전용 25.7평) 이하 아파트의 주요 지역 선정 기준을 100% 가점제로 바꿨다. 이제 무주택 기간과 자녀 수, 노무모 봉양, 장애 여부까지 온갖 가점으로 떡칠된 중년의 세대주가 아닌 젊은이들은 신축주택 청약에서 될 거란 희망도 버리란 얘기다.

이 상황에서 흙수저 젊은이들이 할 수 있는 건 그냥 월세·전세나 살든가, 몇천만 원이라도 모이면 너도 나도 전세 끼고 갭투자로 나서는 길밖에 없다. 물론 이렇게 갭투자 한 게 설령 1주택이더라도, 사업자 내고 4년 임대 후 2년 실거주하고 매도해야 양도세 비과세가 된다. 1억 원 가진 대기업 대리가 3억 원 대출받아 4억 원짜리 주택을 실거주 목적으로 사는 건 못 하게 하지만, 2천만 원 갭투자 5채 하면서 재산세 감면받고 양도세 전액 면제받는 길은 열어 놓은 것이다. 부모에게 목돈 받아 오는 금수저라면 모를까, 너희 흙수저들은 은행 대출 안 해 줄 테니, '실수요 목적으로 집 사는 못된 짓' 하지 말고, 전세 끼고 갭투자만 하라는 거다. 개천에서 용 못 나게 하겠고, 서민 자녀는 그냥 시골에 찌그러져 살든가, 돈 조금 모아 와서 경기도에서 통근하는 것까진 봐주겠지만 목돈 60% 마련하기 전까진 서울에 발붙이지 못하게 하겠다는 것. 자기 자녀들에게 줄 현찰은 충만한 '살롱 좌파' 586 정권다운 발상이다.

시중 유동성이 넘쳐나고 수요 대비 공급은 모자란데 수요만 때려잡는다고 일이 되나? 10년 전 이 정권 인사들의 노무현 정권 시절 21세기 최대 부동산 폭등도 비슷한 경로를 거쳤다.

공무원 17만 명 증원으로 30년간 매년 17조 원씩 국고를 착착 축내며 국가 성장 잠재력을 무너뜨릴 것을, 딱 자기 임기인 5년 동안 나눠서 뽑은 인원의, 그것도 초임의 기본급만 보여 주며 돈 얼마 안 든다던, 그 후 국가가 어찌 되든 말든 자기 임기만 바라보는 정권다운 발상이다. 아무리 봐도 이건 다주택자가 아닌, 무주택·1주택 실수요자와의 전쟁이다.

몇년 후 폭등이 오든 말든 임기 동안만 막아 놓겠다는 발상이 통할 정도로 시장은 호락호락하지 않다. 사실 8·2대책이라고 내놓은 메시지의 주목적도 '투기꾼을 때려잡겠습니다'라는 생색내기일 뿐, 실제 잡히든지 말든지는 문 정권이 알 바 아니었다.

다주택 양도세 절세의 기본은, 차익이 적은 물건을 먼저 팔고 차익이 많은 물건은 1주택자가 된 다음 비과세로 파는 것이다. 노영민 전 비서실장은 양도차익이 적은 청주 집을 먼저 팔고, 양도차익이 많은 반포 집은 1주택자가 된 후 매도함으로써 비과세를 받는 교범적 플레이를 이행한 셈이다. 이건 비난할 대상이 아니다 없다. 당신이라면 안 그러겠는가? 문제는, 이런 식의 절세 플레이를 2017년 8·2 대책 이후 아파트를 취득한 국민들은 구사할 수 없게 문 정권이 사다리 걷어차기를 한 데 있다.

노 전 실장은 설경 본인이 거주하지 않았어도 반포 집을 비과세 매도할 수 있었지만, 8·2대책 이후 집을 산 국민들은 1주택자라도 본인이 2년 이상 실거주해야 비과세 매도가 가능하다.

덧붙여, 2019년에도 문 정권은 사다리 걷어차기를 보여 줬다. 노 전 실장은 청주 집 등기를 넘긴 다음날부터 1주택자로 인정되어 반포 매각 차익에 대해 비과세를 받지만, 2021년부터 집을 매도하는 국민들은 다른 주택을 전부 매각한 후 1주택자가 된 지 2년이 경과한 후 팔아야 비과세 대상이 되게 해 놓은 것이다. 어차피 노 전 실장은 2022년 이후까지 기다려서 팔 게 아니라면 이번에 파는 게 비과세를 받을 수 있었던 것이다. 절세보다, 사다리를 걷어차는 문 정권을 보라.

프리라이더 천국

2016년의 일이다. 구정 귀성길에 잘 지은 아파트들을 보았다. 입지도 건물도 괜찮다. 국민임대주택이다. 그 건너편에는 허름하고 낡은 아파트가 보였다. 분양주택이다.

뭔가 잘못됐다. 어디서부터 이렇게 잘못된 것일까?

국민임대주택은 당연히 분양주택보다 품질과 입지가 낮아야 한다. "복지 정책의 성공은 더 많은 사람이 그 수혜 대상에서 탈피하는 것"이라지 않는가. 하루빨리 자기 집 마련해서 탈출하고 싶은 곳이 임대주택이어야 한다.

단돈 2억 원짜리 강북·경기도의 아파트·다세대주택, 1억 원짜리 지방의 아파트·다세대주택이라도 그것을 매입하여 거주하는 사람들은 매입 시점에 취·등록세를, 보유 기간 동안 매년 재산세를 관할 지방자치단체에 납부한다. 주택채권 매입 또는 할인을 통해 공공임대주택 마련의 재원 또한 공급하며, 중개 보수와 인테리어비 등을 지불하여 지역 중개사와 업자들의 일자리도 공급한다.

그런데 동액의 보증금을 내고 전세를 사는 사람들은 도대체 공동체에 어떤 경제적 기여를 하나? 싼 집이라도 자기 집을 매입해 사는 사람들과는 달리 이들은 단 한 푼의 세금도 내지 않는다. 그러면서 공적 자금으로 마련된 인프라는 모두 활용하니, 사회에 프리라이딩 하는 무임승차자들이다. 강북 24평 아파트를 매입한 사람과, 같은 돈을 주고 같은 단지의 32평 아파트에 전세 사는 사람 중 전자는 강자이고 후자는 약자인가?

그러니까 이 나라는 국가와 사회라는 공동체에 경제적 기여를 하는 사람들에 대한 인센티브 차등 대우가 전혀 없고, 돈 한 푼 안 낸 사람들, 안 내려 하는 사람들에게 과도한 혜택을 주는 프리라이더 권장 사회다. 대학교에서 팀 프로젝트 때 궂은 일 다 도맡아 하며 하드캐리한 사람에겐 C를 주고, 무임승차해 이름만 올린 사람에게 B를 준다면 어떻겠는가?

국민임대주택보다 더 큰, 첫 단추부터 잘못 꿴 폭탄이 있다. 희대의 도덕적 해이 유발 물질이자, 세금 모아 먹고살 만하고 집을 충분히 살 수 있는 극소수 중산층들에게 몰아주는 시스템인 서울시의 '시프트'다.

홍대 앞 합정동 메세나폴리스 안에는 시프트 장기전세임대주택이 있다. 이 장기전세 입주자들이, 분양주택 주민들의 커뮤니티 시설을 못 쓰게 한다며 없는 사람 차별한다고 해 크게 뉴스가 된 적이 있다 (진짜 없는 사람인지는 논외로 하고, 이 중산층들아, 양심 좀 가져라). 당연히 기자들은 이것을 가지고 위화감 유발이라느니 하는 온갖 소리로 깠다.

엄연히 커뮤니티 시설은 분양권자들의 돈으로 만든 재산이다. 왜 그걸 안 그래도 주변 반값도 안 되는 전세가에 대형 아파트에 프리라이딩 하는 그들까지, 자기 돈으로 그 시설을 구축한 분양권자들의 선의를 바라는 것도 아닌, 당연한 권리인 듯이 이용해야 한다고 하는 것인가?

2007년 이후 신축된 거의 모든 단지에 이 시프트라는 괴물이 들어섰다. 지금 이 순간에도 주변 전세금의 반값도 안 되는 전세금을 내고 사는 시프트 프리라이더들이 반포래미안(2,444세대 중 266세대), 반포자이(3,410세대 중 419세대) 등지에 있다. 반포자이 25평(시세 25억 원)을 자기 돈으로 매입하는 사람은 취득세 8,250만 원에 국민주택채권 할인과 중개수수료와 법무사비 등을 합해 1억 원 가까운 돈을 집을 살 때 공동체에 내놓으며, 거기에 매년 재산세와 종합부동산세를 합산해 1천만 원의 보유세를 내놓는다. 그러나 반포자이에 5억 6천만 원짜리 장기전세 시프트 들어간 운 좋은 중산층은 단 한 푼도 사회에 기여하지 않는다.

취약계층에 대한 주거 보조는 분명 필요하다. 그런데, 분양주택보다 화려한 국민임대주택, 강남의 시프트 장기전세주택이 취약계층에 대한 주거복지인가? 주거복지를 빙자한 주거사치지.

주거 보조란 기본적으로 정말 취약한 계층을 위해 최소한의 주거안전망, 즉 경기도에서 서울로 출퇴근하는 거리쯤에 10평대의 소형 아파트를 보급하는 것만으로도 충분한 것이다. 누구나 살고 싶은 서울 요지의 좋은 단지는 자비로 그만한 기여를 할 수 있는 사람이 사야 한다. 임대주택의 상한은 입지·평형 등에서 분양주택의 하한을 기준으로 해야 옳다.

기본적으로 1억 원 이상 보증금을 마련할 수 있는 전월세입자를 위한 주거복지는 불필요하다. 그들은 집을 못 사는 게 아니라 안사는 것일 뿐이다. 그 전세금으로 한 단계 낮은 집을 살 수 있고, 현재 전세 들어간 집을 융자를 끼고 살 수도 있다. 왜 안사는 사람들을 위해 국가가 화려한 임대주택을 지어 주고, 서울시는 남들은 제값 주고 사는 강남의 고가 아파트에 선택받은 일부 사람들에게만 특혜성 초저가 전세로 살게 해 주어야 하는가?

사회가 그 사회에 기여하는 사람들의 은혜를 잊고 다들 공짜만 찾을 때 그 사회는 망한다. 고대의 시민권은 그 사회에 대한 방위적 기여에서 시작했고, 현대의 시민권은 국방을 비롯, 그 사회가 굴러갈 수 있게 자신 몫의 세금을 내놓는 납세로써 공동체 유지에 기여하는 것으로 증명된다. 분명 사회는 더 많은 사람들이 무임승차가 아닌, 정당한 기여를 하며 살아가도록 유인 체계를 설계해야 한다. 적어도 지금의 한국처럼은 아니다. 참 프리라이더가 살기 좋고, 무임승차를 권장하는 사회다.

주거 복지 관련 정책의 바른 방향은 '전세'라는 전 세계에서 한국에만 존재하는 무임승차 프리라이딩 체계의 소멸을 당연한 것으로 전제하고, 주거에 대한 정당한 대가를 지불하는 월세 중심으로의 시장 개편 방향을 인정하는 한편, 뉴스테이 같은 월세주택의 공급을 지원하는 것이다. 이 중 경제력 취약계층에 대한 최저 주거권 보호 정책으로서 최소한의 보증금과 시장가격 대비 낮은 월세를 부과하는 공공임대주택을 보급하면 된다.

단, 그 대상과 품질은 엄격히 제한되어야 한다. 기본적으로 집을 못 사는 사람과 차임을 못 부담하는 사람을 위해 쓰여야 하는 것이 공적 자금이지, 집을 안사는 사람과 차임을 안 부담하려는 사람을 위해서는 단 한 푼도 쓰여선 안 된다. 구체적으로 말하면, 서울·수도권·광역시 기준 전세금 1억 원, 지방 군단위 기준 전세금 5천만 원 이상을 조달할 능력이 있는 사람들에게는 공적 자금을 통한 주거복지는 불필요하며 부당하다. 이들은 자신들이 살고 있는 집보다 조금 좁거나 안 좋은 입지의 집을 매입할 수 있음에도 투기적 관점(시세 상승에 대한 비관), 구매력 대비 주거 허세(학군·면적·교통 등), 공동체에 대한 기여 회피(취득세·보유세 등 아무것도 납부하지 않음)를 누리기 위해 집을 안사는 것일 뿐이다.

해당 기준선에 미달하는 주거 취약자들을 대상으로 할 때도, 분양면적 16평(전용면적 12평, 방1~2개+거실+주방+욕실)을 공공임대주택 품질의 최상한선으로 놓고 그 이내 범위로만 공공임대주택을 공급해야 한다. 당연히 편의시설은 전부 삭제하고, 주차장은 지상으로 올리며, 자재는 최저급을 써서 비용을 최소화해야 한다.

근본적으로 전세가 없어져야 하는 이유는 이렇다. 전세를 놓는 것은 시세 변동의 변수를 제거하면 어떤 경우에도 손해 보는 장사다. 막말로 10억 원 주고 집 사서 6억에 전세 놓는 사람은 취득 비용 4천만 원에다가 매년 재산세·감가상각 부담해 가며 6억 원 은행에 예치하는 것보다 그냥 집 안 사고 전세 공급 안 하면서 10억 원 은행에 예치하는 게 남는 장사라는 건 초등학생들 산수만 해도 안다. 즉 집값이 취득·보유 비용과 기회금리를 모두 커버하는 이상으로 올라서 매도해 차익을 챙기는 자본이익 실현 외에 공급의 유인이 전혀 없다는 이야기다(시세 변동의 상·하방 리스크 중 상방에 대해서는 보유세 폭등에 양도소득세까지 들어가지만, 하방에 대해선 어떤 보상도 없다). 그래서 세계 어느 나라에도 이런 누군가의 일방적 희생과 누군가의 일방적 무임승차 폭리를 전제로 하는 체계가 유지될 수 없는 것이다. 그런데 공적 기금으로 이런 호구질을 해 달라는 건 대체 무슨 공짜 심보인가?

집을 산 사람은 자기 집의 귀속임대료(집 살 돈으로 다른 데 투자했다면 벌었을 돈, 자기 집에 자기가 거주하지 않고 남에게 임대했다면 받았을 돈)만큼을 대가로 지불하고 살고 있고, 월세입자 또한 임대료로 공급자에게 거주에 따른 비용을 지불한다. 반면에 전세금의 기회금리를 계산해 보면 월세입자의 절반도 안되는 대가만을, 그것도 임대료가 아닌 기회비용의 형태로 부담할 뿐이다. 남의 돈, 서비스로 뭔가 효익을 누렸으면 대가를 지불하는 건 당연한 거 아닌가?

공공임대주택 품질의 상한선을 분양 주택 품질의 하한선 아래(전용 12평, 최소한의 건축비로 최저한의 품질로 공급)로 제한해야 하는 이유도 경제정의에 있다. 공공임대주택을 마련하는 재원은 주택 구매자들이 납부하는 세금과 주택채권 매입(할인)에 의한 것이다. 열심히 일해 돈 벌고 세금 내서 1억 원짜리 집에 살고 있으면서 공공임대주택 제공하라고 자기 돈까지 내놓은 사람의 돈으로 2억 원 상당의 품질을 가진 공공주택을 제공한다? 전자를 무슨 호구로 보는가? 분명히 임대주택의 질은 분양주택의 최저한보다 낮아야 한다. 한국의 공공임대주택은 지나치게 질이 높다. 그러니 소득과 자산을 숨겨 가면서 강남의 공공임대주택에 거주하고 대형차를 굴리는 사람들이 속출하는 것 아니겠는가?

매매가 25억 원, 전세가 13억 원의 반포 자이 25평형 장기전세주택 시프트 전세가가 5.6억 원이다. 이게 강남의 웬만한 재건축 단지마다 소셜 믹스까지 한답시고 로열층들에도 박혀 있다. 양재동 경부고속도로변에 양재우성아파트가 있다. 1990년대에 지었고, 주차장도 부족하고, 낡았다. 그런데 그 건너편엔 지하 주차장까지 완비하고 넓은 최신 평면의 양재 리본타워라는 시프트 단지가 들어섰다. 양재우성아파트 주민들은 낡은 집을 취·등록세·중개 보수 내고 사서 인테리어 비용 들여가며 고치고 매년 재산세를 부담하고 있는데, 양재 리본타워 시프트 입주자들은 훨씬 넓고 안락하며 편안한 주택에 세금 한 푼 안 내며 공짜로 살고 있는 것이다. 강남의 수서·일원·세곡지구, 서초의 우면·내곡지구, 송파 장지·마천지구, 마포 상암지구 등에 가 보면 아주 흔한 풍경이다. 시프트뿐 아니라 공공임대주택 정책 자체가 쓰레기다. 자기 돈 내고 집 사서 세금 내가며 공동체에 기여하는 사람들은 멀리 서판교에서 마을버스 이용해 판교역까지 들어가는 불편을 감수하는데, 훨씬 좋은 입지의 초역세권 동판교에는 다른 사람들 세금으로 임대아파트 단지를 조성해 놓았다. 이게 올바른 일인가? 이만한 전세가 조달 가능한 이에게 재건축아파트 조합원들과 서울시민들의 세금을 들여 최고급 주거지의 특급 아파트에 세금 한 푼 안내면서 기생하게 할 이유가 없다. 이런 식의 임대주택은 하루빨리 철폐되어야 한다.

한국만큼 사는 외국의 젊은이들은 20~30년 장기 모기지 당겨서 집 산다. 월세를 내서 없어지는 비용화하든지, 그 돈으로 장기 모기지를 부어서 자기 집 만들든지 선택의 문제지, 공짜 좋아하는 한국인들 식의 '전세'를 내놓으라고 하지 않는다는 말이다.

고층화가 맞다

외국 도시들에서 보이는 역동적인 스카이라인은 많은 사람들을 매료시킨다. 왠지 한국인들은 이런 스카이라인을 보려면 항상 외국에 나가야만 한다는 생각을 해 왔다. 뉴욕, 싱가포르, 홍콩, 도쿄 등. 〈어벤저스: 에이지 오브 울트론〉에 나오는 서울 한강변 옥수·흑석·한남동 구릉의 빨간 벽돌 다세대촌 경관은 논외로 하자. 국뽕을 맞았든지 자기합리화에 스스로가 동화되어 버린 한국인이 아니고서야, 서울의 스카이라인이 얼마나 볼품없으며 현대적인 매력이 없는 도시인지는 굳이 말하지 않아도 휴가철만 되면 외국으로 출국하는 인천공항 출국심사장의 한국인 행렬로 드러났다.

물론 수치상으로 보면 서울은 30층 이상의 고층 건물이 많은 도시로 나온다. 그 건물들이 커튼월, 대리석 마감의 멋진 건물들이 아니라 콘크리트에 페인트만 칠해 놓은 천편일률적인 재건축 성냥갑들이라는 차이가 있을 뿐. 잠실 엘스·리센츠를 위시한 고도 제한 걸린 재건축 단지들은 바로 이 한강 경관의 '공공성'과 '균형 잡힌 스카이라인'을 계도하겠다며 유도해 놓은 것들이다. 이러니 한강 유람선이 해외 도시들과 같은 매력이 생길 리가 없다. 그나마 오세훈 시장 때 '디자인 서울'이라고 한강변의 천편일률적 고도 제한을 풀어서 만들어 놓은 것이 동부이촌동 래미안첼리투스 같은 건물들이다.

같은 용적률이면 고층·초고층화가 도시 경관을 개선시키고 서울의 경우 특히 한강 조망에 대한 접근을 더 많은 사람에게 보장한다는 면에서 저층보다 더 '균형'과 '공공성'에 부합하는 정책이다. 예컨대 용적률 275%에 층고 제한을 일률적으로 걸어 놓은 잠실엘스의 건폐율은 16%다. 100평의 땅 중 건물을 16평이 깔고 있다는 얘기다. 이러니 동을 ㅁ자형으로 조밀 배치할 수밖에 없고, 한강변을 1열로 볼 때 바로 2열의 건물들에서만 봐도 1열에 의해 한강 조망이 100% 차단된다. 반면, 비슷한 용적률에 고도를 초고층으로 높인 삼성동 아이파크의 건폐율은 9%다. 100평의 땅 중 건물을 9평이 깔고, 91평은 녹지 및 조경 공간이라는 얘기다. 이러니 굳이 1열에 있지 않아도 2열에서도, 후면에서도 한강이 잘 보인다.

잠실엘스가 빽빽하게 들어서 뒤 건물들의 한강 조망을 모두 차단하고, 그나마 한강변 동에서도 최소 6층 이상의 주민들만이 한강을 볼 수 있어, 예컨대 20개 동이 늘어섰다면 1열 5층까지 100가구는 한강 조망에서 차단되고 2열 아파트부터는 전부 차단되고 있다. 만약 같은 용적률에서 고도를 두 배로 높였더라면 1열의 한강 조망 차단 가구는 50가구로 줄었을 것이고, 그 사이사이로 후면에 배치된 2열 동들도 5층 이상에서는 전부 한강을 조망할 수 있었을 것이니 결과적으로 2배 이상의 가구가 한강 조망권과 접근권을 누릴 수 있었을 것이다. 건물을 고층으로 올린 덕에 더 많아진 빈 공간에 조성된 녹지로 더 많은 사람들이 한강에 여유롭게 접근해 공공성이니 균형이니를 달성할 수 있었을 것임도 당연한 귀결이다.

한마디로, 제한하려면 용적률을 관리할 일이지, 1970년대에 서울 4대문 안 도심 건물들을 모두 30층에서 잘라 버린, 베어낸 나무 그루터기처럼 보잘것없는 스카이라인을 만들어 낸 고도 제한이라는 권위주의적이고 행정 편의적이고 공무원 관료스런 발상을 현대의 서울, 그리고 한강 수변 경관에까지 적용할 이유가 없다는 것이다.

꼭 이럴 때 "파리·런던은 고층 건물 없어도 멋지기만 한데?" 하는 사람들을 위해 한마디 덧붙인다. 파리·런던 같은 곳은 수백 년 된 석조 건물들이 그대로 남아 있는, 도시 자체가 예술이며 부티크인 도시들이다. 물론 그곳에도 더샤드, 시티 금융가라든지 라데팡스, 몽파르나스의 아름다운 초고층 빌딩들은 랜드마크로서 존재한다. 제발 고풍스러움과 구질구질함을 구분하자. 보존 가치는 그만한 심미성을 가진 건물에 국한해야 한다.

덧붙이자면, 애초에 목조 건물 중심의 동양 도시들의 전통 건축물들은 내구성이 취약해 전쟁 한 번이면 초토화되어 왔기에 전쟁의 풍파 속에서도 살아남은 유럽의 석조 건물들 같은 장기 보존이 불가능했다. 태평양전쟁 때 미군의 집중 폭격을 맞은 일본은 교토·가나자와 정도를 제외한 대도시에 남아 난 목조 랜드마크들이 드물다. 오사카성, 나고야성? 콘크리트로 재건한 천수각들이다.

서울도 그나마 정동·남대문로 일원에 있던 근대 서양식 석조 건물들 정도가 남아 있을 뿐 목조 건물은 애초에 내구성이 취약해 세월과 전쟁을 거치며 다 쓸려 나갔다. 그리고 들어선 게 1960~70년대 청계천 상가식 콘크리트 박스들이다. 이게 건물의 부조 하나하나까지 신경 쓴 유럽의 문화유산들과 비교할 가치가 있나? 애초에 심미성 없이 어렵던 시절 뚝딱뚝딱 만들어 낸 것들이기에 당연히 보존할 가치도 없다. 개포주공아파트에서 한 동을 남기라느니, 굴뚝을 유산으로 보존하겠다는 어처구니없는 발상은 그래서 조소의 대상이 된다.

그래서 동양의 도시들은 클래식한 경관으로는 방향 설정 자체가 불가능하니, 싱가포르·홍콩처럼 모던한 초고층의 스카이라인과 그 속에 공존하는 백 년 전 서구 열강들의 석조 건물들 및 자국의 전통건물들이 복합된 것이 현실적으로 최선의 경관을 연출하는 것이다.

애초에 서울시청도 도쿄도청처럼 고딕 건축을 현대적으로 재해석한, 직선적 파사드의 초고층으로 웅장하게 올렸어야 한다. 바로 옆 덕수궁의 위엄을 해친다며 문화재청에서 걸어 댄 온갖 태클 덕에 새 시청 역시 자라다 만 나무처럼 10층쯤에서 잘린 어중간한, 웨이브 치는 물결을 형상화했다는 기괴한 싸구려 유리 궁전이 되어 버렸다. 서울시청뿐인가. 성남시청, 용산구청 등 한국의 공공 청사들은 한결같이 커튼월을 조잡하게 사용해 한 10년 정도 유행 타다 버려질 특유의 공무원 취향 건물들이다. 어쩌면 공공 청사가 하나같이 다 10년만 지나도 촌스러운 그때그때 전결권자들한테 아양 떨기 위한 철학 없는 동네 상가 같은 모양새를 하고 있나? 공공 건축물은 자손 대대로 물려준다고 생각하고 더더욱 시대를 초월해 장기 영속할 수 있는 고전에 충실해야 한다.

문화재 옆일수록 더 잘 지은 초고층 건물이 들어서야 문화재도 살고 도시 경관도 산다. 도쿄 시오도메의 하마리큐 정원과 어우러진 마천루군인 덴츠 본사와 콘라드 호텔 건물을 봐라. 어중간한

5~10층짜리 개발 제한, 고도 제한 콘크리트 덩어리들과 어우러진 한국의 고궁 풍경보다 100배는 아름답다. 전통 건축과 현대 건축이 모두 함께 빛이 난다. 왜 한국의 고궁 근처엔 문화재청과 공무원들의 태클로 올라가다 만 청계천 상가같은 저층 시멘트 박스 건물들로만 도배를 해야 하는 건가?

한국 사회에서 '균형'이니 '공공성'이니 하는 말은 대개 민간에게서 뭔가 하나라도 더 뜯어내려는 공무원·관료·정치인·시민단체 종사자들의 수사학적 몸부림에 지나지 않는다. 그러니까 무엇 하나 쉽게 인·허가해 주지 않고 질질 끌면서 정치 자금도 받고, 이 기회에 이익 환수하겠다고 공공 기여 뜯어내고, 무슨 재단도 만들고 출연도 하게 해서 낙하산도 가져다 박고, 시민단체는 자기들 인건비와 지원금 뜯어내는 것이다. 현대차가 삼성동 한전 부지를 10조 원에 낙찰 받은 게 삼성이 5조만 써 낼 거란 걸 몰라서 한 바보짓이었겠나? 한전(정부, 산업통상자원부)과 서울시 앞에 대놓고 고액의 자금을 합법적으로 공여한 것이다. 그렇게 안 했으면 또 재벌 특혜니 뭐니 온갖 소리가 흘러나왔을 것이고, 건축 인·허가 과정에서 얼마나 더 눈먼 현대 돈을 뜯어내려 공·관·시민단체가 벼르고 있었겠는가? 10조 원을 상납해 놓으니 그 공공·균형을 외치는 뜯어내미즘이 그나마 덜 발호한 것이다.

초고층이 무슨 한강 조망의 '균형'과 '공공성'을 훼손한다고? 고도 제한을 활용, 균형과 공공성이라는 명분으로 뭔가를 뜯어내려는 궁리나 중단하라.

한강변 경관은 왜 답답할까

포르투갈에선 50만 유로 이상 부동산을 사면 5년 후 영주권을 주고, 포르투갈어 시험 기초등급을 받으면 시민권까지 신청이 가능하다. 특이한 점은, 낡은 건물의 재건축에 투자하면 투자금액 하한선이 50만 유로에서 35만 유로로 줄어드는 인센티브가 존재한다는 점이다.

미국의 투자이민 프로젝트에는 낡은 도심을 리빌딩하는데 90만~180만 달러 이상을 투자해 건설인력 고용을 창출하는 조건으로 영주권을 주는 비즈니스들이 있다.

다들 자기 나라 국민 돈만으로 모자라서 외국인 돈까지 끌어 영주권 인센티브까지 부여하며 자국 도심의 낡은 주거용 건물들을 리빌딩해 주거여건과 도심환경을 개선하고 있는데, 유독 한국에선 그런 것은 커녕 낡은 주택에 살고 있는 자국민들이 모여 재건축, 재개발 조합을 결성해 자기 돈으로 최신 아파트를 지어 올려 주거환경을 개선해 보겠다는 데도 중간에 국가가 온갖 협잡질로 돈을 뜯어간다.

토지를 가져다가 공공시설물을 지어 기부채납 하라는 이야긴 그래도 그 비용을 부담한 해당 지역 소유자들에게 어느 정도 혜택이 돌아갈 만한 일이니 일응 이해할만한 부분이 없지 않지만, 그것도 본래 다 세금으로 했어야 하는 일이다. 한국에서 아파트 단지 안의 조경과 커뮤니티시설에 대해 외부인 출입을 금지하는 것이 옳은 이유는, 다른 나라들에선 그런 분수, 조경, 소공원을 세금으로 지었지만 한국에선 아파트 소유자들이 사유지에 자비로 지은 것이기 때문이다.

점입가경의 이야기들을 해보자. 재건축/재개발을 할때마다 원래 관청이 세금이라는 예산으로 공급했어야 할 임대주택을 시행자(조합원들) 돈으로 단지 안에 짓게 하니, 누구는 25억 원 돈 주고 자가로 보유하면서 보유세로 연간 천단위를 내며 살고, 누구는 월세 400만 원씩 내고 사는 최상급지 반포자이, 래미안대치팰리스 25평에 단돈 6억 원 전세(이자환산 월 100만 원) 시프트 공적임대로 세금한푼 안내고 300만 원씩 매월 차익을 편취하는 프리라이더들이 생긴다.

그뿐인가. 단지 집값이 오른다는 이유만으로 당장 수억 원씩을 재건축 초과이익 환수금이라는 이름으로 아무렇지도 않게 뜯어가는 행태는 세계에서 유일하다. 10년 전에 10억하던 집을 재건축해 실현하지도 않은 평가금액이 20억이 되면 5억을 미리 뜯어간다는 논리는 세계 어디서도 통하지 않는다.

이건 당장 그 현찰 없는 사람들은 집이 낡아도 재건축을 하지 말라는 이야기다. 현금화되지 않아 납세능력이 없는 상황에서 평가이익을 뜯어가는 것부터 문 정권에서만 가능한 전근대적 국가폭력이며 가렴주구의 야만이다.

여기에 추가 분양주택에 대해 시행자, 조합원의 돈을 뜯어가는 분양가 상한제까지 던져 주변 25평 시장가격이 25억 하는데 이걸 강제로 원가에도 못미치는 12억 원에 공급하게 해 주택 구매력이 충분히 있었음에도 평생 주택관련 세금 납세 한번 안하고 고액전세 등으로 프리라이딩하던 무주택 청약 고가점 중년 베팅자들에게 10억 원이 넘는 무위험 관제차익을 남의 돈으로 안겨준다.

자기 돈으로 낡은 집을 부수고 새로 지으면서 도시경관까지 개선해 공공의 정비예산을 아껴주니 거기에 인센티브를 주는 것이 글로벌 상식이고 심지어 외국인이 재건축에 투자하면 EU 영주권까지 주는 사례도 있는데, 문 정권은 거기서 온갖 관청이 다 달려들어 뜯어먹으니 재건축 재개발의 사업성이 날로 떨어져 서울 도심같은 인기지역의 주택공급이 뚝 끊길 수밖에 없다. 재건축, 재개발 자체가 자기 지분의 토지를 출자해서 하는 디벨로핑 사업이다. 손해보는 사업을 할 사람이 세상에 누가 있을까. 덕분에 2017년까지 사업시행인가를 받았던 사업장들을 끝으로 2018년 이후 최소 10년간 재건축, 재개발 정비사업을 통한 주택 공급은 끝장났다고 보면 된다.

이런 연유로 고속성장한 한국의 현재 1인당 GNI는 3만 달러인데 여전히 재건축전 주택들은 30~40년 전 5천 달러 시절 퀄리티고, 개발이익이 없는만큼 건축비용을 절감해야 하니 신축주택들도 10~20년 전 1~2만 달러급 퀄리티가 대부분이다.

높은 건축비를 들여 외관을 다채롭게 해 도시 경관을 개선하며 거주자의 정주여건을 고급화하는 다양한 설계를 인정하지 않고, 도리어 그렇게 하면 위화감을 조성해 평등을 저해하며 집값을 올릴 수 있다며 관청이 온갖 태클을 걸어 획일적인 1만~2만 달러 시절 건물들을 올리게 한 덕이다.

자기 돈 들여 높은 품질로 잘 지어 그 가치대로 팔겠다는데도 건축원가를 최저로 정해놓고 분양가를 일정수준 이상 못받게 하니 정비 사업뿐 아니라 토지매입 자체 시행 사업자들의 신축 분양 주택들의 퀄리티 국민소득 1만~2만 달러 시대 수준을 벗어나지 못한다. 손해보며 주택사업을 할 순 없으니까 딱 인정받는 공사비용에 최소마진만으로 집을 짓는거 아닌가.

그러니 반포동 아크로리버파크, 삼성동 아이파크, 이촌동 래미안첼리투스, 성수동 아크로서울포레스트 류의 손에 꼽을 예외적 사례들을 제외하면, 한강변 강남권에는 온갖 세금과 비용전가에 대한 저항으로 재건축 삽 뜨기를 거부한 낡은 아파트들이 즐비하고, 그 밖에선 강동, 송파, 성동, 동작, 마포, 용산 어디든 고덕과 잠실의 답답한 스카이라인이 연상되는 천편일률 고건폐율 비용절감 성냥갑들로 도배가 된다.

한강변의 답답한 풍경이 바로 주거환경 개선과 건축 다양화를 거부하는 정부의 온갖 세금 뜯어먹기와 시대착오적 층수규제, 획일적 디자인 강요가 만들어낸 산물이다. 창의적 건축에 인센티브를 주고 관청의 인·허가권을 줄이며, 세금을 줄이고 분양가를 자율화해 고급화와 좋은 디자인의 정비사업이 돈이 되게 하면 한강변 아파트들도 다른 선진국들 강변처럼 심미성 있게 재건축이 안될 이유가 없다.

아파트가 답이다

다음은 단독주택 예찬론자들이 애써 무시하는 팩트들이다.

① **다닥다닥 붙은 고건폐율의 단독주택보다, 용적률은 다소 높더라도 건폐율이 낮은 고층 아파트들이 오히려 더 많은 녹지 공간을 제공한다.**

예를 들어 100평의 대지가 있다고 하자. 보통 도시의 단독주택은 1종의 한계건폐율인 60%를 거의 다 써먹는다. 즉 100평 중 60평을 건물이 차지하게 된다. 반면 아파트는 보통 15~20%의 건폐율을 보인다. 즉 100평의 땅 중 15~20평만을 건물이 점유하고 나머지 75~80평은 녹지, 커뮤니티 시설 등 조경을 넣어서 생활환경을 몇 배 쾌적하게 할 수 있는 것이다. 이게 극에 달한 게 삼성동 아이파크인데, 건폐율이 겨우 9%다. 땅이 1천 평이면 건물은 90평, 조경과 도로들이 910평이란 얘기다. 흔히 답답하다고들 잠실단지도 건폐율이 고작 15%선이다. 땅이 1천 평이면 건물은 150평, 조경이 850평이란 얘기다. 건폐율이 빽빽한 문정동 래미안(건폐율 21%)만 해도 동 간 이격거리가 괜찮다.

같은 용적률이면 아파트는 고층일수록 지상의 여유 면적이 늘어난다. 잠실보다 평균 층수가 높은 반포 2,3단지의 건폐율은 3%포인트 낮은 12% 선이다. 눈으로만 봐도 이 차이는 꽤 커서, 단지 안에 카약장 만들고 실개천, 호수도 만들고 동산도 만들어 놨다.

② 단독주택이든 아파트든, 실질적으로 같은 토지 안에서 사람이 실점유하는 면적의 차이가 의외로 크지 않다.

단독주택이 들어서는 1종 일반주거지역(용적률 100~200%)와 아파트들이 들어서는 2, 3종 일반주거지역(용적률 150~300%)는 의외로 점유 면적이 1.5배 정도밖에 차이 나지 않는다. 그러니까 땅 면적이 1천 평이면 그중 쾌적한 조경 면적이 850평, 건물이 깔고 있는 면적은 150평이며, 이게 한 18층쯤 되면 용적률 270%다. 한국의 아파트가 인기 있는 이유는, 실제로 같은 땅에 단독주택단지 대비 1.5~2배 정도의 밀집도밖에 보이지 않으면서도, 넓은 면적을 커뮤니티 시설이라든가 조경에 할애하여 실질적으로 단독주택보다 오히려 여유롭고 쾌적한 공간을 제공하는 데 있다.

한국의 아파트촌은 홍콩의 다닥다닥 붙은 초고건폐율(층수가 문제가 아니라 용적률과 건폐율, 즉 밀집도가 문제) 아파트들이나 서구의 오래된 아파트들보다 밀집도가 상당히 낮아 쾌적하다. 유럽의 오래된 아파트들은 한국의 아파트가 아니라 다세대·다가구 빨간 벽돌 주택들이 밀집한 지역에 비교해야 옳다. 물론 같은 다세대·다가구라도 외관상 유럽의 미적 감각이 백만 광년 앞선 점은 사실이지만, 이건 전통 건축물들 다 마찬가지 아닌가? 한국 도시 경관의 문제는 주거 형태가 아니라 전통적으로 기본적인 심미안이 결여된 데 있다.

어차피 대도시 주거는 공동주택 위주가 될 수밖에 없다. 층수는 낮지만 고건폐율로 빽빽한 성남 구시가지형 다세대주택들보다는, 조경이 잘된 고층 아파트가 현실적으로 더 바람직한 대안이다. 용적은 제한하더라도 층고 제한은 좀 풀어서, 고층에 지상 여유 면적을 넓히는 쪽으로 가는 게 맞다. 층수를 올려도 용적률은 270~300% 수준이다. 대도시에서 아파트가 아닌 단독주택 중심 주거 체제로 가게 되면 필연적으로 협소 주택이 다닥다닥 붙은 시가지가 형성되는데 이게 바람직할까? 한국 아파트에 굳이 문제가 있다면 그건 도시의 아파트가 아니라, 아파트가 필요 없는 농촌에까지 논밭 한가운데 아파트가 불쑥불쑥 솟아 있다는 점이겠다.

③ 아파트는 입주민들이 자기 돈으로 단지 내 사회간접자본을 만들어 내어 공공 기금이 쓰이지 않으나, 단독주택은 사회간접자본을 전적으로 공적 지출에 의존한다.

아파트 단지 내의 공원, 커뮤니티 시설, 가로수, 가로등, 도로, 주차장 조성과 관리 비용은 모두 분양 대금에 포함돼 있다. 단독주택 지역이라면 전부 나라에서 해 줬어야 하는 일들이다. 사실 그래서 단지 내 편의시설을 외부인이 사용하지 못하도록 제한하는 것이 맞다. 왜 국가가 세금으로 해야 할 일을 민간의 돈으로 하게 하고, 생색은 국가가 내려 하는가?

④ 단독주택은 저신뢰 사회인 한국에서 집 짓기 관련 지식이 낮은 대부분의 사람들을 상대로 중소 건축업자, 속칭 집장사들이 장난질 치기가 좋다.

하다못해 아파트 내부 인테리어 공사만 해도 어리숙한 일반인들을 상대로 업자들이 바가지 가격, 부실 공사와 자재 바꿔치기 등으로 추가 이익을 남기는 경우가 비일비재하다. 하물며 더 부정의 여지가 많은 건축 과정에선 오죽하겠나? 단독주택의 단열·누수 등 기능적 하자는 대부분 이런 업자들의 비양심에 근거하는 바 크다고 본다. 일단 평당 건축 단가만 봐도 단독주택이 결코 싸지가 않다.

온갖 중고차 딜러들의 장난질을 SK엔카가 어느 정도 정화했듯이, 직접적 이해관계를 가진 중소업자들보다는 아무래도 대기업의 대리인인 직원들이 나쁜 짓 할 유인이 훨씬 적다. 즉 장난질 잉여가 자기 포켓에 들어가느냐 회사 포켓에 들어가느냐가 만드는 인센티브의 차이라고 본다.

대기업에겐 그런 식의 푼돈 놀음을 할 이유가 전혀 없다. 그렇게 해서 얻을 것은 적지만, 기업명성과 브랜드 가치, 법적 문제 등 잃을 것은 너무도 많기 때문이다. 그래서 대기업 브랜드 아파트가 시공품질도, 하자보수도, 사후관리도 상대적으로 깔끔하고 양심적으로 이루어지는 것이다.

⑤ 관리의 용이성, 주거의 편리성, 보안도 아파트가 앞선다.

단독주택에 살면 집에서 문제가 발생할 때마다 직접 해결하든지 업자를 부르든지 해야 한다. 아파트는 월정액 관리비만 내면 다 해결된다. 그리고 단지 규모가 클수록 규모의 경제가 발생해 관리비는 저렴해지는 게 보통이다.

보안. 이게 정말 큰데, 아파트와 달리 단독주택에서 세콤은 필수재다.

⑥ 가장 중요한 것, 비용과 환경 문제다.

서울급 국제도시에서 마당 딸린 단독주택 갖고 사는 건 세계 어느 나라에서도 엄청난 비용을 요하는 일이다. 결국 마당 없는, 다닥다닥 붙은 단독주택으로 타협 본다 해도 서울시내에서 그런 집 지을 비용이면 강북의 조경 잘된 30평대 아파트를 골라서 살 수 있다. 마당 딸린 단독 살려면 통근에 왕복 네 시간씩 잡아먹는 교외에 집 짓고, 보안 걱정하며 세콤 달고, 단열·누수 걱정하는 불편을 감수하며 살아야 한다. 그런 단독에 살 것인가, 전철역과 상업지역·편의시설·문화시설·학교 가깝고 직주근접한 편리하고 조경 잘된 아파트에서 보안 걱정 없이 따듯하게 살 것인가?

기본적으로 단독주택 시가지는 위와 같은 조건들 때문에 녹지는 감소하고, 집마다 접도가 돼야 하니 필요 도로 면적은 2배로 늘어날 수밖에 없다. 지금 서울 인구를 아파트가 아닌 100% 단독주택들이 수용했다면 공원 녹지는 지금보다 훨씬 적을 것이며, 서울 시가지는 아마도 지금의 고양·양주·의정부·구리·남양주·성남·안양·과천·부천·김포까지를 거대하게 연담하여 덮고 있었을 것이다. 시가지가 커지는 만큼 교통 체증과 출퇴근 거리는 증가한다. 이는 어떤 형태로든 화석연료 사용량의 증가를 필연적으로 수반한다.

가장 인공적인 자연이 가장 아름답다

자연은 그 자체로는 위험하고, 더럽고, 불편한 것이다. '환경 탈레반'들이 강·바다·산 같은 것을 아름답다고 하면서 즐길 수 있는 것도, 그 자연이 인간이 이용하기 편리하게 제어·디자인·관리되고 있기 때문이다.

원래 수변은 사람이 살 수 없는 곳이었다. 강들은 계절과 강우량에 따른 하상계수가 큰 습지였고, 주변엔 사람이 출입할 수 없는 밀림이 조성되어 독사·해충이 창궐한다. 중앙아프리카·아마존의 열대우림이 왜 '녹색 사막'이라고 불리겠나. 사람이 머무를 수 없고, 사람을 죽이는 곳이다. 당장 한강시민공원 중 정비와 관리 안 되는 일부 자연 그대로의 구간에 가 보면 근처에도 가기 싫을 정도로 풀숲이 우거지고 날벌레와 악취가 가득하지 않나.

위험하고 불결하던 강이, 하천 바닥을 준설하고, 보를 설치해서 일정량의 수량을 유지하고, 고수부지엔 둑을 쌓고, 인조적인 잔디밭과 콘크리트 시설물을 구축해 정주민의 편의성을 높이는 과정을 겪고 나서야 비로소 사람이 즐길 수 있는 '포장된 자연'이 된다. 청계천이나 도톤보리 같은 지류 하천은 양쪽을 산책로와 카페촌으로 조성해 사람들이 즐길 거리를 만들고 도시의 문화가 넘쳐나게 한다.

발에 흙 묻히지 않고 부담 없이 집 앞마당처럼 출입할 수 있는 강은 삶의 질을 높인다. 한강변의 아쉬운 점은 오히려, 주변이 아직도 너무 자연적이라는 점이다. 런던 템스강과 파리 센강의 양안은 콘크리트로 덮여서 수트에 구두나 하이힐 차림으로도 부담 없이 접근과 이용이 가능하다. 상업 시설인 카페와 레스토랑이 가까워 강을 바로 옆에서 바라보며 즐길 수 있다. 물론 한강은 이 강들에 비할 바 없이 지나치게 넓다. 그렇다면 상하이 황푸강의 와이탄은 어떤가? 역시 콘크리트와 돌로 덮이고 고풍스런 유럽 열강의 석조건물들이 가득 차 있다. 서울 같은 대도시의 강이란, 강변 흙밭에서 뒹굴고 놀 게 아니라 강변의 카페에서 낮에는 애프터눈 티, 밤에는 와인 한잔 하며 강을 내려다볼 만한 수준으로 강이 그 자체로 건축물, 도시가 되어야 한다.

4대강 사업으로 강들의 수량이 일정하게 관리되고 유속이 증진됐다. 강우량 변동에 따라 높은 베타계수로 유량이 바닥과 홍수를 오가고 녹조와 오염물로 뒤덮여 있던 4대강이 비로소 강다운 강, 사람이 즐길 수 있는 강으로 친절해졌으며, 일정한 수자원의 확보가 가능해졌고, 홍수 피해가 사라졌다. 위험하고 더러운 습지에 불과하던 유역이 사람을 위한 휴식과 교통의 공간으로 재탄생해 삶의 질을 높이게 됐다. 이게 다 정비사업의 결과다.

유량과 유속이 개선되니 녹조는 이전 자연 그대로의 불결한 하천 때와 비교할 수 없이 줄어들었고, 당초 계획대로 4대강에 흘러드는 지류까지 정비가 완료됐다면 오염원 유입이 차단되어 녹조 자체가 사라졌을 것이다. 서울 한강에 녹조가 없는 건 지천인 탄천·중랑천·안양천·불광천까지 모두 정비가 완료되고 철저히 인공적으로 관리되는 덕분이다. 그러나 4대강 지류 정비 사업은 '이명박 절하하기'라는 이해관계 일치로 중단됐다.

자연조차 가장 인공적일 때 가장 아름다운 법이다. 4대 문명이 강에서 시작된 이래, 강은 항상 사람에 의해 다듬어지고 관리되어 왔다. 자연 그대로의 강을 두고 번성한 문명은 없었다.

균형 발전이라는 망령

몇 년 전 주말 늦은 밤, 서울발 열차에서 사무관으로 보이는 사람이 차관 보고자료 작성한다고 세종 청사에 있는 타 부처, 타과 직원들과 열심히 통화하며 작업중이더라. 중간에 가족과도 통화를 하던데, 아마도 주말에는 가족과 집이 있는 서울에 오고 주중에는 세종시에 혼자 기거하는 듯했다. 그러고 보면 경부고속도로엔 산하 기관 직원들을 세종 청사로, 공무원들을 여의도로 실어 나르는 승합차도 많아졌다. 노무현이 대통령 선거 당시 영호남 사이에서 캐스팅보트를 쥔 충청도 표 장사용으로 억지로 만들어 놓은 세종시에 더해 지역 이기주의까지 가세해 기형적으로 우회하는 노선인 오송역까지 컴비네이션이 되니 비효율이 극을 달린다. 공무원들은 매일 경부고속도로를 9인승 승합차로 버스 전용 차선을 이용해 왕복하거나, 철도를 이용하면 더 한심해지는 게 오송역에서 20㎞ 거리인 세종시까지 또 30분을 허비한다.

그냥 광화문 세종로를 중심에 두고 양쪽으로 도열한 청사에 정부 부처들이 모두 모여 있었더라면 부처 간 업무 협의도 잘되고 주말 부부도 양산되지 않을 텐데 이런 비효율이 어디 있나?

균형발전 운운하는데, 한국을 미국·중국 같은 대국으로 착각하지 말자. 그 정도 사이즈가 나와야 균형이고 분산이고 얘기가 되고, 베이징-상하이나 뉴욕-LA 식의 다핵 구조가 말이 된다. 미국의 1개 주(캘리포니아)보다도 작은 나라에 무슨 다핵 구조가 필요하다는 말인가? 다핵 구조는 대국 아니면 봉건제·연방 국가 전통이 유구해 지방마다 서로 다른 나라의 특성을 갖는 독일 같은 경우에나 맞는 말이다. 한국은 영국·프랑스와 같은 중앙집권의 역사를 가지고 있으며 심지어 국토 사이즈는 독일의 3분의 1, 영국의 반토막, 프랑스의 5분의 1에 불과하다. 일본의 섬 중 홋카이도 한 개만 떼어놔도 한국 면적의 80%를 점할 정도다(여담으로, 한국인들은 이상할 정도로 일본을 과소평가하는데, 일본은 그 국가 자체만으로도 하나의 국제지역으로 언급될 만한 대국이다. 인구 1억 3천만으로 유럽의 3대국인 영·프·독 중 두 나라를 합해야 일본 사이즈가 나온다).

한국은 서울 단핵 구조로 족하고도 남는 나라다. 한국보다 면적이 3~5배이며 인구는 1.5배에 달하는 영국·프랑스 같은 대국들도 모두 단핵 구조를 채택하고 있다. 런던과 파리의 중심가에 입법·사법·행정부가 모두 모여 있고, 각국의 1위 도시권인 런던, 파리 광역권의 인구는 2위 버밍엄, 마르세유의 몇 배에 달한다. 런던이 곧 영국이고, 파리가 곧 프랑스다.

프랑스나 영국에서 파리·런던의 정부 부처를 지방으로 흩어 놓아 지방 균형발전을 해야 한다는 소리는 나오지 않는다. 전 국토가 런던·파리처럼 될 수도 없고 되어서도 안 된다는 당연한 이치에 수긍하고, 도시의 브랜드 가치가 바로 국가로 이어짐을 알기 때문이다. 프랑스와 영국을 합친 사이즈의 인구를 가진 일본의 경우만 해도 간토(도쿄)에 집중된 정부 기능을 간사이(오사카)권으로 분산하자는 얘기를 섣불리 하지 않는다. 수도 이전과 분산 얘기가 오래전에 있긴 했으나, 꼼꼼한 일본인들답게 수십 년간 검토해 분산의 부적합성을 인정하고 결국 수도 이전·분산을 백지화했다. 프랑스·영국·일본은 한국보다 많은 인구, 넓은 국토를 가진 나라들임에도 국토 공간의 단핵 구조가 자국의 사이즈에 맞는 것임을 알고 선택과 집중을 잘하는 거다.

반대로 한국처럼 졸속으로 수도 이전을 하고 인위적 분산을 해 놓아, 주말만 되면 사람들이 모두 리우데자네이루·상파울루 등으로 빠져나가 휑해지는 대표적 실패 사례가 브라질이다. 그나마 브라질은 국토라도 거대하지, 그 브라질보다 더한 실패 사례가 세종시다.

한국은 1위 도시 서울 인구가 2위 도시 부산 인구의 2.5배에 불과하며, 그나마도 정부 부처들은 과천·대전 청사 등으로 뿔뿔이 흩어져 있어 상호 연계가 난망한 가운데 이걸 또 행정부는 세종시로, 공공기관들은 전국의 혁신도시로 흩어 놓으니 부처 간, 산하 기관 간 유기적 협조와 업무 효율성은 이미 먼 나라 이야기다.

대표 도시의 경쟁력이 국가의 경쟁력이 되고, 대표 도시의 이미지와 브랜드가 그 국가를 규정한다. 이런 면에서 봐도 파리·런던·도쿄 등에 비해 상대적으로 지원을 못 받고 오히려 갖가지 규제의 대상이 되는 서울에 지원을 확충해 달라는 말도 안 한다. 그냥 규제하지 말고, 그냥 알아서 자생적으로 발전하게, 있는 대로만 둬라.

세종 행정수도는 애초에 노무현이 후보 때 영·호남 사이에서 캐스팅 보트를 쥔 충청도 표 장사로 내건 것이었고, 그 자신 말마따나 "충청도에서 재미 좀 봤던" 정책이었다. 일개 대통령 후보의 표 장사가 수십조 원을 들여 국가 장기발전계획과 국토까지 뒤집어 놓는다는 건 문제다. 거기에 대해 제동을 걸 수 있어야 한다. 헌법재판소의 '관습헌법'론은 지당한 말이다. 그렇지 않다면 표 장사 빚 때문에 대통령 바뀔 때마다 수도 옮기는 나라가 돼도 할 말이 없지 않겠는가? 세종을 다시 끄집어내는 데 반대하는 옳은 말 하고도 노무현 망령과 충청도 표퓰리즘에 휩쓸려 퇴장해야 했던 정운찬 전 총리가 못내 안타깝다.

광화문광장을 두고 입법·사법·행정부가 모두 모여 서로를 마주 보는, 국가 대표 가로가 서울에 존재하면 좋겠다. 공공기관도 서울에 집중되어 행정부와의 유기적 연계와 협조가 가능하면 좋겠다. 파리의 콩코르드 광장, 도쿄의 가스미가세키, 런던의 화이트홀 같은 품격을 서울에서 느낄 수는 없는 걸까? 그 정도는 돼야 수도의 품격이라 할 만하지 않겠나?

오송역을 얘기했지만, 한국의 철도 건설 계획에서 가장 이해가 되지 않는 부분은, 교통량 수요가 많은 곳에 역과 노선을 신설하는 게 아니라 후보지 중 상대적으로 수요가 없는 낙후된 곳에 역과 노선을 신설한다는 것이다. 한국 사회의 고질적 패러다임인 '균형발전' 논리다.

신분당선 연장선은 강남~용산이 아닌 강남~광화문 노선으로 가는 게 맞는 것이고, 광화문~남산 1호 터널~한남대교~강남대로 구간의 '버스철'이라는 만성적 정체 해결엔 이외에 답이 없다. 서울급의 대도시에 도심과 부도심을 직선으로 연결하는 철도교통망이 없다는 것은 글로벌 스탠더드로 볼 때 이해가 안 되는 소리다. 광명역의 대실패를 반복하려는 것인지?

서울을 한 끝으로 하는 고속철의 시·종착역은 수서 같은 베드타운과 비닐하우스가 혼재된 벌판이 아니라 삼성동 같은 부도심, 비즈니스 수요가 가장 많은 곳이 되어야 맞는 것이다.

2부

밥그릇 걷어차는 권력

기업가 박대하는 나라

지난 2017년, 삼성전자가 반도체 공장을 증설하려는데, 화성시가 자신들의 예산으로 지어야 할 도로를 삼성더러 700억 원을 들여 대신 지어 달라고 하면서 교통영향평가를 핑계로 인·허가를 지연한 일이 있다. 이 투자는 속도전이고, 대만을 위시한 글로벌 경쟁 기업들보다 먼저 투자와 가동을 단행해야 하기에 관청 나으리들의 이런 몽니는 치명적이다. 외국에서는 기업의 사업장을 유치하려고 토지를 무상으로 제공하고, 세금을 감면하고, SOC를 갖춰 주는데, 유독 사농공상과 공공 만능에 빠진 조선 유교 탈레반의 후예들은 오늘도 기업을 하찮은 장사치로 보고 뭔가 투자 한 건 하면 그 건에서 뜯어먹을 게 없나 호시탐탐 노리고 있으니, 기업들은 무장 해제당한 채 뼈만 남기고 살점을 전부 내줘야 하는 게 한국의 현실이다.

삼성이 이런 일을 여기서만 겪은 게 아니다. 평택에서는 지역 업자들이 자기들에게 시공권을 달라고 하고, 수원에서는 직원들의 구내식당 이용 때문에 동네 식당들 장사 안 된다며 구내식당을 닫으라고 했다. 이런 식으로 기업을 삥셔틀 취급하는 수준의 지자체들이 준동하는 국가에 미래가 있다면 그게 더 신기한 일이다.

세계 최고율의 지킬 수 없는 기업 상속세를 매겨 놓고 아무런 경영권 방어 장치도 갖추지 않는 세계 유일의 국가가 한국이다. 기업인은 적대적 M&A 때문에 마음대로 죽을 수도 없다. 경영권 방어와 지분 손실을 최소화하는 세대 이전을 위한 합법적 경영행위까지 정치권력이 임의로 해석해 인민재판 하고 적폐로 몬다면, 자본은 해외로 나가고 국내 투자를 최소화·중단하는 길이 남을 뿐이다. 정치권력을 위해 경제가 희생되고 회계 원칙이 뒤집히는 국가에 어떤 미래가 있겠는가?

OECD 상위권의 법인세에 더해, 참여연대류의 시민단체와 정부는 각종 기부금 내라고 준조세를 뜯어가 실질세금 부담은 최상위권이 된다. 안 주면 불이익을 당하니 주면 또 묵시적 청탁과 포괄적 뇌물죄라고 잡아넣는다.

국민소득과 부가가치 대비 세계 최고 수준의 최저시급(주휴수당 포함 시 1만 원)을 지급하면서 그나마도 150%의 시간외수당을 줘 가면서 주 52시간을 초과해 사용하려 하면 형사처벌의 위험까지 감수해야 한다. 주문이 늘고 인력이 필요할 때 사람을 추가로 썼다가, 주문이 줄고 인력이 불필요해졌을 때 해고를 할 수 없으니 자연히 아웃소싱과 계약직을 쓸 수밖에 없는데 이러면 또 적폐 취급을 한다.

법인세·기부금 뜯긴 후의 돈으로 자본을 키운 기업을 다음 세대로 이전하려 하면 다른 나라들에선 기업 실체를 온전하게 상속할 수 있는데, 이미 세금 내고 난 돈에서 또다시 세금을 걸어 가는 이

중 과세로, 다른 나라들에선 최소화하고 아예 폐지까지 하는 상속세를 한국에서만 부의 대물림이라며 세계 최고 수준으로 매긴다.

이러니 한 세대만 기업을 이전해도 그 기업의 지분 중 상당 부분을 세금으로 날려먹지 않고서는 불가능해져 기업 실체의 온전한 승계가 불가능하다. 그러다 보니 기업 지분 구조를 지키기 위해 전환사채나 신주인수권부사채, 자회사 같은 합법적 절세 루트를 쓸 수밖에 없는데 그걸 쓰면 또 적폐에 범죄자인 양 기업인을 감옥에 가두려 한다. 지킬 수 없는 법을 만들어 놓고 그걸 우회하면 뭔가 뜯어내기 좋은 먹잇감 삼는 거다.

언제는 지주회사를 금지해 순환출자 구조를 짜 놓았고, 세계의 글로벌 기업들도 쓰는 이 방법을 갑자기 총수가 적은 지분으로 기업을 지배한다며 지주회사로 바꾸라고 난리다. 지주회사로 바꿔 놓으면 이번엔 금융계열사 지분을 갑자기 시장가로 평가해서 정부가 마음대로 정한 몇 % 이상을 넘어가면 무조건 매각 처분해야 한다고 한다. 그냥 기업을 숫제 내놓으라는 소리다.

외국에선 기업의 대대손손 승계를 장려하고 황금 의결권, 포이즌 필까지 넣어 주는데 한국만 이렇게 기업의 승계를 죄악시하는 모양새다. 그러니 새로 투자할 돈이고 뭐고 자사주 소각하고 경영권 방어하는 데 쓸 수밖에 없어, 신규 투자고 뭐고 백지화해야 한다.

정부는 어느 나라 정부인지도 모르겠다. 빠르게 추격해 오고 있는 중국 제조업체들이 가장 알고 싶어 하는 생산 설비 배치와 화학물질 배합률까지 다 공개하라고 압박한다.

집권 세력에 불리한 이슈라도 하나 터지면 한진그룹처럼 어디 기업인 가족 하나를 탈탈 털어 조지는 걸로 물타기를 한다. 10만큼 잘못해서 10만큼 처벌하면 되는 걸 3대를 조져 100만큼 부풀려 처벌해 뉴스를 덮는 거다. 이 나라에서 기업과 가진 자만큼 부담 없이 때리고 정치적으로 이득 보는 장사가 없으니 그렇다.

이런 한국에서 누가 기업을 하고, 사람을 고용하고 싶겠는가? 골치 아프게 기업 키우고 경영하느니, 어느 정도 돈 벌었으면 그냥 외국 자본에 팔고 엑시트해 그 돈으로 사람 고용 최소화하고, 정부 인·허가권이나 간섭에 휘둘리지 않는, 건물 하나 사 놓고 월세 받으며 사는 거다. 아니지, 건물 사 봐야 기업이 줄어들어 사무실 수요도 적으면 공실 리스크 짊어질 수도 있으니 아예 오피스텔 분양을 해 버리든가. 그리고 이렇게 쥔 현금은 한국이 아닌, 정당한 재산권이 보호되고 기업인에게 우호적인 유럽·미국·싱가포르로 투자한다. 이 정부가 아니었으면 한국에서 순환되었을 돈이 차곡차곡 외국으로 탈출 중이다.

기업 하면서 세간의 눈치 보느라 자기 부도 제대로 못 누리는 유교 성리학 탈레반들 나라에서, 기업인이라는 공적 영역을 벗어나면 그냥 미국이나 유럽에서 그렇듯 부자로서 마땅히 누릴 수 있는 것들을 자유롭게 누릴 수 있게 된다. 법인 입장에서도 한국인 소유 기업으로 한국 정부에게 온갖 핍박을 당하느니, 그냥 외국계 자본에 팔려 외국 기업으로 변신하는 게 여러 모로 이득이다. 외국계 기업에게 한국 정부와 시민단체가 기부금 요구하고 경영권, 지분 구조 개편 요구하고 노사 분규 때 일방적으로 노측 편만 든다면 GM처럼 그냥 가방 싸고 나가든지 한국 정부 상대로 소송하면 그만이기 때문이다. 삼성이나 현대처럼 멍청하게 당하고만 있지 않는다. 한국이 아닌 글로벌 스탠더드로 기업의 공헌에 걸맞은 공정한 대우를 받을 수 있게 된다. 제정신 박힌 사람이 한국에서 투자하고 고용을 하며 기업 할 이유가 없다.

덕분에 코로나 이전의 글로벌 호황 속에서도 이미 실업자수 사상 최대, 청년실업률은 사상 최고, 2008년 금융위기 이래 최악의 제조업 가동률, 1998년 IMF 이래 최악의 제조업 재고 비율, 한국만 홀로 추락하는 OECD 경기선행지수, 전 세계 4% 성장에 한국만 3% 성장 같은 경제 파탄적 성적표를 받아들었던 것이다. 그렇게 일자리 다 없애 놓고, 일자리 대책을 하겠다고 딴소리다. 결국 베네수엘라처럼 기업 다 죽이고 정부로 커버하겠다는 건데, 기업이 내는 세금이 화수분이고 언제까지 마르지 않을까? 자기 임기만 생각하겠다는 것으로밖에 안 보인다.

오너 경영 아니었으면 삼성은 없다

개인이 할 수 있는 최고의 사회 공헌 중 하나가 성공적 기업을 운영하는 것이다. 그리고 기업이 할 수 있는 최고의 사회 공헌은 단 하나, 이윤을 내며 성장하는 것이다. 기업의 사회적 책임(CSR)이니 뭐니는 액세서리일 뿐이다. 이윤을 내며 성장하는 기업만이 주주의 자산을 증식시키고 채권자에게 제때 돈을 갚으며 근로자에게 많은 급여와 안정된 일자리를 제공해 사회 전체를 레벨업시킨다. 납세액은 늘고 이 기업 덕에 먹고사는 공직 종사자들, 그리고 이 기업 덕에 사업 기회를 포착한 숱한 협력사의 나비 효과가 생긴다. 이윤을 내지 못하는 기업은 주주·채권자·근로자 모두에게 해를 끼치고, 나중에는 공적 자금에까지 손을 벌려 납세자에게 해를 끼칠 뿐이다.

가장 위대한 봉사자는 가장 거대하고 이윤을 많이 내는 기업을 일구어 낸 사람이다. 그 외의 사회 활동가들은 다 허상일 뿐이다. 그래서 사람들은 각자가 누리는 생활을 누가 가능하게 했는지 알고, 음수사원(飮水思源)하고 감사해야 한다.

현대 한국의 1인당 국민소득 3만 달러 중 2만 달러는 고 이건희 회장의 반도체와 혁신으로 세계 1위 제조 기업이 된 삼성의 공헌이다. 반면에 별별 명목의 시민단체 운영, 기부와 봉사 따위로 생색을 내는 자들은 기업이 만들어 낸 파이를 약탈해 가 자신들 임의로 중간에 착복도 해 가며 쪼개서 자기 홍보 활동을 하는 것일 뿐이다. 그들이 없어도 사회는 (오히려 더) 번영하지만, 성공적 기업가가 없으면 사회는 망한다. 그들의 사회 기여분이 다 합해 1이라면, 성공적 대기업가 한 명이 사회에 공헌하는 것은 100도 아니고 1억을 넘는다. 애초에 비교 대상이 아니다.

한반도 역사상 가장 위대했던 거인 이건희 회장이 떠났다. 그의 반도체 의사결정이 있었기에 한국은 흔한 신흥국이 아니라 그중 선진국으로 올라선 유일한 국가가 될 수 있었고, 3천 년 역사 중 처음으로 번영이라는 것을 경험할 수 있었다. 한국인 모두가 그분의 탁월함에 큰 빚을 지고 있다. 절절한 진심을 담은 애도와 존경을 표함이 마땅하다.

필자가 생각하기에 이건희 회장은 세종 만 명을 준대도 안 바꿀 만한 가치를 가진 세계사적 영웅이었다. 그가 세계 1위 제조업 기업을 만들어 성취한 경제 세계 정복의 지속가능성과 그 국민적 혜택은 알렉산더나 칭기즈칸을 어설프게 보이게 할 정도다. 그의 반도체 투자 의사 결정, 프랑크푸르트 선언과 신경영이 아니었다면 한국은 1990년대쯤 진작 성장을 끝내고 고꾸라져 1인당 GDP 5천~1만 달러의 그렇고 그런 신흥 산업국 수준으로 정체돼 있었을 것이다.

가까이는 전문경영인의 기아나 LG전자, 밖으로는 한때 삼성보다 위에서 빛났던 IBM, 마이크론, 모토롤라, 일본 전자 8사 등이 숱하게 밀려 쓰러져 가는 동안 삼성이 굳건하게 자리를 지키고 개도국의 평범한 기업에서 세계 1위에까지 오른 것은 철저히 이건희 오너 경영의 힘이었다. 이건희 타계 세계 최고율 한국식 상속세를 두들겨 맞으며 지분이 희석돼 삼성그룹의 지배 구조가 해체되고 전문경영인 체제로 간다면, 삼성과 한국의 미래는 암담하다.

"오너는 배당이나 받고 의결권 행사하면서 전문경영인한테 맡기라"는 말을 쉽게들 한다. '전문'경영인이란 말에 혹할지 모르는데, 그렇게 했다면 지금의 삼성반도체도, 1인당 GDP 3만 달러 선진 한국도 없었다.

오너 경영은 전문경영보다 과감한 투자 의사 결정을 빠르게 할 수 있으며, 월급 사장인 전문경영인이 장기적 기업 가치 제고보다 단기 실적 우선, 자신의 연임과 급여를 극대화하려는 데서 비롯되는 '대리인 비용'이라는 손실을 최소화할 수 있다는 장점이 있다. 호암 이병철 회장의 후사를 이건희 회장이 아닌 전문경영인이 맡았다면, 세계 1위 제조 기업이자 한국을 선진국으로 이끌고 홀로 먹여 살리고 있는 삼성전자의 반도체 신화와 일류 IT 제품들은 없었다. 전문경영인 체제의 일본 전자 8사는 한때 하나하나가 삼성 이상이었지만, 이제는 8사 모두의 이익을 합해도 삼성전자 하나에 미치지 못한다.

삼성그룹이 전문경영인 체제였다면 그냥 이사회에서 무난하게 통과되고 스스로의 장기 선임과 최소 위험, 급여 극대화를 할 수 있게 계속 밀가루·설탕·양복지를 만드는 길을 택했을 것이다, 전자와 반도체가 없는 한국의 1인당 GDP도 5천~1만 달러대 개도국에 머물렀을 것이다. 삼성전자가 전문경영 체제였다면 신규 사업 거액

투자와 위험 부담 없이 그냥 고만고만하게 일본 산요전기 합작 기업으로 저부가가치 가전제품 조립으로 내는 소소한 이익에 만족하고 있었을 테니 말이다.

태평양전쟁 후 전후 일본에 주둔한 맥아더 장군의 사령부가 일본 재벌을 해체하려 한 것은 일본이 다시는 미국을 상대로 항공모함과 전투기를 건조하며 전쟁을 벌일 만한 국력을 회복하지 못하도록 농업국가로 주저앉히려는 전략이었다. 그러나 중화민국(자유중국)이 본토에서 타이완(대만)섬으로 축출되고 한국에서 6·25전쟁이 일어나자 미국은 이 전략을 폐기하고 일본 부흥을 택한다. 어쨌든 당초 의도대로 '민주화'된 일본의 기업들은 훗날 삼성전자와 포스코·현대중공업에 차례차례 밀리는 운명을 맞는다.

지분을 보유한 오너는 기업의 장기 가치를 극대화할 유인이 있지만, 전문경영인에게는 당장의 스톡옵션과 보너스, 임기 극대화 밖에 동기가 없다. 오너는 전문경영인보다 기업의 장기 가치를 중시하며, 더 큰 책임을 진다. 전문경영인은 실패해도 그간 챙긴 고액의 연봉과 자산을 가지고 은퇴하든지 이직하면 그만이지만 오너는 실패하면 자기 재산인 지분이 타격을 받으며, 자신의 분신과도 같은 기업이 망하는 위기, 최악의 경우 파산까지 떠안게 된다. 짊어진 무게감이 월급 사장과 다르기에, 이병철-이건희 선대 회장들이 그랬듯 삼성가는 항상 위기감을 가지고 10년 후, 20년 후, 30년 후 삼성이 무엇으로 먹고살 것인지를 고민한다. 반도체의 삼성전자, 바이오의 삼성바이오로직스가 출발한 것은 모두 오너 경영이라 가능했다. 전문경영인에겐 그렇게 미래를 대비할 이유가 없다. 호암 3대의 삼성전자가 세계 최고 기업으로 우뚝 서는 사이, 전문경영인을 내세운 숱한 경쟁 기업들은 몰락의 길을 걸었다.

생각해 보면 모든 문제는 한국이 일본과 함께 최고 50%의 세계적으로 유례없이 높은 상속세를 매기고 있는 데서 비롯한다. 기업 지분 상속 시 할증되면 65%로 세계 최고 수준이다. 이재용 부회장만 해도 고 이건희 회장의 지분 18조 원 중 상속세로 11조 원을 뜯겨 기업 지배구조 자체가 위협을 받게 생겼다.

상속세는 그 자체로 이중과세다. 이미 한 번 세금을 낸 소득에 대해 세대 간 이전을 한다고 또 한 번 과세하는 것이기 때문이다. 그래서 이를 최소화하는 것이 국제적 공감대를 형성하고 있다. OECD 35국 중 절반을 넘는 17국(호주·캐나다·뉴질랜드·스웨덴·노르웨이·이스라엘 등)이 상속세를 0%로 폐지했고, 다른 국가들도 보통 한 자릿수 세율이든지 많더라도 40%가 한계다. 한국과 일본만이 50% 수준의 무거운 세금을 물린다.

한국의 고율 상속세를 그대로 얻어맞으면 2대, 3대만 가도 기업 지분이 모두 희석되고 지배권을 잃게 된다. 1천억 원의 기업 지분이 2대 상속 후 350억 원, 3대에 가서는 122억 원이 된다. 시간이 흐르면 지분이 자동으로 줄어 나가니 정상적으로는 적대적 M&A로부터 경영권을 방어할 수단이 없는 셈이다. 이러니 기업이 매물로 나오고, 상속세 낼 돈을 만들기 위해 기업 한다는 이야기가 나올 정도다. 당연히 기업가로선 지배 구조의 온전한 승계를 위해 어떻게든 우회 경로를 찾아야 한다. 그래서 전환사채(CB), 신주인수권부

사채(BW), 계열회사 거래 등의 합법적 절세 수단을 활용할 수밖에 없고, 이러면 기업인을 파렴치한으로 낙인찍고 탈세라도 하는 듯이 몰아대며, 일감 몰아주기라고 비난한다. 탈출구는 막아 놓고 이를 극복하려 하면 사법부와 언론을 통해 기업인을 공개적 조리돌림하고 표 장사를 하니 재미들 좋으신가?

투자와 기업 활동에만 집중해 세계 일류 경쟁사들과 싸우기도 버거운데, 국가가 족쇄처럼 매달아 놓은 징벌적 세율 65%를 피해 지배 구조를 지키고 M&A로부터 기업을 방어해야 하니 또 다른 고민거리들이 늘어간다.

OECD 35개국 중 절반 가까운 17개국처럼 상속세 자체를 아예 폐지하거나, 최소한 OECD 평균 수준(15%)으로 상속세를 내려야 한다. 경제 민주화가 별 게 아니다. 부당한 세금은 국가의 폭력이고, 이런 경제 독재에 대한 민간의 저항이 경제 민주화 아니겠는가? 즉 법인세 인하, 상속세 폐지가 진짜 경제 민주화란 거다. 오너 경영이 싫으면 전문경영인에게 맡기더라도, 오너 일가가 지분만큼의 영향력은 영속적으로 행사할 수 있게 해 줘야 한다. 다른 선진국들처럼 상속세를 무력화한 후 전문경영인을 요구해야 설득력이 있다. 한국이 진정 탈피해야 할 일본의 잔재는 다른 선진국에서 유례를 찾을 수 없는 높은 상속세와 법인세다. 이 부분에서 탈아입구하고 미국·유럽의 길을 걸을 생각을 해야 한다.

유명한 좌파 선동가가 라디오 방송에서, "한국 부자들이 세금을 안 내고 법인세가 세계적으로 낮다"는 현실과 정반대의 말갈잖은 소리를 하는 걸 듣고 기가 찼다. OECD 평균 이상으로 부자가 세금 더 내고, 법인이 세금 많이 부담하는 나라가 한국이다. 오히려 서민들이 세금을 너무 안 내서 문제지. OECD 나라 중 법인세·재산세 순위는 한국이 최상위권인데 소득세·간접세 순위는 얼마나 바닥을 깔고 있는지 아는가? 무려 50%가 소득세 면세 계층이다. 서민들은 세금을 안 내고 있다는 말이다.

수천 년간 못살던 민족이 과분한 시장경제, 자본주의 시스템을 어느 건국자와 몇몇 현명한 지도자들, 그리고 뛰어난 기업가들 덕에 장착해 유사 이래 처음으로 선진국이란 것도 되어 보고 전 국민이 수돗물·전기·보일러 쓰면서 끼니 걱정 없이 남는 음식 버려 가며 따듯하게 살게 되다 보니 갑자기 부자들이 눈에 보이면서 밸이 꼴리는, 사촌이 땅 사면 배 아픈 유가적 농경사회 DNA가 재발현되고 있는 모습이다.

지킬 수 없는 세계 최고의 상속세를 매겨놓고, 그것을 회피·절세하려는 개인들을 약점잡아 조지는 국가란 이미 국가가 아닌 양아치 집단에 불과하다.

성장 없이 소득 없다

경제 성장은 생산성 향상의 결과물이다. 일자리와 소득은 성장의 결과물일 뿐, 성장의 수단이 될 수 없다. '성장주도소득'은 진리지만, '소득주도성장'은 경제학의 기초도 모르는 소리다.

1인당 GDP 대비 세계 최상위로 올려놓은 최저임금.

근로시간 주 52시간 상한선 강제로 1진 선진국 대비 부족한 생산성을 요소 투입으로 극복해 온 2진 선진국으로서 가성비 수출 전략 포기와 근로자의 선택권 및 추가 소득 기회 박탈.

이중과세 회피를 위한 세계적 추세인 법인세 인하와 상속·증여세 최소화 대비 한국만 홀로 반대 방향을 가는 법인세 인상과, 도저히 지킬 수 없는 무리한 상속·증여세로 기업 승계 방해, 그리고 이에 대응한 절세 노력에 대한 적폐몰이.

자기 손으로 생산성 있는 활동을 해 본 적 없는 시민단체, 책상물림 출신들의 실전 기업가들에 대한 계열사업체 포트폴리오와 지배구조 개악 강제.

당국과 회계법인들에 모두 확인했고 글로벌 기준에서도 이상할 게 없었던 삼성바이오로직스의 회계처리를 두고 사후적으로 분식회계로 낙인찍는 출세 희망자들의 촛불혁명 정당화 및 정권 줄서기, 이로 인해 일당독재 개도국 급으로 떨어진 정부 신뢰성….

이렇게 바뀐 나라에서 신규 투자하고 고용하고 싶은 마음이 샘솟는 사람들이 만약 있다면, 그들은 정말 정치권력의 그 많은 방해, 빨대 꽂기 속에서도 생존과 성장이 가능한 능력자들이든지, 아니면 중증 애국병 환자들이다. 합리적 사고와 계산이 가능한 기업인과 자산가라면, 한국 신규 투자는 최소화하고, 낮은 법인세와 상속·증여세, 거기 더해 각종 면세 혜택까지 추가로 제공하는 미국·유럽으로 투자 라인을 옮기는 것이 지극히 현명한 선택이라는 얘기다.

덕분에 코로나 전 글로벌 호황 속에서조차 한국만 뒤떨어지는 저성장 속에 역대 최고 실업자 수와 청년실업률, 기업들의 각종 활동 지표는 금융위기 때 수준으로 후퇴했다. 정치 선동가들의 표 장사와, 도그마와 내로남불로 무장한 이념가들의 소득주도성장 실험을 위해 기업과 자산가를 괴롭히면, 죽는 건 한계계층이다. 국민 개개인의 인생에서 경제는 모든 것, 알파요 오메가다. 경제를 못하면 다른 걸 아무리 열심히 해도 실패한 대통령이다. 다른 것들도 최악이라 경제 실정이 오히려 묻히는 게 문제지만.

소득주도성장? 저 방식의 경제 성장은 매우 간단하다. A·B·C 세 사람만 사는 국가가 있다고 치고, 실제로 뭔가 생산된 것은 아무것도 없는데 그냥 A가 B에게 월급을 주고, B가 C에게 월급을 주고, 다시 C가 A에게 그 돈으로 월급을 주는 꼴이다. 원천부가가치는 하나도 생산된 게 없는데 A-B-C 간에 돈 돌리기만 해서 A·B·C의 소득이 모두 증가했다는 기적의 논리다. 몇 번 돌리면 모두가 억대 연봉일 기세다. 실상은 누구도 잘살게 되지 않았고, 돈은 돌고 돌아제자리에 있다. 경제 성장은 철저히 생산성 향상, 부가가치 창출의 결과이지, 돈 돌리기의 결과물이 아니다.

공무원 늘리기? 공공 부문 일자리는 생산에 기여하고 부가가치를 만들어 내는 게 아니라, 민간 기업이 만들어 낸 부가가치 위에서 신선놀음 하며 그것을 쓰고 분배하는 일일 뿐이다. 그런데 그 자리를 늘린다고 경제가 성장할 리가 있나? 오히려 악화가 양화를 구축하고 민간경제 활력만 더 떨어뜨린다. 공공 부문 일자리에 들어갈 돈은 누가 주는데? 민간이 내는 세금이다. 그 세금 누가 내는데? 기업이 열심히 물건 만들어 외국에 팔고, 해외 공사 수주하고, 세계 시장 누비며 손님 따 와서 벌어들인 돈으로 낸다. 막말로 공공이 뭔가 일을 하나 더 하면 그 두 배로 민간 일자리가 사라지는 거다. 공공은 200% 확률로 민간보다 비효율적이기 때문이다. 그뿐인가. 유능한 인재가 민간을 외면하고 공기업으로 가면 바로 경제의 생산 원천인 민간 기업 경쟁력을 잠식한다.

법인세 올리자고 떠드는 한국 좌파들과 달리, 전 세계가 법인세 낮추어 기업 투자 유치하는 게 생각이 없어서 그러는 줄 아는가? 기업이 하나 들어와서 공장을 짓고 투자를 하면 그 투자 과정에서 외자가 들어오고, 짓고 나면 새로운 부가가치를 창출할 수 있는 고용이 유발되고, 거기서 나온 임금소득이 국내 경기에 돌게 되는 거다. 그런데 좌파 정치가들은 기업 이익 1%를 뜯어서 무슨 기금을 조성한다느니 법인세를 올려서 해결하자고도 하고, 도요타·GM보다 고임금을 받는 현대차 노조는 임금을 더 올려 달라고 쇼를 하는데, 이미 세계 상위권의 법인세를 부담하고 있는 한국 기업들이 미쳤나?

그냥 미국 앨라배마 같은 데로 가 버리고 말지. 이렇게 신규 투자를 외국에 한 건 더 함으로써 신규 부가가치는 외국에서 발생하게 되는 거고, 여러분의 밥그릇 사이즈 자체가 줄어드는 거다.

GDP의 P가 괜히 'product'인 줄 아는가? 결국 경제란 그 나라의 경제 주체들이 얼마나 많은 '생산', 즉 부가가치를 만들어 냈느냐로 굴러가는 거다. 생산 향상이 성장의 본질일 뿐, 저렇게 돈 돌리기 하는 건 그냥 화폐 유통 속도 'MV=PT', 결국 화폐란 금처럼 태환되는 게 아닌 종잇장에 불과한 것이기 때문에 그게 백만 원이든 천만 원이든 숫자로 나타나는 '화폐 환상'이 발생하는 거고, 실제 소득은 늘지도 않았는데 늘었다고 착각하게 되는 것일 뿐이다.

아, 물론 소득 상승이 필요한 부문이 있긴 있다. 그런데 그건 이미 최상위권 선진국 수준의 임금을 받고 있는 공무원·공기업·은행·대기업·교사·교수·언론인·법률가 같은 양반들과는 100% 전혀 무관한 얘기고, 중소 중견 기업 비정규직들 급여는 올릴 필요가 있다. 그러려면 전자의 양반들이 몇 년쯤 임금 동결하면서 그 재원으로 중소 중견 기업 비정규직 급여를 올려 주면 된다. 물론 좌파정권 지지층 핵심인 민주노총·전교조·전공노 같은 현대판 부르주아, 과거 급제자들의 이익집단이 가만있지 않을 것이고, 사회적 신뢰가 원체 낮은 곳이라 불가능에 가깝다고 본다.

청와대 꼰대들이 닥달하니 뻔히 실패가 예상되면서도 무리하게 밀어붙인 소득주도성장, 그 핵심으로 최저임금을 대폭 인상시켜 놓긴 했는데, 문제는 한국의 경제 체력이 그 꼰대들이 지시하는 최저임금을 전혀 감당할 수준이 되지 않는다는 사실이다. 당연하다. 한국의 최저임금은 글로벌 동일 기준으로 주휴수당 포함 시 2018년에 이미 9,045원(명목 7,530원), 2019년엔 1만 20원(명목 8,350원)으로 1만 원을 돌파했다. 물론 사용자들은 최저임금 외에 4대보험 분담금도 지급해야 하니 사용자 부담 최저임금은 2018년에 이미 1만 원을 넘겼다. 역시 한국에서만 산정에서 제외하는 정기 상여금까지 더하면 어디까지 갈지는 각자 상상해 보시라.

한국의 1인당 GDP 대비 최저임금은 2018년 세계 톱3, 2019년엔 톱2였다. 한국보다 1인당 GDP 높은 나라들 중 미국·일본·이스라엘은 최저임금 절대값이 한국보다 낮고, 영국·아일랜드·베네룩스 등 대부분은 1인당 GDP 대비 최저임금이 한국보다 낮으며, 독일·이탈리아·북유럽은 최저임금 자체를 설정하지 않고 한국 최저임금의 절반밖에 안 되는 급여의 미니잡으로 고용 사각지대를 해결하고 있다.

일자리는 경제 성장의 결과물이지 수단이 될 수 없고, 경제 성장은 생산성 향상과 부가가치 증대의 산물이며, 이는 결국 기업 하기 좋은 환경과 투자·이윤 인센티브에서 비롯될 뿐이라는 지극히 당연한 경제 원리를 무시한 채, 목적(결과)과 수단이 뒤집힌 꼰대들의 도그마대로 세상을 재단하고 끌고 나가려 하니 일자리는 멸종되고, 사상 최대 실업자 수와 사상 최고 청년실업률 수치를 찍는다. 글로벌 호황기에 한국만 경제성장률이 세계 평균보다 25% 이상 뒤지고, 오일 쇼크나 IMF 같은 특수 상황도 아닌데 한국의 경제성장률이 사상 최초로 미국보다 뒤지는 사태가 벌어진다. 옆 나라는 사람이 모자라서 아우성인데 한국엔 일자리가 없어서 아우성이다.

최저임금 못 주는 사업자는 폐업해야 한다는 정부와 지지자들 쉴드가 떨어지기 무섭게, 최저임금 받을 만한 경쟁력이 없는 근로자가 당연히 같은 논리로 노동시장에서 밀려난다. 이쯤 되면 잘못된 정책을 진작 파기하고 법인세와 상속세 감세로 투자를 활성화해 일자리를 늘렸어야 하는데, 틀렸다는 것을 인정했다간 정권의 위기가 오니 세금을 더 걷고 국고를 털기 시작한다. 고용지원금이니 뭐니 하는 온갖 땜빵과 세금 낭비 대책을 내놓고 국고 54조 원을 허공으로 날린 결과물이 고작 집권 2년차(2018) 7월 일자리 증가 5천 개다. 전임자는 그 돈 안 쓰고도 50만 개였다. 전전임자의 4대강 사업은 홍수를 줄이고 수자원을 확보하며 수변생활환경을 대폭 개선하면서 일자리 30만 개를 창출하면서도 22조 원을 썼다. 22조 원이면 일자리 백만 개를 만든다던 문 정권의 과거 발언은 이제 국민적 조롱거리가 됐다.

올린 최저임금은 결국 한국에서 안 쓰고 본국으로 전액 송금하는 외국인 근로자들이 최대 수혜자가 됐다. 한국인 세금 걷어다가 이 사람들에게 줘서 해당국들로 국부를 유출시키는 꼴이다. 그렇게 멀쩡한 사람들 일자리 빼앗아 실직자가 자살했다는 보도가 뜨니 가짜 뉴스라고 공격하고 기사를 삭제시키는데, 알고 보니 가짜가 아니었고 공격한 정부의 주장이 가짜였다. 전임 두 명의 대통령 9년간 개선되어 온 소득 분배 지표를 단 1년 만에 10년 전 노무현 시절 수준의 최악의 양극화로 벌려 놓은 게 그 비서실장 출신의 업적이다.

이게 다 정책을 보지 않고 이미지로 인기투표를 한 결과다. 뭐, 여전히 이 정권엔 콘크리트 지지층이 있고, 그 콘크리트가 무너질 때까지 집권 세력은 망국의 랠리를 멈추지 않을 것으로 보인다. 월급 올려 달라면 올려 주고, 사장이 돈 없으면 세금 쓰고, 실패하면 전 정권 욕하는 초등학교 인기투표 수준의 정권이다.

적어도 보수 집권 시절엔 인기에 연연하지 않고 욕을 먹더라도 해야 할 일은 했고, 자신들의 정치적 이익을 위해 국고를 수십조 단위로 날려먹지도 않았으며, 큰일에선 국익이 우선이었다. 그들은 그 자체로 존재하는 테제였던 것이다. 책임질 필요 없이 비난하는 것으로써만 존재하던 안티테제 586 운동권들은 이미 권력을 독점하고 양분된 야당이 힘이 없는 틈을 타 하고 싶은 짓 다 하고 있으면서도, 그 힘을 국가가 아닌 자신들의 도그마와 정치적 이익을 위해서만 쓰고 국고를 탕진하며 세금만 폭등시키는 가렴주구를 일삼는다. 대놓고 통계가 자기들 입맛에 안 맞으니 통계청장도 갈아 버린다.

그럴 줄 몰랐다고? 너희는 몰랐다는 말 한마디로 끝이지만, 사람들은 일자리와 재산을, 누군가는 목숨을 잃었다.

경쟁력 깎아 먹는 최저임금 인상

한국의 경쟁력의 원천은 '패스트 팔로워'이자 '준수한 가성비' 이지, 혁신의 원천 이라든가 고가의 상품이 아니다. 선도국이 높은 연구개발비를 지출해 개발 생산하여 검증된 상품을 누구보다 빠르게 카피해서, '신속하게+대량으로+그보다 조금 낮은 가격에+품질은 준수한 수준으로' 찍어 낼 수 있는 것이 다른 어느 국가들이 넘보기 힘든 한국의 경쟁력이며, 이것이 혁신 원천의 고가 전략으로 승부하는 1진 선진국(미국·영국·프랑스·독일·일본 등)과 낮은 원가율로 승부하는 신흥산업국(중국·인도) 사이에서 한국이 수익을 올리며 2진 선진국(이탈리아·스페인·한국 등)에 오르기까지 살아남아 온 비결이었다.

결국 낮은 노동생산성을 요소 투입 증대로 커버해 오며 수출을 해 벌어들인 달러로 경제가 돌아간 것이다. 쉽게 말해 삼성전자가 수출해 벌어 온 돈으로 종업원과 1·2차 협력업체 종사자들, 거기 딸린 은행 등 금융권, 세금 받아먹고 사는 공무원과 공기업 직원들까지 먹여 살려 온 가장 역할을 해 온 셈이다.

문제는, 노동생산성은 그대로인데 노동 비용의 증가 속도(최저임금 인상)가 생산성을 추월하고, 요소 투입량마저 줄이면(근로시간 상한제) 한국은 도대체 뭘 에지로 먹고 살아야 하느냐는 것이다. 한국이 1진 선진국들처럼 확실한 원천기술력·프랜차이즈·노동생산성을 확보한 국가라면 그래도 된다. 문제는 2진 선진국, 그중에서도 선진국 진입사가 짧아 누적 자본 스톡이 상대적으로 뒤떨어지는 수준인데 1진 선진국 기준으로 근로와 복지 여건을 맞춰 놓으면 한국이 갖고 있던 패스트 팔로워 카피캣, 가성비의 요소 중 절반은 떼어내고 경쟁하라는 꼴이다.

2018년 한국의 최저 시급은 9,045원이었다. 절대수치로 세계 11위, 1인당 GDP 대비 세계 3위 11위에 해당한다.

응? 7,530원 아니었냐고? 아니다. 9,045원이다. 원래 국제비교라는 것은 동일 기준으로 해야 한다. 다른 나라들에서 법제화하지 않은 '주휴수당'이라는 것이 한국·대만·터키 3개국에만 있는데, 한국은 주 15시간 이상 근무하는 자에 대해 매주 1일분의 주휴수당을 지급하도록 의무화하고 있다. 즉 한국의 최저시급만이 20% 과소계상되어 보인다는 말이다.

타국과 동일 기준을 적용한 9,045원은 그냥 절대수치만으로도 한국보다 1인당 GDP가 높은 나라들(미국·일본·이스라엘 등)보다도 높은 수치다. 이스라엘이 8,962원, 일본이 8,497원, 미국이 8,051원이다. 1인당 GDP 대비 비율로 보면 유럽 대부분의 선진국을 제치고 세계 톱 3가 된다.

게다가 한국엔 '상여금'이 존재한다. 본디 4대보험료, 야근과 연차수당 등의 산정 기준이 되기에 기업과 근로자 상호의 이해관계 일치에 따라 상여금을 기본급에 잡지 않다가, 정기적으로 주는 상여금은 모두 통상임금에 포함된다는 판결에 따라 이미 기본급과 함께 통상임금에 포함되는 항목이 됐다. 그래서 통상임금 판결 때 예컨대 상여금 800%인 기업의 경우 몇 년치 야근과 연차수당 준 금액의 67%(8개월분/12개월분)를 근로자 전원에게 초과 지급해야 하는 부담을 떠안았다. 이건 근로자들이 기업의 뒤통수를 친 것에 다름 아닌데, 서로 다 알고 있었으면서 상호 묵시적으로 운영하던 제도를 소송을 통해 근로자 챙길 것만 챙겨 간 꼴이다.

이렇게 이미 통상임금에 포함된 상여금을 유독 최저 시급 산정할 때만 빼자고 하는 것은, 사안에 따라 내로남불 기준을 적용하자는 것밖에 안 된다. 이미 통상임금성을 인정받아 그만큼 야근수당·시간외수당 과거분 더 소급해 받아낸 데 더해서 향후로도 더 받아 가게 됐으면, 상여금 또한 이번 최저시급에 포함시켜야 맞다. 상여금 600%인 기업이라면 최저시급은 9,045원의 150%인 1만 3,567원이다. 싫으면 수당 받은 거 토해 내고, 과거와 같은 기준으로 수당을 적용하든가.

사실 이미 사용자들은 상여금이 존재하지 않는 초영세 자영업자 사업장이라도 9,045원에 더해 4대보험과 퇴직 급여를 포함해 1인당 법정 최저 인건비 1만 667원을 부담하고 있다. 어떻게 뜯어봐도 한국은 2018년에 최저임금 1만 원을 넘긴 나라 맞다.

최저임금이 대폭 인상되면 사람 한 명을 한 시간 더 쓸 때마다 비용이 그만큼 늘어난다. 그러면 기업은 예전 같으면 하루 8시간 썼을 직원을, 이제 중간에 바쁘지 않은 2시간은 직원 없이 때운다. 남은 6시간도 통으로 쓰는 게 아니라, 주 15시간 이상 쓰면 주휴수당 지급이 의무화되어 사실상 비용이 9,045원이 되니 7,530원에 맞추기 위해 3시간씩 2명을 다르게 쓰는 고육지책을 쓴다. 직원 없이 때우는 시간은 이제 사용자의 일가족을 쓰든가 사용자가 조금 더 일하면 그만이다.

최저임금에 취업하는 입장에선 더 손해다. 8시간 일하고 주휴수당까지 챙기는 이상적 시나리오대로라면 최저임금 수령자가 종전 160만 원보다 16.4% 인상된 186만 원을 받을 수 있겠지만, 이는 사용자가 종전과 똑같은 시간만큼 그를 고용했다는 시나리오에서만 만족된다. 한국에서 최저 시급이 적용되는 대부분의 사업장은 영세하다. 이미 알바생보다 편의점 주인이 가져가는 수익이 적고, 심지어 편의점 주인이 다른 데서 알바를 해서 알바생 급여를 메꿔 줘야 할 정도의 사례가 발생한다. 알바생이야 그만두면 잃는 게 없지만 편의점 주인은 그만두면 원금 손실, 빚, 최악의 경우 파산이 남는다. 자영업과 한계중소기업의 실정이 이러니 16.4%씩 인건비를 추가 감당할 여력이 없으면 주휴수당(20%) 할증을 회피해 비용 인상 요인을 줄일 수밖에 없다. 그래서 쪼개기 고용을 하고 자기가 조금 더 일한다.

근로자 입장에서 보면, 예전이라면 한 사업장에서 8시간씩 일하며 중간에 점심도 먹고 한가한 시간도 있었다. 그러면서 하루 6만 2천 원, 주 6일 근무 기준 월 160만 원(시급 6,470원×8시간×6일×주휴수당 1.2×4.3주)을 받아 왔던 것을, 이제 3시간씩 두 사업장을 옮겨 일하면서 오가는 시간과 교통비만 더 축내면서 월 117만 원(시급 7,530원×6시간×6일×4.3주)을 받게 생겼다. 2시간짜리 일자리 한 개 더 구해서 8시간 노동량 맞춰 봐야 왕복 시간과 교통비를 감안하지 않더라도 월 156만 원이다. 일하는 시간은 같고 3개로 쪼개서 일하느라 수고로움만 늘었는데 월급은 4만 원이 줄어드는 것이다.

물론 하루 8시간, 10시간씩 통으로 숙련 인력을 고용해야 하는 자영업자와 소기업들도 있다. 이 경우 시급 9,045원에 일하고 싶어하는 사람이 많으니 노동 취약계층부터 잘라내야 한다. 주휴수당 포함해 시급 9,045원(4대보험+퇴직 급여 부담금 더하면 10,667원), 별도로 상여금 등 월 51만 원 더 줘 가면서 운영하지 못할 한계기업은 정리하는 게 맞다고? 그 논리대로라면 시간당 그 금액 받을 수 없는 한계노동자도 고용되지 않고 정리되는 게 맞다는 얘기다.

뭐 결국 그래서 시장은 쪼개기 고용과 인원 최대한 슬림화를 통해 살아남으려는 한계사용자들 덕에 그들에게 고용됐던 저소득층의 소득만 더 줄어들고 실업률은 날로 상승하는 'Garbage in, Garbage out'의 잘못된 정책에는 잘못된 결과가 나온다는 보편타당하고 간단한 원리대로 흘러가고 있다.

큰 정부 vs 신자유주의

한국 경제가 침체에 빠진 건 신자유주의의 대척점에 있는 '큰 정부', 관료와 정치의 개입주의 때문이지 단 한순간도 신자유주의 때문인 적이 없었다. 유교적 관치·권위주의 문화가 강한 한국은 전두환·김대중 두 대통령 때를 제외하고는 단 한 번도 신자유주의 근처에도 가 본 적이 없는 나라다. 그리고 그 두 시기는 공히 높은 성장률과 기업 투자, 완전고용, 소득 성장을 기록했다. 둘 다 외환위기를 신자유주의적 해법으로 극복했다는 공통점 또한 가지고 있다.

노무현 때부터 방만하게 운영되어 온 정부를 슬림화하고 관이 틀어쥔 권한과 통제의 숨통을 틔워 보려다가 온갖 마타도어에 두들겨 맞고 어중간한 스탠스로 돌아선 게 이명박 정부였지만, 그래도 글로벌 금융위기 속에서 한국 홀로 플러스 성장을 기록하며 처음으로 선진국에 진입하는 성과를 거뒀다. 정치적 자살행위라는 것을 알면서도 국가 백년대계를 위해 세종시를 원점 재검토하려 한 것도 이명박이었고, 이런 면에선 정권의 이익보다 국가를 생각한 마지막 대통령이었다.

이후 박근혜 정부는 보수 정권에 어울리지 않는 큰 정부를 지향했고, 그것을 지속 불가능한 수준까지 늘려 놓은 문 정권은 그냥 역대 최악의 비대한 관치 정부다. 미국 백악관 비서실보다 문 정권 청와대 비서실의 인원수·조직이 더 크다면 설명 끝나는 것 아닌가? 미국의 일개 주만도 못한 경제 규모를 가진 나라가 말이다.

신자유주의는 기업의 자유로운 채용과 해고를 보장해 정규직 채용을 늘린다. 지금 한국처럼 한번 고용하면 절대 해고할 수 없는 상황에서 어느 기업이 불경기엔 감당도 안 될 정규직을 잠시의 인력 수요를 위해 고용하겠나? 기존 인력 갖고 어떻게든 해 보고, 모자라면 단기계약직 쓰고 아웃소싱 하고 말지.

신자유주의는 이미 세금을 내고 난 자산을 다음 세대로 이전하는 데 매기는 상속·증여에 대한 이중과세가 없다. 한국의 상속·증여세는 세계 최고 수준으로, 어떻게든 절세 수단을 활용하지 않으면 2대, 3대를 이어 가는 영속적 기업 지배권 확보가 불가능하다. 이를 우회하는 절세 수단을 활용하면 기업주를 탈탈 털어 없는 죄도 만들어 감옥에 보내고 조리돌림을 하는 나라에서 기업인이 무슨 보람을 가지고 투자를 하고 고용을 늘리겠나? 중소·중견 기업이 2대를 못 가고 매각되고 2세쯤에선 그냥 엑시트하고 빌딩을 매입하거나 해외로 자산을 이전하는 것도 다 이런 지킬 수 없는 상속·증여세 때문이다. 기업들은 이런 강력한 족쇄를 달고도 5류 한국 정치보다 뛰어난 세계 일류의 성과를 거둬 왔다.

법인세는 결국 주주·근로자·소비자 모두에게 전가되고, 기업의 투자 여력을 낮추는 한편, 비효율적인 정부 관료 조직만 비대화하는 구축 효과만 촉진시킨다. 신자유주의는 이런 법인세율을 가능한 한 낮게 가져간다.

기업과 부자에게서만 세금을 걷고 국민의 거의 절반이 세금을 안 내는 한국과 달리, 모두가 20%를 넘는 소비세를 부담하며 작은 소득만 거둬도 부자 못지않게 높은 세율로 납세하는 게 유럽 국가들이다.

기업은 어떤 경우에도 정부보다 더 돈을 효과적으로 쓰고, 더 많은 부가가치를 만들어 낸다. 기업이 쓸 돈을 정부가 약탈해다가 쓰면 관료와 정치인들의 밥그릇만 늘어날 뿐, 기업이 썼을 때의 절반의 고용도 창출하지 못하고 헛힘만 쓰게 마련이다. 토목 고용도 늘렸고 홍수도 줄이고 수자원도 확보했으며 하변 환경도 개선시킨 '4대강 22조 원'과 비교해 보면, 그 1.5배 넘는 37조 원을 취임 후 단 1년 만에 퍼부어 놓고도 4대강의 절반도 고용 못한 소득주도성장, 자칭 일자리 정부의 성적표가 초라해 보일 수밖에 없는 이유다.

신자유주의는 경제 체력이 감당할 수 없는, 1인당 GDP 대비 세계 최고 수준의 말도 안 되는 최저임금을 고용주들에게 강제해 고용주들을 벼랑 끝까지 몰아 놓고 이를 지키지 못하면 가맹주·건물주를 탓하는 정치적 어린애 생떼 쓰기를 하지 않는다. 부가가치가 수반되지 않는 인위적 최저임금은 그 최저임금에 미치지 못하는 경쟁력을 가진 모든 사람을 노동시장에서 축출하고, 최저임금을 지급할 수 없는 사업주들을 도산시켜 경제를 송두리째 망가뜨릴 뿐이다. 지금의 역대 최악 실업과 일자리 대란이 말해 준다.

지금 성공적인 나라들은 다 신자유주의를 해서 그렇게 된 거다. 법인세 낮추고, 상속·증여세를 최소화하고, 정부 사이즈와 정치권력의 자의적 행사범위를 줄이고, 시장이 할 수 있는 걸 공공기관이 빼앗아 시장을 교란하지 않으며, 기업의 고용과 해고가 자유롭다. 단, 그 속에서 개인들에 대한 사회적 안전판을 확실하게 마련한다. 한국처럼 중산층 모두에게 무상급식·무상보육·무상교육 3종 세트에 먹고살 만한 집안 애들에게 청년수당 뿌리고, 복지 담당 공무원 인원수나 늘려 관료 조직 확대하는 복지가 아니라, 진짜 필요한 최소한의 삶을 보장하는 복지를 한다는 말이다.

중산층에게 없어도 되는 표 장사용 무상 사업을 넓게 뿌리는 게 아닌, 진짜 복지가 필요한 계층에게 복지를 몰아 줘서 그들이 기업의 보장된 해고권에 의해 자유롭게 해고되어도 인간적인 삶을 누리며 다른 직장을 가질 수 있도록 해 주는 게 신자유주의가 가진 인간의 얼굴이다. 신자유주의가 세계적 추세와 홀로 반대 방향으로 달리는 지금 정부의 관료와 정치가 휘두르는 권위주의 시스템보다 기업의 투자와 고용을 늘리고, 개인의 삶을 이롭게 하며, 국가경제를 성장시킨다는 것이다.

가장 큰 복지는 SOC 투자

성장은 생산성 향상의 결과물이며, 분배는 성장이 있을 때만 가능하다는 건 경제학의 기본 원리다. 이를 부정하는 소득주도성장 같은 걸 진리라고 외치는 정권이 집권한 결과가 고용 감소, 실업 증가다.

예컨대 정부에서 1천억 원을 10만 원씩 100만 명에게 나눠주면 그것은 어떤 생산성 기여도 하지 않은 주체들에 대한 선심성 보상이며, 1회성 소비 지출로 사라지고, 어떤 생산성 향상도 일어나지 않는다. 그러나 같은 돈 1천억 원을 전철 노선 추가 개설이나 도로망 확충, 교량·터널 개통에 쓰는 경우, 건설 과정에서 건설사(원청·하도급 모두)의 고용이, 준공 후에는 유지·보수·관리 인력 고용이 늘어나서 고용을 통한 소득 소비 창출에 이바지한다. 그뿐 아니라 수요가 많은 노선의 SOC 확충은 생산성 향상에도 기여해, 이후의 경제성장률을 높여 분배 재원을 늘리고, 이 재원은 임금소득으로 가계에 재분배된다.

건설산업연구원 분석에 따르면, 5년간 50조 원의 인프라 투자를 할 경우 매년 14만 명(서울 3만, 지방 11만)씩의 일자리가 창출된다. 경부고속도로, 인천국제공항, 수출산업단지, 컨테이너 항만 같은 투자가 없었다면 오늘날 소득 3만 달러로 모두가 과거보다 잘살게 된 선진 한국은 없었다. 도로·공항 안 짓고 그 돈으로 급식하고 나눠줬으면 당장 시혜받는 순간만 좋아하는 일시적 수혜자만 늘렸을 뿐, 그 공사와 그로 인해 일어난 산업들에서 일하며 소득을 얻고 생활 여건을 개선시키는 선진국 국민이 증가하진 못했을 것이다.

당장 예전 서울시장들이 지하철 1호선·2호선 개통하는 대신 그 돈으로 이상한 시민단체·협동조합이나 조직해 자기 표 장사 하고, 급식이나 모텔비 지원 같은 매표 행위를 했다면 오늘날 서울시민은 신도림에서 을지로까지 2시간 걸리는 지옥 버스로 출퇴근하고 있을 것이고, 그만큼 업무에 지장을 받아 생산성도 떨어지니, 1인당 하루 4시간씩의 시간 낭비가 400만 명 경제 활동 인구에게만 누적되어도 하루 1,600만 시간, 연간 58억 4천만 시간의 직접 손실이 발생하고 있을 것이다. 시간당 생산성을 시급으로 환산해 1만 원씩만 곱해도 58조 4천억 원이 서울 한곳에서만 발생하는 셈이니, 이게 전국적으로 수십 년 누적됐다면 한국의 국민소득은 지금 동남아시아와 다르지 않을 것이다.

세계 도시들 중 유일하게 도심 간 직통 전철 노선이 개통되지 않은 기형적 도시 서울에서 가장 시급한 노선인 CBD(도심)~GBD(강남)를 잇는 직통 전철 노선을 개통한다든지, 전철 사각지대인 장안동·신월동 등지에서 도심·강남의 양핵으로 통근할 수 있는 경전철을 설치하면, 교통 체증 완화로 경제활동 주체들의 자원(시간·금전) 낭비가 줄어드는 만큼, 이들이 고용된 기업의 생산성이 증가한다.

4차 산업혁명이니 사물인터넷이니 자율주행차니 하는 것도 다 결국 그것을 가능케 하는 도로와 통신망 같은 SOC 투자가 없으면 불가능한, 뜬구름 잡는 소리다. 전 세계가 다들 경쟁적으로 이렇게 미래 먹거리를 담보하려 투자하는데, 한국만 그걸 끊고 정치인의 표 장사를 위한 복지 퍼주기에 열중한다고?

인구는 적고 자원은 넘쳐나는 북유럽 2개국에서만 실시한 초·중·고 전면 무상급식 따위를 무리하게 도입해 식자재 공급업자와 급식노조로 정치적 세를 확대하고 이권을 편취한다든지, 생산 활동 여성 놔두고 전업주부에게만 유리한 보육 지원을 방만하게 운영한다든지, 청년 모텔비로 수당을 대 준다든지 하는 비상식적인 퍼주기 매표 행위보다, SOC에 대한 투자가 모두가 누리는 보편 효용을 제공하며 진짜 '사람에 대한 투자'다. 건설·유지 보수·이용자 모두를 이롭게 하는.

게다가 SOC 예산을 확 깎아 놓으면 필수적인 신설 노선 공사는 어떻게든 쥐어짜기 티스푼 공사로 5년 걸릴 걸 10년간 땅 파서 생산성을 저해하고 불편을 증대시키며 진행하게 되고, 자연스레 수반되는 기존 SOC에 대한 유지·보수 비용의 삭감은 결국 교각 붕괴와 같은 안전 문제로 귀착된다. 이 나라는 성수대교 붕괴, 대구지하철 화재, 서울지하철 근로자 사망, 세월호 침몰 같은, 유지·보수 비용 부족으로 일어난 사고에서 배운 게 아무것도 없나?

노력보다 한 방

관제 차익이 시장을 교란한다. 분수에 맞는 주택을 각자 소득으로 장기 분할상환할 수 있는 모기지를 빌려 사기보다는, 장기간 전세입자로서 무주택 지위를 유지해 정부 규제로 나오는 저분양가 아파트 한 방으로 수억 원의 시세차익을 추구하도록 국가가 나서서 도박적 이윤 동기를 부여한다.

5억 원 집을 취득세 내고 사서 보유세 내며 장기 보유 자가거주한 사람보다, 10억 원 전셋집에 15년 전세 살며 세금 한 푼 안내고 프리라이딩 해온 사람에게 청약가점제 무주택 가점으로 20억 아파트를 정부의 시행사·시공사에 대한 인·허가권 갑질로 10억 원에 분양받게 해 줘 바로 10억 원의 시세차익을 거두게 해주는 기괴한 유인 체계다.

취업 시장은 그런 경향이 더욱 심화되고 있다. 각자 자기 분수와 소질에 맞는 직업을 택해 일하며 소득을 올려 자기 인생 자기가 책임지고 이직과 업그레이드를 해가는 것보다, 국가가 평생의 민간부문 평균급여를 상회하는 철밥통과 연금으로 든든한 노후 대비까지 해주는 공무원·교사 등 공공 부문 채용시험의 한 방을 노리며 젊은 시절의 대부분을 공시생·고시생으로 지내도록 '공공 부문 주도 채용'이라는 잘못된 시그널을 취업 시장에 던지고 있다.

물론 지금 한국에서 기업들이 채용을 꺼리는 더 큰 이유는 한계 고용주들이 감당할 수 없는 급격한 최저임금 인상과 수출 경쟁력에 치명타를 가하는 노동 시간 제한, 세계에서 가장 무거워 어떻게든 절세 수단을 통해 회피하지 않고서는 기업 실체의 이전이 불가능한 상속세와 세계적 법인세 인하 속 홀로 법인세 인상의 길을 걷고 있는 점일 것이다.

꾸준함과 예측 가능성·기여보다 한 방을 권하는 국가가 잘되었다는 이야기를 들어 본 적이 없다. 한국의 현재가 그렇다.

문 정권 인사들은 공관을 활용한 재테크를 참 좋아한다.

행정부.

한겨레 출신 전 청와대 대변인은 공관에 무상 거주하면서 기존 집 전세금을 빼서 호재 발표와 대출규제 직전 타이밍에 후배 은행 지점장 풀 대출로 26억 상가에 올인해 1년 만에 10억 원 차익을 거뒀다.

사법부.

대법원장의 아들은 무주택자 지위를 활용해 최초 당시 시세 20억 원, 2020년 초 시세 30억 원을 넘는 신반포 센트럴자이를 17억 원 이상이 시세차익을 거두었으며, 그동안 아버지의 대법원장 공관에 무상 거주하여 분양 대금 부담도 덜었다. 이 공관은 김 대법원장 취임 후 예산 수억 원을 들여 호화 주택 리모델링까지 마쳤다.

입법부도 빠질 수 없다.

게슈타포 공수처, 독재용 선거법, 검경 수사권 개악을 모두 상정해 프리패스 시킨 국회의장도 아들을 총리 공관에 전입시켜 의정부가 아닌 한남동에서 손주 진학을 해결했다.

'강남'은 통상 강남구와 서초구까지다. 강남서초 교육지원청이 관할하는 8학군이고, 과거 영동 개발의 핵심이던 곳이다. 거기 송파구를 더한 게 '강남 3구'다.

'강남 4구'라고 하면 예전엔 강동구가 더해졌지만, 요즘은 강동구 대신 동작구로 이야기하는 사람들이 많아지는 모양새다. 강남과 여의도를 좌우로 낀 동작구가 떠오른 것은 황금노선 지하철 9호선이 개통되고 흑석뉴타운이 모습을 드러내면서부터다. 흑석뉴타운의 대장주는 7구역의 아크로리버하임이다.

그런 아크로리버하임에 도전장을 내민 대단지가 롯데건설이 수주해 시그니처캐슬로 재건축하는 흑석9구역이다. 언덕에 위치하나 입지상 흑석뉴타운의 중심이며 초·중학교가 다수 인접, 통학이 편리해 학부모들이 선호할 만한 입지다. 이 흑석9구역에서 중소형 아파트 2채(또는 대형 아파트 1채)와 상가 1채, 합해서 시가 36억 원 상당의 물건을 받을 수 있는 상가 건물을 2018년 7월 김의겸 당시 청와대 대변인이 자기자본 10억 원에 부채 16억 원을 끌어 26억 원에 사들였다고 한다.

김 전 대변인의 투자는 여러 모로 탁월했다.

일단 거래 시점 당시 흑석뉴타운의 조합원 물건들에는 통상 수억 원의 프리미엄이 붙어 있었는데 그는 사실상 프리미엄 없이 감정가 곱하기 비례율 가액 그대로만을 지불하고 사들였다. 보통 재개발구역에서 초기 자금이 적게 들어가는, 속칭 몸이 가벼운 물건들은 프리미엄이 많이 붙는다. 김 전 대변인이 산 것처럼 덩치가 큰 매물은 아무래도 초기에 많은 현금이 필요한 만큼 프리미엄이 덜 붙어 준공 후 더 많은 수익을 거둘 수 있지만, 그렇다고 해도 무피(프리미엄 없음)는 이례적인 일이다. 한창 부동산 시장이 활활 타오르던 2018

년 7월이라면 더욱 이례적이다.

또 하나의 탁월함은 빚을 최대한 활용했다는 점이다. 거래 가액 26억 원 대비 최소한(40%)인 자기자금 10억 원을 들이고 60%는 부채로 충당했다. 16억 원의 레버리지다. 26억 원을 들여 10억 원의 차익을 얻는 경우 수익률은 38%선이지만, 김의겸처럼 10억 원을 들여 10억 원의 차익을 얻는 경우 수익률은 100%, 즉 2배다.

10억 원은 어떻게 만들었나 했더니, 청와대 대변인 관사가 제공되어, 기존 살던 집 전세금에 부인의 퇴직급여 정산까지 끌어들였다고 한다. 보통 공직자라면 근무지에 자가든 임차든 거주지가 있음에도 불구, 동일 출퇴근 생활권 이내에서 관사를 제공받기 위해 기존 집의 전세를 뺀다든가 매도를 한다고 해서 일가족이 모두 거주할 수 있는 규모의 관사를 제공받을 수 없다. 하찮은 일반 공직자와는 격이 달라서인지, 문 정권 최측근 청와대 대변인은 자택 옥인동에서 10분도 안 걸리는 청운동에 관사를 제공받아 5억 원의 자금을 무상 조달했다.

정상적 심사였다면 6억 원 대출이 한계였던 물건에 대해 물건지 흑석동도 거주지 청운동도 아닌 먼 성산동의 고교 1년 후배가 지점장으로 있는 지점에서 10억 원이 넘는 대출을 받아 아파트 2채와 상가 1채를 받을 수 있는 26억 원짜리 재개발 대상 상가주택을 샀고, 시세평가차익만 바로 10억 원 이상을 거두는 기염을 토했다. 이렇게 일생일대의 전 재산을 걸고, 순자산의 1.6배 빚까지 끌어들여 투자할 수 있는 용기는 많은 투자자들이 본받을 대목이다.

빚내서 집 사는 것을 욕할 것은 아니다. 본디 집은 부채로 장만

하는 것이고, 세계 모든 선진국에서 상환 여력만 소득(DTI, DSR)으로 입증되면 집값의 80~110% LTV로 돈을 빌려주어 주택 마련을 장려한다. 문제는, 이것이 문 정권이 세계의 상식적인 국가들 어느 곳에서도 유례없는 폭압적으로 낮은 LTV 40%를 강제해 목돈 없으면 집도 못 사게 하는 2018년 9·13 대책 발표 불과 2달 전에, 빚내서 집 사게 했다고 전 정권을 앞장서서 욕하던 그 청와대의 대변인이 벌인 내로남불의 끝판왕과 같은 일이었다는 것이다. 국민들은 소득이 있어도 목돈이 없으면 집 못 사게 막아 놓고, 아파트 청약이 되어도 중도금·잔금 대출을 막아 놓아서 눈물을 삼키며 포기하게 했으며, 오직 전세자금대출만을 허용하는 방식으로 더불어민주당의 표밭인 무주택자를 늘리고 국민들을 편 가르는 데 골몰해 온 문 정권이다. 국민들에겐 못 빌리게 해 놓고 자기들은 풀로 빌려 베팅하는 진성 특권층의 이중적 행보에 가증스러움을 느끼지 않은 국민이 몇이나 있을까?

언론사 간부, 권력의 핵심, 좋은 자리 다 누리시고, 이제 부까지 장착했다. "개발이란 가난한 자를 위한 것이 아니고, 가난한 자를 내쫓기 위함이다"라며 재개발을 비난하던 위선의 재개발 축재를 보는 사람들은 쓴웃음을 지을 수밖에.

2019년 봄에는 당시 민주당 국회의원 손혜원의 목포 부동산 투자 정보가 매일 업데이트됐다. 목포 구도시 문화재거리 지정 전에 친인척과 보좌관 가족 명의로까지 사전취득한 부동산이 첫 보도 9건이었는데 순식간에 16건, 20건으로 늘어났다.

뭔가 터지면 해명하겠다고 내놓는 발언이 너무 말이 안 되니 다른 게 또 터졌다. 5·18 사적지로 지역 시민단체가 매입해 기념관으로 쓰려 했던 옛 동아약국 건물이 손 의원 보좌관의 남편 이름으로 매입됐다는 것이다. 공익적인 목적이라더니 칼국수집·팥빙수집으로 쓰려 했다는 증언이 나왔다. 문화예술관광벨트로 지정된 통영에서도 사전 부동산 취득을 했다고 한다.

사안을 구조화시켜 단순화해 보면 이렇다. 이건 그냥 부동산 가치를 상승시키는 개발 정책 관련 정보를 사전에 입수할 수 있는 정도를 넘어서, 그 개발 정책의 수립에 영향을 끼칠 수 있는 국회 문화관광위 지위에 있는 권력 실세가 개발 예정지의 부동산을 대거 거래한 이익충돌의 문제 아닌가.

손혜원은 문재인과 김정숙의 최측근 절친이기도 하다. 문 정권의 도시재생사업 명목으로 목포에서만 1,100억 원 세금이 투입되어 부동산 가치를 올려 주고 있다. 손 씨가 목포 부동산에 투자해 2년도 안 되는 시간에 누린 차익은, 10년 넘게 하남 땅을 보유했던 최순실의 수익과 타임 라인의 차원이 달랐다.

윗물이 총체적으로 썩어 있으니 아랫물이 맑을 리가 있을까. 2021년 3월의 민주당 소속 정치인들과 LH의 부동산 부패가 곪아 터진 것은 당연한 귀결이다.

낙하산과 귀족

'위험의 외주화' 논란을 부른 2016년 구의역 사고 당시 스크린도어 수리회사 E사는 평생 서울교통공사(당시 서울메트로) 출신 55세 이상 직원들의 인생 이모작 낙하산 회사였다. 이들이 61세까지 월 400만 원 이상의 급여를 받으며 지시 관리만 하는 동안, 실제 수리 업무는 150만 원 급여를 받는 젊은 비정규직 직원들이 맡았다.

게다가 규정대로 했다면 일어나지 않을 수 있는 사고였다. 2인 1조로 수리해야 하는데 같이 나갔어야 할 서울메트로 출신 낙하산은 민주노총 천막 시위 현장에 간답시고 근무지를 무단이탈했다. 수리 업무는 하지도 않으면서 서울메트로 정규직 출신인 덕에 하는 일에 비해 넘치는 대우를 받는 586 꼰대가 하다못해 옆에 서서 전철 들어오는지 확인만 해 줬어도 청년 근로자가 목숨 잃을 일은 없었다.

그 청년의 목숨이라는 비싼 값을 치렀으면, 달라질 건 달라졌어야 한다. 청년 근로자의 희생의 교훈은 '정규직이나 외주 여부에 무관히 해당 직무의 시장가치에 맞는 보상을 해 주고, 안전 규정대로 근무하는 것'이었지 무조건적 정규직화와 직영화가 아니다. 그러나 당시 박원순의 서울시청과 서울교통공사·민주노총은 이 청년의 희생을 기화로 "정규직화! 직영!"의 사탕발림을 외치면서 자기들은 뒤에서 한몫씩들 잘 챙기셨다. 박원순과 민주당은 낙하산을 꽂아

넣고, 서울교통공사 직원들은 가족들을 대거 비정규직으로 입사시켜 놓고 슬쩍 정규직으로 전환했으며, 외주사에 이렇게 낙하산과 가족들을 밀어 넣은 다음 아웃소싱이 맞는 업무까지도 전부 직영화해 노동귀족의 철밥통을 세습하는 기회로 삼았다. 청년의 희생을 자신들의 잇속 챙기기에 이용해 서울교통공사를 두고두고 낙하산과 가족들이 꿀을 빨 평생 현금인출기화하면서, 물 들어올 때 노 젓는 기회주의의 끝장을 보여 줬다. 진짜 일하는 사람들이 아닌, 이렇게 노동운동이라는 명분을 독점한 이들이 평생 꿀 빨다가 60세 넘어서까지도 진짜 일하는 이들에게 돌아갈 돈을 가져다가 수행 직무의 시장가치에 무관하게 400만 원 이상을 챙기고, 자녀와 친인척들에게 이 직을 세습하며, 그 와중에 정말 그 회사 본연의 일을 하는 이들에겐 150만 원을 던져 주고 자기들 일까지 떠넘기는 이런 귀족들의 갑질 행태가 서울교통공사뿐 아니라 명분 권력과 투쟁력을 쥔 민주노총과 민주당 정치인들이 장악한 국가 전반에 폭넓게 퍼져 있는 것이 한국의 비극이다.

구의역 사고의 비극은 위험의 외주화 때문이 아니었고, 따라서 대책도 정규직화나 직영화가 아니었다. 비핵심 업무는 아웃소싱 하고, 비정규직 고용이 맞는 분야라면 비정규직을 고용하는 건 경영의 상식이다. 외주화와 비정규직 그 자체에는 아무런 문제가 없다. 이를 악용하는 정규직과 정치 세력의 잇속 챙기기가 문제일 뿐이다.

그냥 '하는 일의 시장가치에 맞는 보상'을 해 주면 된다. 정규직 고용 과보호를 걷어 내고, 정규직 여부와 무관하게 그가 하는 직무의 가치에 적합한 급여를 주면 한다. 스크린도어 수리회사에서 정규직이 망만 보고 있다면 150만 원도 아깝고, 비정규직이 수리업무를 하고 있다면 그 두 배도 적을 수 있다. 정규직도 불필요하면 해고할 수 있어야 기업이 정규직을 고용할 유인이 생기고, 비정규직도 필요하면 정규직보다 안정적으로 고용하면서 그 이상의 대우를 해 줄 수 있는 거다. 이 경우엔 둘의 신분을 바꾸고 보상도 바꾸면 된다.

이 사회엔 시장가치에 따른 보상이 없다. 세월호처럼 청년 근로자의 희생을 자기 집단 늘릴 정치적 기회로 삼는 정치·노동 세력의 기회주의와 집단화, 목소리 크기에 따른 보상만이 있을 뿐이다.

2018년 지방선거에서 묻지마 당선된 민주당 서울시의원들의 배우자 상당수가 서울시 개방형 공무원에 임용되어 시민들이 낸 지방세로 열심히 치부하고 있다는 사실이 드러났다. 적어도 지금의 야당이 집권하던 시절엔 이렇게 뻔뻔한 일이 당연하게 일어나진 않았다. 메리토크라시는 작동했고, 최소한의 선은 지켜졌다. 지금의 집권 세력과 그 친위 노동계가 이런 짓을 하면서도 당당하게 여기는 것은 자기무오류의 확신과 '비판자 적폐몰이'가 통하기 때문이다.

조지 오웰의 《동물 농장》에서 동물들을 부추겨 혁명에 성공한 돼지들의 사치스런 삶은 혁명의 레토릭과 명분에 속아 이를 열렬히 지지한 말의 고단한 희생 위에서 가능했다. 총체적으로 썩은 집권 세력을 뽑고 지방선거에서 압도적으로 밀어 준 대가를, 그쪽과 줄 없는 국민들은 노동과 세금으로 열심히 치르고 있는 셈이다. 정말, 지금 집권 세력은 젊은이들에게 부끄러운 줄 알아라.

2020년. 180석 독재 의석수로 폭주하는 집권당 의원들이 중구난

방으로 발의에 발의를 거듭해 웬만한 세무사들도 고개를 젓고 포기할 정도로 원칙도 철학도 없이 부동산 세법을 걸레짝을 만들어 놓은 상황에서, 어떻게든 비용을 절감해 자산 방어해 보겠다고 시뮬레이션 돌리며 절세 전략을 짜는 와중에, 이인영 통일부 장관(당시 후보자) 아들의 스위스 바젤 유학 자금 출처 기사를 보고 기가 차서 현자 타임이 몰려왔다.

바젤은 물가든 생활수준이든 유럽에서 톱을 찍는 곳이다. 옆 나라 독일 프랑크푸르트에서 한 그릇에 10유로(1만 4천 원)도 안 하는 라멘 값이 바젤에 들어가면 30스위스 프랑(3만 9천 원)이 되고, 제과점 쿠키 한 봉지가 20스위스 프랑(2만 6천 원)이다. 유학이란 게 원체 돈이 많이 든다지만, 그중에서도 독보적으로 돈이 깨지는 사례들이 유독 이 정권의 핵심에 있는 작자들에게는 한국에서 동네 공립학교 보내기보다 부담이 안 되는 모습이다. 생활비고 뭐고 일단 학비만 억대가 깨지는 윤미향 딸, 임종석 딸의 미국 음미대 유학이라든지, 비용의 레벨이 달라지는 박원순 아들의 영국 장기 유학, 이인영 아들의 스위스 유학 등. 문득 부산대 의전원에서 수차례 낙제하고도 여섯 차례에 걸쳐 천만 원 단위의 장학금을 수령한 것을 떠올려 본다.

총체적으로 역대 가장 썩은 586 운동권 부패 권력 집단이 남의 돈으로 귀족의 삶을 살아가는 동안, 아끼고 모아서 거주할 집을 장만하고 자력으로 월세 받을 집이라도 한 채 더 사서 노후 대비해 보려는 국민들에겐 OECD 압도적 1위 세계 최고액 거래세·보유세 폭탄이 투하된다. 이런 갈 데까지 간 한국이라는 나라의 국적을 유지하며 세금 내는 사람들한테 미안하지도 않나?

'을지로 노포'의 진실

'을지로 노포 재개발로 사라진다.' '박원순, 세운3구역 재개발 재검토.'

2019년, 이 기사를 보고 어느 정도 감이 오긴 했다. 이거 그냥 돈 문제라는 거.

아니나 다를까.

'을지로 노포 점주, 평당 5천만 원 계약 엎고 평당 2억 원 요구.'

을지로 노포 점주가 해당 재개발구역 지분의 11%를 가지고 있고 인근에 5층 건물을 보유하고 있다는 것은 중요한 부분이 아니다. 자산가든 아니든 재산권은 존중받아야 한다.

문제는 다른 데 있다. 애초에 점주는 평당 5천만 원 선 토지 보상 가액에 동의했고, 다른 지주까지 75% 찬성을 확보해 재개발이 이미 시작된 구역이라는 게 핵심이다. 점주가 정말로 평당 2억 원을 요구했는지 검증과 별도로, 5천만 원에 계약했다는 건 팩트다. 지주들의 이해관계가 이미 계약으로 조정 완결되어 법적·절차적 하자 없이 정상적으로 굴러가던 재개발 사업장이다. 특정 점포의 문제로 합의된 가액을 엎는다든지 개발을 중단시키는 것은 부당행위다. 아무리 약속과 계약을 우습게 알고 말 뒤집기가 손바닥 뒤집기보다 쉬운 한국이라도 아닌 건 아닌 거다.

2016년의 무악2구역에 이어, 2019년 세운3구역에서도 박원순의 쇼는 여전했다. 합법적으로 멀쩡하게 진행되던 재개발 절차를, 서울시장이 웬 식당 한 곳 가지고 언론 플레이 해 사업을 엎어 버릴 수도 있다는 신호를 시장에 던진 사건이다. 정비사업 진행에 하자가 있었다면 당연히 해결되어야 하지만, 그런 문제없이 돌아가던 사업이 권력자의 즉흥적인 한마디에 지연되고 불확실성이 커졌다. 민간이 각자의 입장에서 협상하여 계약서에 도장을 찍거나 사법 절차를 거쳐 해결할 영역의 문제를, 권력자가 갑자기 한쪽의 편을 들며 숟가락 얹는 정치 쇼를 일삼는다면 누가 제도적 예측 가능성을 믿고 투자를 하고, 사업을 하겠는가? 몇몇 특정 점주와 정치인의 표팔이 때문에 장기간 표류하던 재개발 사업이 지연된다면, 정말 재개발과 환경 개선이 필요한 다른 숱한 조합원들은 그 기간만큼 더 불편을 감내하고, 금융비용·관리비용을 포함한 사업비 증가를 감당해야 한다. 이것은 전적으로 정치인 개인의 영달을 위한 비용이니 사비로 변상하게 했어야 할 일이었다.

재개발 대상지에서 뜬금없이 독립문 옥바라지 골목(무악2구역)이니 을지로 노포(세운3구역)니 하는 노스탤지어 팔이가 나온다면, 대부분은 돈 문제다. 즉 토지 보상금, 지분 다툼이 걸려 있다고 보면 된다. 오래된 것이라며 보존 가치가 있다는 것도 누군가의 금전적·정치적 이익을 위해 주입된 프로파간다에 불과하다. 유례없는 고속성장을 이룬 한국이다. 개발도상국 시절 지속 가능성보다 임시변통의 궁여지책으로 급조했던 조악한 건축물과 도로망 중 어떤 것들은 이제 흉물이며 인내의 대상이 됐다. 향상된 경제·문화적 수준에 맞게 리셋하는 것이야말로 지금의 서울을 살아가는 사람들에게 최적의 공간을 제공하고 미래 세대에게 더 좋은 유산을 남겨 주는 진짜 사람 중심 공간 정책 아니겠는가.

무한 생색, 절대 무책임

'생색은 내지만, 책임은 지지 않는다.' 한국에서 정치인으로 성공하려면 반드시 기억해야 할 제1덕목이다. 사실 정치뿐 아니라 많은 월급쟁이들도 기억해 둘 필요가 있다.

뭔가 일을 벌일 때 그 일을 해서 조직과 국가의 발전에 도움이 되느냐보다, 그 일을 하는 게 얼마나 사람들의 눈에 띄고 치적으로 잡히느냐, 한마디로 생색이 나느냐가 한국에서 일을 벌이는 제1요건이다. 이 일을 벌여 장기적으로 얼마나 돈을 잡아먹고 장기적으로 국가와 조직의 체질을 산성화시키는지는 알 바가 아니다. 자기는 일단 스포트라이트를 받은 다음 그 자리를 떠나 더 좋은 자리로 영전하면 그만이기 때문이다.

당장 5년 뒤에 건강보험 재정이 고갈되고 10년 뒤에 고령화를 대비해 적립금을 쌓아 두어야 하더라도, 바로 오늘 자신의 표 장사와 인기를 위해 문재인 케어라는 이름으로 건강보험 비급여 항목을 대거 급여화한다. 5년 후의 재원은 어떻게 할 거냐고 물으면, "당신 아마추어냐? 그런 걸 왜 물어? 당연히 5년 후는 생각하지 않았다"는 답변이 집권당에서 나온다.

공무원 80만 명을 늘리면 그들의 급여·복리후생비·연금·업무추진비·회의비·연수비·시설비 등으로 1인당 연평균 1억 원 이상이 그들의 재직 기간인 30년간 깨진다. 이렇게 1년에 80조 원씩 30년이면 2,400조 원이다. 한 나라의 미래를 완전히 바꿀 수 있는 액수다. 그런데 이걸 말단 공무원 초봉만으로, 그것도 5년간 나눠서 뽑는 딱 그 시점의 급여 하나만으로 비용이 얼마 안 든다고 거짓말을 한다. 당연하다. 공무원 뽑는 순간의 영광은 자기가 누리는 거고, 그 인건비의 본격 부담은 그들이 호봉이 쌓이고 집단화되는 5~10년 후부터 나타날 것인데, 그때 일은 지금 집권하고 있는 자신이 신경 쓸 바가 아닌 거다.

어차피 한국이 10년 전에 한 잘못된 행위 때문에 오늘날 어떤 결과가 나왔으니 그 정치 세력에 준엄한 책임을 물어야 한다고 할 정도로 따지고 드는 국가가 아니잖은가. 그때 '일자리 대통령'으로 이미지 플레이 했으면 문제가 발생한 시점에선 엉뚱한 사람이 바가지를 뒤집어쓰게 된다. 돈 쓰고 누리는 건 문 씨인데 그 계산서 지불은 국민이 하고, 욕은 엉뚱한 사람이 먹게 되는 게 한국이다.

멀쩡히 짓던 자국 원전도 대통령이 이상한 영화 한 편 보고 공사 중단, 탈원전을 운운하는 나라에 원전을 지어 달라고 할 나라가 있을 리 없다. 이명박 정부 때부터 대통령이 나서 세일즈 외교로 수주한 원전 수출은 올스톱. 경쟁국들은 대통령·총리·장관이 나서는 원전 수주 세일즈전에 이 나라는 이제 산업부 4급 서기관을 보낸다. 미래 먹거리 산업 중 원전은 리스트에서 지워졌고 22조 원짜리 사우디 원전 프로젝트 수주는 후보에서부터 탈락할 지경.

안 그래도 판매 부진으로 영업이익은 반토막으로 추락한 가운데, 독일·일본·미국 차 업체들에 이리저리 치이는데다 삼성동 한

전 부지를 사들이면서 10.5조 원을 국가에 헌납한 현대기아차그룹에게 '공적 기여'로 2조 원을 더 강탈해 가고 '통상임금' 판결로 1조 원을 추가로 부담시키니, 이건 그냥 자동차 사업 접으란 얘기인가, 아니면 자동차산업 따위 없어도 먹고사는 데 지장 없을 정도로 한국의 경제체력이 미국·일본·독일을 뛰어넘는 초일류 국가란 말인가?

대형 마트 격주 휴무로도 모자라서 이제 백화점까지 매주 휴무시키고, 면세점 문 닫는 시간도 확 앞당긴다. 유례를 찾기 힘든 관치의 폭거다. 직장인들은 평일에 반차를 내고 쇼핑을 해야 할 것이고, 외국인 관광객들의 쇼핑 스케줄이 주말에 걸리면 그냥 한국에서 돈 안 쓰고 나가면 그만이겠다. 이미 소비자에게 외면 받아 도태된 재래시장이 백화점을 죽인다고 살아날 성싶은가? 회현동 신세계백화점이 휴업하면 그 옆의 남대문시장의 매출이 오르긴커녕 덩달아 떨어진다는 것은 실증적으로 확인된 팩트다.

문 정권 청와대 초대 정책실장 자리에 있던 사람의 말이 가관이었다. 정부가 가장 잘한 일이 치킨값 통제란다. 전국 단위 프랜차이즈 브랜드가 3만 원짜리 치킨을 팔지 못한다면 그게 곧 독립사업자가 팔 수 있는 치킨값의 유리천장으로 기능하게 된다는 사실은 왜 모르나? 비싸면 안 사 먹으면 그만이고, 효용 대비 가격이 비싸면 정부가 안 나서도 시장에서 알아서 소비자에게 외면받는다. 역대 어느 정부도 치킨값 잡은 걸 치적이랍시고 내세우는 유치한 짓을 하진 않았다. 세계의 웃음거리감이다.

책상물림, 시민단체 출신이 공정거래위원장 감투를 쓰더니 자기가 무슨 이병철, 이건희라도 된 것으로 착각하는 거 아닌가 싶다. 작은 구멍가게라도 일으켜 고용을 창출해 본적도 없는 이가 자력으로 거대 인터넷 기업을 일구고 수천 명에게 양질의 일자리를 제공한 기업가에게 '미래를 보는 비전이 없다'고 훈수를 두는 기이한 광경은 무엇인가. 그 와중에 자기를 임명해준 권력자에겐 스티브 잡스를 들이대는 용비어천가까지 더해진다. 참다못해 다음 이재웅 회장이 오만하다고 한 소리를 하기에 이르렀다.

산업·경제 전 분야를 망가뜨린 정권이다. 처음부터 국가를 망치는 게 목표가 아니었고서야 어떻게 가능할까?

정권 핵심부가 저러니 지자체들은 한 술 더 뜬다.

성남시장은 자기 도시에 자신이 노력해서 유치한 것도 아니고, 국가 차원에서 오래전에 짓기 시작한 판교신도시 테크노밸리의 입주 시점이 우연히 자기 임기에 겹쳤을 뿐인데, 그 산업단지에 새로 들어온 기업 수를 가지고 자기가 많은 기업을 유치했다고 광고를 한다. 세금 걷어 청년수당이랍시고 매표 행위로 뿌리는 당신이 아니었다면 더 많은 기업이 그 자리에 들어왔을 것이다.

한국 지방자치의 가장 큰 부조리가 바로 이 '무한 생색, 절대 무책임'에 있다. 단체장에겐 예산을 집행해 자신의 치적 사업으로 남기고 뒷돈도 챙길 막대한 예산권과, 자기 선거운동 도와준 주변 인물들과 친인척들 한 자리씩 꽂아 줄 인사권은 있지만, 그 돈을 조달하고 재정을 건전하게 관리할 책임은 없다. 중앙정부에서 예산을 뜯어다가 쓰면 되니까.

게임 '심시티'에서는 무분별한 복지와 선심성 사업을 벌이면 그 도시가 망하고 시장은 쫓겨난다. 심시티 게임보다 쉽고 명예와 권력만 누릴 수 있는 게 한국의 자치단체장 자리다. 남의 돈으로 누리며 생색내는 자리. 권리만 가진 자치단체장이 할 일은 어느 도시나 하는 쓸데없는 축제와 전시성 국제 행사 유치, 국가 예산 탕진뿐이다. 그렇게 돈을 무익하게 날려 드셔도 중앙에서 가져다 쓴 돈이니 자기 자치단체에선 치적으로 남는다.

진짜 지방자치제는 예산의 집행뿐 아니라 그 조달까지 철저한 독립채산제로 운영하게 하고, 무분별한 선심성 사업을 남발해 도시 자체가 부도가 날 정도가 되면 그 수준의 책임까지를 물을 수 있어야만 자리 잡는다. 완벽하게 독립채산 시키고 그 지역에서 거둔 세금만 그 지역에서 쓰게 해야지, 다른 지역 세금 가져다가 메꿔 주고 국가 예산으로 도와주고 하는 식으로 운영해서야 모두의 모두에 대한 헛돈 쓰기 레이싱밖에 더 벌어지겠는가. 어디 지자체뿐인가. 대통령 단위로 나라를 말아먹고도 감성적 선전만 잘하고 '민주화', '공정', '정의'라는 말만 입에 달고 살면 모두가 떠받들어 주는 나라인데.

대부분 쓸모없는 일회용 전시성 보도자료용으로 국가 재정만 좀먹은 채 사라져도 그로 인해 발생하는 비용과 손실의 후폭풍에 대해선 책임을 묻지도 않고 책임을 지지도 않는, '좋은 게 좋은 것' 문화가 선진국 문턱을 막는 걸림돌이다. 그렇게 노무현은 100조 원을 날려 먹는 세종 천도로 표 장사 쏠쏠히 했지만, 행정 비효율과 국토의 비효율적 이용으로 당장 100조 원이 문제가 아니라 장기적으로는 1천조 원의 간접비용을 길에 뿌렸다. 자기 표 장사 하자고 국토 백년대계를 망쳐 놓고, 거기 더해 뇌물 사건에 연루되어 수사를 받다가 그냥 자살했으니 다 덮고 넘어가 주고 심지어 신격화까지 하는 한국이다. 생색은 감투 쓴 자가 내고 그 뒷감당에 허리가 휘면서도 그 생색 이미지 정치에 열광하는 수준의 국민은 그냥 딱 그 수준의 정치인들이 득세하는 나라에서 계속 그런 악순환의 쳇바퀴를 돌게 될 수밖에 없다. 뭔가 단단한 외부적 충격이나 블랙스완급 이벤트가 아니고선 극복하기 어려운 고질병이다.

보편복지는 보편증세로만 가능하다

한국의 GDP 대비 복지 지출 비중이 OECD 최하위권이라는 주장이 지속적으로 제기되어 왔다. 아마 잊을 만하면 자꾸 나올 얘기다. 왜 최하위인지, 이유나 알고 넘어가자.

그래서 OECD를 소스로 한 32개국에 대한 다양한 자료를 준비해 봤다. 글을 작성했던 2014년 기준의 수치이며, 이후 문 정권을 거쳐 2020년 한국의 부동산세는 압도적 1위다.

일단 한국의 서민들은 선진국 중 가장 세금을 적게 낸다. 세부담률 24.6%로 총 세수 통계 34국 중 32위이고, 더 아래는 칠레와 멕시코뿐이다.

이 세입의 구성을 보면, 개인소득세는 GDP의 4.0%로 OECD 평균인(8.8%)의 절반도 안 되는 된다. 통계 잡힌 32개국 중 바로 뒤에 체코·슬로바키아뿐인 뒤에서 3등, 30위다. 참고로 한국의 소득세는 상위 5%가 세수의 95%를 부담하는 극단적인 고소득자 편중 과세다. 소득이 적은 48%는 아예 직접세인 소득세를 안 낸다.

법인세는 GDP의 3.2%로 31개국 중 7위다. 재산세 2.7%, 역시 7위다. 한국의 기업과 자산가들은 선진국 중 7위로 많은 세금을 부담하고 있다. 법인세는 OECD 평균보다 10% 높고, 재산세는 42% 높다.

그리고 부동산세. 7위로 역시 높았다.

사회보장료 납부는 6.6%로 다시 24위, 역시 하위권이다. OECD 평균은 9.1%다. 사회보험료를 적게 낸 만큼 복지도 적게 받는 게 당연한 거 아닌가?

다음으로 소비세가 6.7%, OECD 평균(11%)의 딱 3분의 2 수준으로 34개국 중 30위다. 간접세 많이 낸다고 엄살들 부리는데, 잘사는 다른 나라는 가서 못 살겠다.

세계에서 인구는 적고 자원은 넘쳐나는 단 2개국(스웨덴·핀란드)에서만 실시했던 초·중·고교 전면 무상급식이라든지, 세계적으로 유례없는 전업주부 자녀 무상보육 같은 헛복지에 돈 쓰면서 "애들 밥 먹이자는데" 하는데, 사실은 자기들 밥 차리기 귀찮다는 헛소리의 유퍼미즘이고, 전업주부들이 애는 보육시설에 맡겨 놓고 백화점 쇼핑하고 카페 가서 브런치 드시면서 살기 힘들다고 빼액거리는 소리들 좀 작작 하셨으면 좋겠다. 고졸 노동자 일하는 동안 중산층 대졸 공시생한테 청년수당 50만 원 퍼 주는 시장님 같은 소리 말이다.

낸 만큼 받는다고? 받는 만큼 내고 있지 않은 게 OECD 비교에서 딱 나오지 않나. 고소득자·기업·자산가들은 이미 OECD 최상위의 세금을 내고 있다. 30위 바깥에서 맴돌고 있는 분들, 세금이나 내면서 요구했으면 좋겠다. 낸 만큼 받는다고 말하려면 면세자 48%에 대해서도 과세하고, 저소득자 세금 대폭 증세하고, 사회보험료도 50%쯤 인상해야 맞다. 30위 밖 세금밖에 못 내겠으면 30위 밖 복지 지출도 받아들여라. 세상에 공짜는 없다.

인구 5천 만에 대학생 100만 명(2%)인 한국에서, 인구 8천 만에 대학생 27만(0.3%)인 독일처럼 국민 세금으로 대학 등록금 전액 면제를 해주면 어떻게 될까?

독일식으로 가려면 우선, 자신의 허세이든 부모의 허세이든 성적도 안 되면서 불필요하게 대학생 타이틀을 단 80%의 대학생은 당장 학교를 그만둬 주셔야 되겠다. 아직 대학 안 간 연령대는 초등학교 졸업 때부터 성적순으로 잘라서 독일처럼 실업계로 진학시키고.

전액 면제에서 좀 양보해서 반값 등록금을 원하면, 잉여 대학과 잉여 대학생 절반은 일단 잘라내고 실업계로 보내고 시작해야 한다. 그리고 그 반값 등록금의 재원은 바로 그 대학에서 실업 전선으로 나간 사람들이 벌어서 내는 세금으로 충당하면 된다.

어떤가? 실업계 출신 다수 국민이 등록금 셔틀 역할을 해서 낸 돈으로 극소수의 선택받은 대학생들이 공짜를 누리는 독일식 시스템이 과연 바람직한 것일까?

유럽 수준의 복지를 원한다면 유럽식 보편적 증세가 필요하다. 유럽식 복지를 원하면 한국의 서민들도 세금들부터 유럽만큼 내자. 즉 직접세 면세 계층인 한국인 절반도 그들처럼 30% 안팎의 직접세를 내야 하며, 간접세인 부가가치세도 현행 10%에서 20%로 올리면 된다. 인풋은 좁쌀을 넣으면서 아웃풋은 창대하기를 기대한다면 결국 당신이 빚을 내서 누린 복지 파티의 계산서를 당신 자녀 세대가 지불해 달란 말 아닌가.

부자 증세 하자고? 한국의 세수에서 법인세·재산세·부동산세가

차지하는 비중은 이미 선진국 중에서도 매우 높은 수준인 걸 방금 보지 않았나? 지금 한국에서 가장 세금 안 내서 공동체에 기여 안 하고 있는 건 바로 중산층과 서민이다.

이게 다가 아니다. 복지의 모범이라고 착각들 하는 북유럽 사민주의의 실상은 중세 농노제부터 유구하게 이어져 온 귀족-농노의 신분 고착화다. 현대 북유럽은 현대판 농노인 서민들이 버는 돈의 30~40%를 세금으로 가져가면서 어떻게든 복지 제도로 어느 정도 유지는 하게끔 해 준다는 차이가 있다. 세금을 왕창 뜯어 가니 근로자들은 잉여 자본을 축적하여 자본을 취득해 부르주아 계층으로 업그레이드 할 길이 철저히 차단되는 실질적 봉건 신분 제도가 바로 북유럽 복지 모델의 본질이다.

그냥 세금 덜 걷고 돈 모을 수 있게 해 줘서 자유경쟁 해서 농노도 부르주아가 될 수 있는 시스템이, 숨 막히는 세율로 사람들을 질식시키는 사민주의 복지국가보다 인간적으로 보이지 않나?

공무원 천국은 국민의 지옥

'일자리 정부'라는 사탕발림을 걸고 문 정권이 출범할 때, 일자리 대책 참 쉽네 했다. 그냥 전 국민 공무원 만들어 주고 전 국민에게 공무원 월급, 공무원 연금 주면 되겠더라. 이 쉬운 걸 왜 다른 나라들은 안 하고, 다들 법인세 낮추고, 거꾸로 공공부문 감축하고 민영화하고 있을까?

공공부문은 그 자체로 부가가치를 창출하지 못하며, 민간 경제주체가 만들어 낸 부가가치에 기생하면서 그 분배 과정에서 지대 차익을 추구한다. 게다가 파킨슨 법칙에 의거, 일단 늘어난 조직은 줄어들지 않으며, 늘어난 조직과 인원의 감독·관리권이라는 밥그릇 확대를 위해 끊임없는 규제와 절차를 신설한다. 밥그릇이 모자라면 민간의 영역을 침범해 시장을 교란하고, 악화가 양화를 구축한다. 이는 민간부문의 역동성을 크게 저해하며, 공공부문의 존립 근거가 되는 민간의 납세 베이스 자체를 훼손한다.

공공부문 1인이 늘어날 때마다 매년 고정적으로 1억 원이 추가로 소요된다. 공무원 평균임금 말고도 공무원연금, 업무추진비, 교육연수비, 각종 여비에 더해 고정설비 투자까지 추가된다. 81만 명을 일단 늘려 놓고 그 인원이 평균 궤도에 오르면 매년 81조 원을 추가로 잡아먹는다고 보면 된다. 그 밖에 부가적으로 파생되는 규제와 행정 절차 복잡화로 인한 사회적 비용과 손실은 측정조차 불가능하다.

민간에서라면 한 명이 할 일을 공공에선 두 명 이상, 보통 팀 단위가 하기 일쑤이고, 따라서 공공부문의 확장은 거의 모든 경우 비효율을 증대시키고, 그 사람들이 공공부문에 가지 않았다면 민간에서 발휘했을 생산성을 매몰비용화한다. 그래서 제대로 된 나라들은 공공부문은 꼭 필요한 부분을 제외하고는 축소, 민영화하는 것이 대세다.

경제 성장과 양질의 일자리는 오직 생산성 증가에서만 비롯되는 함수다. GDP의 P는 생산(product) 아닌가. 화폐 환상에서 벗어나라. 각국은 생산 활동 주체인 기업의 투자 유치와 자국 기업의 이탈을 막기 위해 경쟁적으로 감세 레이스를 펼치고 있다. 다른 나라들이 한국과 역주행하는 게 아니라 한국 홀로 역주행하는 것이다. 결과가 이미 가시적으로 나타나고 있다. 이미 한국의 일자리들은 외국으로 나가고 있다.

"국민이 원하면 다 줘라"(아버지 파판드레우).

그리스의 파판드레우 부자가 공무원 채용을 대폭 늘리고, 채용시험도 폐지하고 면접만으로 공무원을 그리스사회주의운동(PASOK) 당원들을 대거 공직에 진입시켜 공직 사회 전체를 자기 낙하산 부대로 만들었다. 그리스 국민들은 공무원들의 안정적 일자리, 고임금과 평생 연금을 뒷받침하는 현대판 농노가 됐다.

행정고시 폐지, 공무원·공공부문 81만 명 증원? 그러고도 한국의 10년 후가 지금의 그리스가 아니기를 바라나?

2017년 대통령 선거 당시 공무원 81만 명 증원 공약을 내걸면서 문재인 캠프는 "7급 7호봉으로 17만 명을 뽑으면 5년간 총 17조 원이 소요된다"는 이상한 논리를 내세웠다. 7급 7호봉 기본급이 당시 연 3,400만 원이고, 17만 명을 5년 동안 균분하면 매년 3만 4천 명이니까,

1차년 34,000명×3,400만 원=1.15조 원
2차년 68,000명×3,400만 원=2.30조 원
3차년 102,000명×3,400만 원=3.45조 원
4차년 136,000명×3,400만 원=4.60조 원
5차년 170,000명×3,400만 원=5.75조 원

누적 170,000명, 계 17.3조 원

그런데 처음에 81만 명이라 하지 않았나? 그렇게 하면 '5년간 매년 17만 명'(정확히는 16만 2천 명)씩 뽑아야지, 매년 3만 4천 명씩 뽑아서 '5년간 17만 명'이라고? 무슨 눈 가리고 아웅인가? 국민 수준을 기본적 산수도 안 되는 개돼지로 보는 후보가 41% 표를 얻어 당선됐으니, 국민은 그 수준에 걸맞은 정치인을 가진다는 잠언은 진리다.

5년 동안 뽑는 걸로 끝이 아니다. 이 공무원들, 채용되고 나서 호봉 안 오르나? 그리고 공무원이 월급만 축내나? 월급만큼 간접비용도 많이 쓴다. 결국 퇴임 시까지 평균 6천만 원 넘는 연봉에 공무원 평균 연봉에 복리후생비, 4대보험, 퇴직수당, 공무원연금 세금

보전액이 덧붙고, 거기에 또 연수비·업무추진비·회의비·출장여행비·교육비, 그리고 사무 공간의 부동산 비용까지를 더해서 예상 원가율로 추정해 보면 1인당 최소 연 1억은 된다. 실제로 2017년 한국납세자연맹이 집계한 금액이 1억 800만 원이었다.

문 정부 5년 동안만 나눠서 뽑고 퇴임과 동시에 모두 잘라낸다면 모를까, 81만 명을 뽑아 그들이 퇴직할 때까지 쭉 쓴다면 증원된 공무원 81만 명이 해마다 81조 원의 재정지출을 발생시킨다는 말이다.

자, 81조 원이다. 공무원 81만 명을 더 뽑으면 이 공무원들이 임용 시부터 퇴직 시까지 근속하는 30년간 81조 원씩 총 2,430조 원을 축내게 된다. 17만 명으로 수정하자고? 5분의 1로 줄여도 액수가 천문학적이기는 마찬가지다. 매년 17조 원씩 30년간 510조 원.

공무원이 모자라다는 근거로는 꼭 소방직을 들이대는데, 반대로 공무원이 남아돌아서 옥상옥으로 자리 만들고 부처 신설하고 기관 분할해 가며 예산과 승진 자리 축내서 인사 적체 해소하려는 부서가 도처에 널려 있다. 널찍하게 놀고먹는 이런 공무원 자리들만 줄여도 소방직은 현재의 두 배로 늘리고도 남는다. 그런데 81만 명을 늘려 봤자 힘 있는 부서, 노조가 강력한 곳, 정치적 표 가치가 있는 지자체 공무원만 신나게 늘어날 거고, 소방직은 그중에서도 적게 늘어날 거다.

소방직만 따로 더 뽑더라도 공무원 총원은 절대 늘려서는 안 된다. 현재의 공공부문 중 방만한 부문을 구조조정하고 그중 일부를 소방직 늘리는 데 쓰면 된다. 한순간만 방심하면 나락으로 떨어지는 세계 시장에서 고군분투하며 한국을 지탱하고 있는 수출 기업들과 평균 연봉 3천만~5천만 원짜리 일반 국민들이, 평균 연봉 7천만 원에 플러스 알파로 3천만 원을 더 소모하며 평생고용과 공무원연금을 보장받는 현대판 양반층을 81만 명 더 먹여 살리려면 수궁하겠나?

그런데 이렇게 생산성 없는 특권 집단을 대거 만들어 놓고, 먹여 살리는 국민들이 되레 그 사람들을 상전으로 떠받드는 모습, 어째 익숙하지 않나?

맞다. 양반 천국 이씨 조선이 그렇게 망했다.

복지국가엔 사다리가 없다

필자가, 한국에서도 가장 집값 저렴하고 소득 낮은 축에 드는 지방 출신에 증여받은 거 없고 마이너스 상속이나 아니면 다행일 상황에서 오히려 부모님께 돈을 드리면서도 어느 정도 자산을 축적해 계층 이동에 성공한 것은, 한국에 태어났고 문 정권 이전에 30대를 시작했기에 가능한 일이 아니었을까 싶다.

하지만 북유럽에 태어났다면 미션 임파서블에 가까웠을 것이다. 연소득의 절반을 직접세(소득세)로 뜯기고, 나머지 절반으로 소비할 때는 무시무시한 소비세(25%. 한국 부가가치세 10%의 2.5배) 뜯기느라 잉여자본 축적은 꿈도 못 꾸고, 대부분 사람들이 태어난 계층 그대로 평생을 살아가는 나라. 그런 북유럽이 뭐가 좋다는 건지 도무지 모르겠다.

한국이나 미국 같은 나라에서는 누구든지 노력하면 확률의 차이는 있더라도 어떻게든 자기 대에서 계층을 어느 정도 바꿀 수 있었다. 근로자라면 자신의 경제활동으로 만들어 낸 부가가치, 사업자라면 자신이 만들어 낸 혁신의 결과물을, 국가와 복지 시스템에 절반 이상 삥 뜯기지 않고 자기 분수에 맞는 소비와 어리석지 않은 투자를 통해 얼마든지 축적하고 키울 수 있다. 북유럽처럼 일 년의 절반을 국가와 사회를 위해 무상노역하지 않아도 된다는 말이다.

한국전쟁을 통해 전 국민 신분을 한번 리셋한 한국, 아예 이민자들이 세운 미국은 자유주의적 경제 시스템까지 장착해 이렇게 사회 계층의 유동성을 보장하는데, 북유럽은 어떤가? 아예 선이 그어져 있는 평생 귀족들 따로, 나머지 국민들도 상층이든 중층이든 하층이든 대부분이 각자의 태생 계층을 그대로 이고 살아간다. 한마디로 중세 농노 시스템이 현재까지 이어지고 있는 것이다. 일 년의 절반을 강제노동해 바친 재원으로 굴러가는 복지로 어느 정도 먹고살게는 해 주겠지만 잉여생산물은 다 빼앗을 테니, 더 위 계층으로 올라올 생각은 꿈도 꾸지 말라는. "어디 농노가 기사가 되려고!"

모 교육공무원 말대로 사회는 계층으로 구성된다. 구분점에 따라 그게 1 대 99, 10 대 90, 20 대 80으로 보일 수 있지만, 어떤 사회에서든 계층별 인구 구성은 결국 정규분포에 수렴한다. 그의 잘못은 '개돼지'라는 투박한 어휘가 도중에 튀어나온 바람에 그 앞뒤 콘텍스트나 콘텐츠 무관하게 매도당할 빌미를 만들었다는 것뿐. 세련되지 못한 언어 구사가 문제라지만, 한국의 고위직에 그런 인간이 한둘이던가. 그냥 시범 케이스로 잘못 걸려 뒤집어쓴 거지.

자연계에 무한기관이란 존재할 수 없듯이, 인간사회도 시스템이 돌아가려면 다수의 하층 부품이 필요하고, 그 부품들이 맞물리는 상위의 구동체계, 그리고 그보다 상위의 구동체계는 있을 수밖에 없고 있어야 한다. 그렇다면, 하위 부품에게는 계속 기름칠만 해 주며 "넌 계속 하위 부품으로 머물러라" 하는 국가주도 수탈형 복지사회가 이상적인가, 아니면 "너도 노력만 하면 더 상위로 업그레이드될 수 있다"는 자유주의 경제 운용이 이상적인가? 주저 없이 후

자를 택하겠다. 적어도 부모의 스펙으로 99% 결정되는 인생보단, 자기 노력으로 거기에서 바꿀 확률이 30%만 되더라도 그게 이상적인 사회 아닌가?

인간은 자기 노력으로 미래를 현재보다 개선시킬 수 있을 때 자신의 삶을 사는 것이다. 그렇지 않은 인생은 그냥 운명의 결정권을 권력에게 맡긴 채 국가에 의해 사육당하는 것일 뿐.

손님 적어 편한 자영업자는 없다

"손님들이 적으니까 편하시겠네?" "돈 많이 벌어 놓은 것 가지고 조금 버티셔야지."

코로나가 막 유행하기 시작한 2020년 늦겨울, 사업·장사 하는 사람들에 대한 문 정권 핵심 인사들의 인식을 적나라하게 드러낸 총리의 재래시장 발언이다. 애초에 그런 인식이었으니 1인당 GDP 대비 세계 최고 수준의 최저시급을 책정해 사업자들이 감당할 수 없게 인건비와 4대보험 사용자 부담 비용을 올려놓고, 그것도 못 주면 사업·장사 접으란 이야길 아무렇지도 않게 했던 거다.

월급쟁이라면 손님이 적으면 편할 것이다. 장사가 안 돼도, 쉬어도 월급은 나온다. 최악으로 잃어 봐야 직장을 잃는 것이지 빚더미로 자기가 파산하는 게 아니고, 자기자본을 잃을 일은 더더욱 없다.

사업자는 다르다. 장사 공치면 공치는 만큼 매상 안 나오고, 장사가 안 되면 바로 이익 감소와 손실로 직결된다. 그러다가 망하면 문자 그대로 모든 것을 잃는다. 자기자본은 날리는 건 기본이고 빚을 썼다면 신용불량·파산까지 이른다. 사업자가 가져가는 이윤은 바로 그런 리스크를 감수한 투자에 따른 보상이다. 그것도 잘될 때 얘기고, 월급은 계속 줘야 하고 고정비는 나가는데 당장 매상 안 나오면 버티지 못하고 부도로 이어지는 한계상황에서 아슬아슬하게 줄타기 하고 있는 게 대부분 사업자들의 현실이다.

돈을 많이 벌어 놔? 웃기지 좀 말자. 설령 벌어 놨다 한들, 나랏돈으로 편하게 고액 급여와 업무추진비 받고 자기 돈 아껴 축재하고 살아온 문재인·조국·정세균 같은 인사들과는 다르게 그들은 자기자산 전액 날리고 빚더미에 올라앉을 위험까지 감수해 가며 번 돈이다. 자기자본과 리스크 들여 부도 위험 끌어안고 사업해서 직원들 고용해 월급 주고 국가에 세금 내는 사람들이 있으니 이 나라가 유지되는 거다. 세금으로 호의호식하는 사람들은 그렇게 살 수 있게 해 준 사람들에게 폐를 끼쳐서 송구하고 감사해도 모자랄 지경이어야 정상이다. 하물며 그 돈을 왜 권력자들의 정책 실패 때문에 날려야 할까?

모두의 일상도 장사도 망가진 지 1년이 지난 지금 같으면 뭐라고 할 건가?

"가게 접었으니까 한가하시겠네?"

"돈 많이 벌어 놓은 것 가지고 놀러 다니셔야지."

의사는 땅 파먹고 사나

의술이 인술(仁術)이니, 히포크라테스 선서고 사명감이고 뭐고 다 접어 두고, 직업으로서 의사는 다른 모든 직업과 마찬가지로 개인이 가진 전문성과 창출하는 부가가치에 걸맞은 경제적 대우를 받아야 마땅하다. 중증외상 환자를 글로벌 스탠더드대로 치료해 봐야 수가 인정 못 받고 심평원 삭감을 당하면서 매년 10억의 적자를 보게 해 놓고서 그 분야 투신하는 의사가 적다고 혀를 차는 선비들은, 바로 자기더러 청춘 10~13년씩을 수련해서 자기 돈으로 그렇게 적자를 보면서 그 일에 종사하라면 하겠는가?

어떤 직업도 개인에게 사명감이라는 이름으로 이국종 교수에게처럼 강도 높은 주 120시간 근로와 한쪽 눈 실명, 온몸의 부상을 강요할 수는 없다. 그에 대한 대가는 칭찬이니 보람이니 따위 돈 안 드는 공치사가 아니라, 계량 가능하고 보편적인 유니버설 밸류, 즉 돈이라는 경제적 가치로 지불되어야 한다. 중증외상 치료가 돈 되게 해라. 그래서 많은 의사들이 이쪽을 지원해서 주 40시간 근무하고 쉬는 날 다 쉬어 가며 억대 연봉을 받을 수 있을 정도로 수가를 인정해 줘 봐라. 이 교수 혼자 저걸 다 짊어지고 있겠나? 아마 전국 곳곳에 이 분야의 전문의가 넘쳐날 거다.

경제적 인센티브는 제공하지 않으면서 자신이 하기 싫은 희생을 남에게 전가하고 칭찬으로 퉁치려 하는데, 세상에 그렇게 만만한 호갱님은 흔치 않다. 중증외상 치료를 '중노동+경제적 손실'이라는 더블 콤보로 짜 놓고 어쩌다 한 명 나온 의료계의 박태환·김연아 같은 이국종 한 명에게 기대고 있는데, 평상시는 대충 이렇게 스타 한 명으로 해결한다고 치자. 그런데 대형 재난이나 국지전이라도 있어서 이런 의사의 수요가 급증한다면 어떻게 할 텐가? 이건 최소한의 중증외상 치료 안전 버퍼가 없는, 기존 자원을 극한으로 쥐어짜서 돌아가고 있는 위험한 시스템이다. 그러니 한국의 중증외상환자 사망률이 미국·일본(10~15%)의 3배(35%)나 되는 거다.

말로 하는 공치사조차 아까운지, 바쁜 사람 발목이나 잡는 정치인은 이 대목에서도 어김없이 등장한다. 평생 부가가치 되는 경제활동이라곤 해 본 적 없이 남들의 생산활동으로 창출된 부가가치에 기생하는 시민단체 출신, 비례대표로 쉽게 국회의원 배지 달고 세금으로 보좌진들 거느리며 고액의 급여와 권력을 누리는 나으리 얘기다. 그런 자가 범접하지 못할 경지의 중노동을 하며 의학적 부가가치를 창출하는 의사에게 '감히 북조선을 모욕되게' 환자의 상태를 코멘트했다고 인권 타령하며 길길이 날뛰는 걸 보면, 이 양반을 꼭 북으로 보내서 거기서 똑같은 타령을 하게 만들어 주고 싶다는 생각이 아니 들 수가 없는 것이다.

열심히 뛰는 사람의 발목이나 잡는 정치인은 아무짝에도 쓸모가 없는 것을 넘어서 마이너스적 존재다. 마침 그가 종북 좌파 정치인이라면 잘됐네, 북조선으로 보내 주자. 그렇게도 흠모하는 정신적 조국으로 가서, 거기서 마이너스적 존재로 기능하게 하는 것이 대한민국에도 이득이다.

2020년 여름의 전공의 파업과 의대 졸업반들의 의사국가고시(국시) 거부 사태 때 정부와 카운터파트로 맞선 최대집 대한의사협회(의협) 회장은 사실 그 2년여 전 의협회장 선거 때부터 화제가 됐던 인물이다.

그의 당선이 사실 그다지 놀라운 일은 아니었던 게, 6명이 출마한 선거에서 최대집 후보의 이름이 선거 기간 가장 많이 언급됐었다는 것만으로도 긍정적이든 부정적이든 이 선거의 프레임은 '최대집이냐 아니냐'이지 '누굴 뽑느냐'가 아니라는 걸 구경꾼도 짐작할 수 있을 정도였다. 마침 그 무렵 의사인 지인과 얘기할 기회가 있었는데, 심지어 한 표를 행사하기 위해서 밀린 협회비를 내고 투표권을 회복하는 회원들도 많았다고 한다.

아니나 다를까, 당선 후 최대집 회장의 행보나 언사가 현 정권 지지자들 사이에 급속도로 공유되며 의사 집단 자체를 무슨 상종 못할 수구 집단으로 매장하려는 시도가 시작됐다.

그런데 기실, 최대집 회장 당선에 가장 큰 공헌을 한 사람은 다름 아닌 문재인이다. 공급과 가격을 국가가 통제하는 사회주의적 의료 시스템에 이미 쌓여 있는 불만을, 그나마 그 속에서도 '비급여'라는 이름으로 틔어 있던 작은 숨통까지 틀어막겠다는 문재인 케어에 대해, 야금야금 하나씩 하나씩 양보해 온 지금까지의 회장들과 달리 감옥까지 갈 각오로 투쟁하겠다는 후보를 의사들이 안 찍는다면 그게 이상한 거 아닌가?

알다시피 우리나라는 국민과 병의원 모두가 단일 국민건강보험에 당연 지정돼 있는 나라다. 병의원이나 의사 개개인이 제공하는 서비스의 질이나 원가와 관계없이 국가가 통제하는 낮은 수가에 진료를 할 수밖에 없으며, 소신에 따른 전문적 판단으로 꼭 필요하다고 생각해서 시행한 처치는 심평원에 의해 과잉진료라며 삭감되어 돌아오게 마련이다. 물론 덕분에 한국인들은 세계 최고 가성비로, 낮은 가격에 높은 수준의 의료 서비스를 누려 왔다. 예약 없이 당일 방문해도 전문의의 수준 높은 진료를 받을 수 있는 한국이다.

하지만 병원은 땅 파서 운영하나? 결국 낮은 수가는 박리다매로, 적자는 비급여 진료로 어떻게든 때워 가며 수지를 맞춰 오던 중이었다.

문 케어가 지향한다는 영국의 국영 국민보건서비스(NHS). 국가가 완전보장하는 공공의료는 의사를 관료화, 공무원화해, 동네 보건소면 모를까 정식 병원의 전문의는 웬만큼 기다리지 않고는 만나기도 어렵다. 오늘 볼 환자 다 보면 칼퇴근하고, 환자 한번 보면 시간 죽 끌고, 그러니 몇 달을 기다려서 만나는 게 예사라서 감기 같은 병은 진료를 기다리는 사이에 다 낫고, 암 같은 중증질환은 몇 달이고 고통을 견디며 차례를 기다려야 할 정도다. 써야 할 약도 국가의 비용 통제로 못 쓰고 처치도 못하니 미국과 한국 병원에서라면 진작 처치하고 완쾌됐을 환자가 진료를 기다리다가 죽는 일까지 발생한다.

사실 한국의 다른 부분이 망가지더라도 노년까지 한국에 살 만한 몇 안 되는 이유 중 하나가 바로 의사들의 중노동과 낮은 이윤율로 돌아가는 한국식 박리다매 의료 시스템이다. 그걸 두고 관영방송은 의사들의 평균소득이 1억 5천만 원이라며 무슨 적폐 집단인 양 선동을 하는데, 그럼 당신이 예과 2년, 본과 4년에 다니는 동안 매 학기마다 보통 대학생들 4년 동안 공부하는 분량 이상을 암기하고, 인턴 레지던트에 군의관(공보의)까지 10년 가까지 최저시급이니 주 52시간이니 하는 소리는 사치인 중노동을 견뎌 봐라. 아, 그 전에, 의과대학에 입학할 수 있는 성적이나 되는지는 묻지 않겠다. 아무튼 그 정도 빡센 수련을 받고 기회소득을 날려가며 얻은 의사라는 타이틀이 1억 5천, 고작 관영방송 직원 평균보다 조금 높은 소득이라면 그게 더 이상한 거 아닌가?

게다가 개원의는 자영업자다. 빚내서 의료기기 들이고 병원 임차하고 사람들 고용해서 의원을 열었다가 도산하면 신용불량자가 되는 리스크까지 온몸으로 감당한다. 큰 병원이라고 다를 것 없다. 삼성의료원·아산병원 같은 경우는 그냥 대기업이 적자 봐 가면서 하는 사회 환원 사업이다. 그나마 비급여 항목과 장례식장 같은 것으로 적자 메꿔 가며 어찌어찌 돌리고 있는 거다. 한국인들은 그걸 고마운 줄도 모르고 대기업이 돈 벌려고 병원 한다며 선동질이다. 돈 벌려고 한다면 차라리 그 자리에 호텔을 운영하든지, 막말로 그냥 그 건물을 빌려주는 임대업 하는 게 더 이익일 텐데 말이다.

의사들의 결론은 이거다. 지금까지처럼 문 열어 주고, 한쪽 발 밀어 넣고, 작은 거부터 하나하나 빼앗겨 오다 보니 이제 아예 자기 집을 내줄 지경에 이른 식으로는 안 되겠다는 거다. 그래서 강경한 투쟁 노선을 이야기하는 최대집 회장을 뽑은 것이다.

왜 의사는 돈 벌면 안 되고, 홀로 위험을 짊어지고 모두를 위해 희생만 해야 하나? 당신이라면 그러겠나?

고마움을 모르는 사람들에게 호의는 사치다.

코로나의 가장 위험한 현장에서 가장 많은 경제적 손실까지 무릅쓰고 일한 의사들의 뒤통수를 시원하게 갈겨놓은 문 정권이 공치사라고 해줬던 건 기껏해야 가소롭고 시덥잖은 손가락 하트표시와 '덕분에' 캠페인이 전부였다. 무슨 의사들을 초등학생에게 참잘했어요 스티커 주듯이 다루면 되는 수준으로 아는 건가?

사다리 걷어차는 입시 채용

아이들을 부모 스펙 순으로 줄 세우는 것보다는 점수로 줄 세우는 게 낫다. 부모 스펙은 자녀 자신의 노력으로 바꿀 수 없지만, 점수는 자신의 노력으로 얼마든지 바꿀 수 있기 때문이다. 부모 찬스의 문제점이 가장 적나라하게 드러난 것이 조국 사태 아니었던가.

사회가 안정화하고 고도화될수록, 기득권을 갖게 된 사람들은 그것을 지키는 방법을 세련되게 고안해 낸다. 전형적으로, "현 구조는 잘못되었으니 그것을 고쳐야 하고, 약자를 배려해야 한다"는 식이다. 하지만 그런 구호는 결국은 자기들이 대대손손 해먹기 위한 위장용 수사에 불과할 경우가 많다.

과거엔 남들이 선망하는 법조인이나 의사가 되는 길은 명확했다. 사법시험(사시)에 합격하거나, 의대에 진학해 국시에 합격하거나.

사시나 의대입시는 모두 '점수'라는 계량화된 팩터에 의한 정량평가였다. 아무리 법관 아들, 병원장 딸이라도 점수 안 되면 부모의 직업을 이어받을 수 없었다. 드물게 외교관 자녀가 외시 2부라는 좁은 문(보통 외시 30명 선발에 6명 이내)을 통해 비교적 덜한 경쟁을 거치는 경로도 있긴 했으나, 이 역시 객관화된 점수로 자신을 증명해내야 했기에 세습 논란은 적었다.

그러다가 지금은 586이 된 386들이 자기 직업을 어떻게 하면 자녀에게 티 안 나게 세습해 줄 수 있을까, 그것도 좋은 핑계를 가지고, 해서 도입된 게 로스쿨·의전원이다. 법조인이나 변호사 아들딸들은 이제 더 이상 다른 학생들과 같은 조건으로 사시라는 험난한 여정을 거칠 필요 없이 그보다 상대적으로 쉬운 로스쿨에 진학하고(그 입학 전형에서도 정성평가가 큰 비중을 차지해 누구 아들딸·친인척이라는 인맥이 효험을 보인다는 건 익히 알려진 사실이다), 패밀리 레거시 덕분에 수료 후 대형 로펌의 억대 연봉을 입도선매로 예약까지 할 수 있게 됐다. 서민 아들딸들은 LEET와 입학전형 점수가 높아도 정성평가에서 물을 먹고, 어찌어찌 합격해 빚내 가며 3년의 시간과 비용이라는, 부자와는 차원이 다른 체감 비용을 지불하고도 수료 후가 불투명한 경우와는 하늘과 땅 차이다. 과거에는 부자든 빈자든 그냥 사시 합격하고 연수원 등수 높으면 출신성분 가리지 않고 판검사든 로펌이든 탄탄대로를 갈 수 있었다. 병원장 아들딸들은 이과 수능에서 전국 최상위권 점수를 받아야만 진학할 수 있는 의과대학 대신에 상대적으로 쉬운 의전원·치전원을 통해 직업을 세습할 수 있게 됐다. 부유층 자녀들의 사교 클럽은 1990년대 서울 상위권 9개 대학에 개설되었던 국제지역대학원에서 이제는 로스쿨로 변하게 됐다.

결국 과거에는 부자든 빈자든 점수로만 경쟁하니까 빈자에게도 희망이 있었던 반면, 이제는 그 '점수'의 비중은 줄어들고, 학부로도 모자라 대학원 상당 과정에 수반되는 억대의 시간과 비용을 부담할 수 있는 '부'와 '권력'이라는 팩터의 비중이 높아진 셈이다. 이 모든 세습을 정당화하는 게 고시 낭인이니, 직업의 문호 개방이니, 다양한 전공과 배경을 가진 인재들의 전문직 진입이니 하는 수사들이지만, 결과는 더 이상 노무현 같은 상고 출신 법조인을 볼 수 없다는 사실이다. 상고 출신의 씁쓸한 사다리 걷어차기라니, 아이러니다.

대학입시도 마찬가지다. 내신이니 뭐니 아무것도 안 보고 오직 한 가지, 학력고사 점수로만 대학 전형을 했을 때가 그나마 빈자들에게 가장 희망이 있을 때였다. 내신은 학력고사나 수능 같은 단칼 진검승부가 아니라 3년 내내 꾸준히 관리해 줘야 한다. 학력고사를 대체한 수능은 사고력 측정 시험이라 그나마 모든 필기시험 중 사교육의 영향이 가장 적은 편에 속한다. 여러 가지를 신경 쓸 여유가 없는 빈자들도 한 가지 목표점에만 에너지를 집중하면 되기에 부자들에 비해 크게 불리하지 않은, 어느 정도 공정한 그라운드가 주어졌다. 개인적으로 다녔던 지방 서민 동네 평준화 고등학교만 해도 수능이 절대적이던 1990년대 후반 입시에서 사교육 없이도 '인서울 상위 10개 대학+의·치·한 교차지원'에 문과 인원의 25%가 진학하는 기염을 토했다. 수시로 70%를 뽑아 재끼는 요즘은 꿈도 못 꿀 일이다. 물론 그 수능은 노무현·이해찬이 변질시킨 물수능·등급제가 아니라 1997 수능처럼 어렵고 점수 편차 큰, 변별력 있는 사고력 시험에다, 운빨도 중요한 등급제가 아니라 단 0.5점 차이도 차이로 인정되는 점수제였다.

반면 내신은 사교육이 바로 점수로 직결된다. 3년 내내 전방위적으로 에너지를 분산할 수 있는 안정된 가정환경과 사교육의 공헌도가 높아졌다. 그걸로도 모자라서 수시전형이라는 제도를 도입해 정시 인원의 상당수를 빼앗아 가더니, 입학사정관제까지 도입됐다.

과거에는 권력자의 자녀도 점수 안 되면 속칭 지잡대를 가야 했다. 이제는 점수 안 되는 권력자의 자녀들에게 드넓은 대안이 생겼다. 수천 가지의 전형을 분석하고 컨설팅하는, 평소 내신 관리 및 각종 스펙 관리를 해 주는 사교육비 지출이라는 부의 팩터가 작용하게 된 셈이다. 그리고 그만큼 정시의 문호가 줄어들어, 모두가 그나마 비슷한 조건에서 경쟁하던 장은 좁아졌다. 이 역시 "점수 경쟁은 비인간적이다."는 공허한 명분론을 내세운 586 기득권층의 학벌 세습 시도에 다름 아니다.

현실적으로 완벽하게 입시에 집안 재력의 개입을 차단할 수는 없다. 수능도 과외로 도배질을 하면 어느 정도 점수 향상이 있지만, 그나마 그 폭이 가장 적고 스스로 공부하고 사고하지 않으면 절대 점수가 나오지 않는 시험이다. 완벽한 이상의 구현이 불가능하다면 현실에서 구현 가능한 차선을 택하는 것이 맞지, 최악을 택해서야 될 일인가? 그나마 현실적으로 가장 덜 기울어진 게임으로 수능 한 큐만 한 잣대가 없었다는 이야기다.

기업 입사도 마찬가지. 그냥 '대학 레벨+학점+토익'의 세 가지 계량화된 숫자로 뽑을 때는 누구든 예측 가능했고, 준비할 것을 준비하면 됐다. 갑자기 되지도 않는 인문학이니 통섭이니 다양한 경험이니 인성이니 하는 얘기가 나오니 문화자본이 풍부한 부잣집 자녀들의 문만 더 넓어졌다. 과거라면 서민층도 학력고사 잘 봐 좋은 대학 가고 학점과 토익 점수를 올리면 얼마든지 들어갔을 직장에, 이제는 어려서부터 여유 있는 환경에서 다양한 경험과 매너를 배운 이들이 자리를 꿰차게 된 것이다.

특히나 한국처럼 사회적 신뢰가 낮은 사회에서는 정량평가가 답이다. 조국 사태에서 보았다시피, 한국에서의 정성평가에는 필연적으로 부정과 평가자의 야료가 개입하게 마련이기 때문이다. 어차피 모두에게 완벽하게 동등한 조건의 경쟁이란 존재할 수 없지만, 그나마 정량평가 위주의 전형은 예측 가능하고, 준비할 것들을 한두 가지로 단일화함으로써 없는 집 자녀도 다른 데 신경 쓰지 않고 한 가지에만 집중할 수 있게 해 경쟁의 판을 그나마 덜 기울어지게 한다. 최선은 아니어도 차선은 된다는 얘기다. 반면, 전형 요소가 다양해지고 전형 방법이 늘어날수록, 평가자의 주관적 요소가 개입되는 정성평가 비중이 높아질수록 있는 집 자녀에게 유리해진다.

어퍼머티브 액션? 집단을 대상으로 한 우대책은 필연적으로 실패하게 마련이다. 예컨대 미국에서는 부유층 흑인이 이 혜택을 쓸어 가면서 서민층 백인들이 좌절했고, 한국에서는 농어촌 특별전형 등으로 무늬만 읍·면인 위성도시의 부와 권력을 가진 집안 자녀들이 도시 빈민의 자녀들 자리를 잠식했다.

지방대 우대? 덕분에 서울 소재 대학 다니며 성실하게 노력한 서민 자녀들보다 지방 대학 다니는 부유층 자녀들이 그 자리를 누리게 됐다.

세상에 정량화된 점수로 자르는 것만큼 부자와 빈자에게 그나마 상대적으로 동등한 경쟁이 없다. 입시는 수능, 전문직은 고시, 취업은 스펙, 그걸로 충분하다.

3부
호모 에코노미쿠스

Home economicus

서울 답사기

뭐랄까, 구질해 보이면서도 소박한 삶의 형태에 대한 애착이 있다. 굳이 말하자면 박중훈과 정유미가 주연했고 전형적 강북 서민 동네 이문동 외대 앞과 상도동 산동네에서 촬영한 〈내 깡패같은 애인〉의 영화 속 장면들 정도라면 와닿으시려나?

대학에 오면서부터 혼자 산 지가 오래다 보니, 자연스레 서울의 여러 서민 동네들에 살아 봤다. 드라마 〈첫사랑〉에서 법대생 배용준이 오르내렸을 법한 성대 중앙도서관 계단을 내려가면 거기에서 고시반까지 이어지는 시장과 다세대 골목길이 나온다. 나무의 잔가지처럼 여러 번 갈라지는 골목들을 굽이굽이 들어가면 나오는 건물의 반지하방이 교복을 벗고 나서 첫 서울살이였다. 현관이 곧 부엌이요 그 안의 방의 3분의 1쯤은 천장이 낮아서 아침에 일어나다가 헤딩을 두어 번 했었다. 200에 20쯤 했었지 싶다. 이곳엔 지금 성대가 부지를 매입해 블록을 정비했고, 킹고 하우스라는 큰 외국인 기숙사가 들어섰다.

대학을 옮겨 외대 앞 이문동 동사무소 뒤편의 막다른 골목길에 있는 다세대주택의 옥탑방 펜트하우스가 두 번째 거처였다. 특이하게 한쪽 벽면은 나무로 된 붙박이 책장이었고, 그 책장 뒤에 보일러가 있었다. 여름엔 덥고 겨울엔 추웠지만, 어쨌든 옥탑의 넓은 마당에서 냉동 삼겹살도 사다가 구워 먹으며 봄가을이면 시원한 바람을 쐴 수 있었던 곳이다. 지금은 강북 최대 규모라는 재개발 사업장, 이문3구역이다.

이후 여러 곳을 거쳐, 직장생활 초년병 때 거주지는 회사의 임차 자금 대출을 받아 빌린 신촌의 신축 오피스텔이었다. 이대역에서 신촌역 내려가는 대로변이었는데, 가끔 날이 좋으면 광화문의 사무실에서 이곳까지 걷곤 했었다. 그땐 황사라는 것도 덜했고 봄가을이면 광화문에서 출발해 경희궁~서대문~경기대~북아현동~이대 북아현문~캠퍼스를 거쳐 정문으로 나와 집까지 들어가는 길이 제법 운치 있고 좋았다. 북아현동엔 성북동을 생각하게 하는 큰 집들이 있는가 하면, 여기에 거주하는 사람들도 어지간하지 싶은 하꼬방 수준의 열악한 집들도 많았다. 이 동네는 북아현1구역으로 완벽하게 탈바꿈했다.

그리고 그사이 언젠가는 남들처럼 학원은 아닌 다른 일로 노량진에 자주 드나들 일이 있었다. 노량진역에서 바로 연결되는, 잡상인들 좌판이 늘어져 있던 육교와 거기에서 계단을 동쪽으로 내려가면 양쪽으로 갈라지는 골목길이 만나는 곳이 있는데, 딱 세기말적 어두움과 센티함이 공존해 프리 템포의 아무 곡이나 가져다가 귀에 꽂고 들어도 잘 맞았다. 굳이 가져다가 찍자면 '프렐류드(Prelude)' 정도? 시부야는 아닌데 웬지 시부야계면 뭐든 맞는 분위기다. 이 동네는 굳이 아파트를 올리지 않아도 장사와 고시생 상대 월세로 먹고살기 충분한지라 재개발이 늦어졌다.

여하튼 이 범상스러운 동네들과 거기 살고 있는 취준생, 동네 백

수건달의 삶을 적나라하게 무채색의 느낌으로 담아 낸 영화, 〈내 깡패같은 애인〉이 딱 서울 강북 거리 이면의 풍경과 삶을 잘 녹여 낸 데 대해 감정이입이 되면서, 그 역할을 베테랑 배우 박중훈보다 훨씬 삶 그 자체로 녹여 낸 배우 정유미와 그것을 포착해 낸 감독에 대한 호감마저 들었던, 그런 기억이 있다.

대학 1학년 때, 강남역 주점에서 시간이 많이 늦어 대중교통이 모두 끊긴 날의 일이다.

그 시절 대학생에게 택시가 웬 말인가. 그냥 객기 삼아 친구랑 무작정 걸어서 동북쪽을 향했다. 지금처럼 스마트폰이 있어 지도를 실시간으로 보는 시절도 아니었고, 강남역에서 동대문구 이문동까지 길을 몇 번이고 헤매다가 결국은 해가 뜰 때쯤 이문동 자취집에 도착할 수 있었다.

새벽에 건너는 한강 다리의 밤공기는 상쾌했다. 가끔씩 쌩쌩거리며 지나가는 자동차 외엔 적막하기만 한 시각, 다리 위에서 그냥 스무 살 남짓 남학생 둘이서 만담 같은 흰소릴 주거니 받거니 하던, 젊은 시절 아니면 만들기 어려웠을 그 장면.

처음 그러고 나서 재미를 붙여, 이왕이면 일부러 한강 다리 가까운 동네에서 밤늦게까지 한잔 하고 한강 다리를 건너자는 생각에 압구정까지 북상한 적도 있었다.

처음엔 강남에서 이문동 가면 동이 텄는데, 익숙해지니 해 뜨기 전에 외대 앞에 도착하는 신공을 이뤄 냈다. 4시간이 안 걸린 셈이다. 동북쪽으로 가는 가장 쉬운 코스는 역시 동부간선도로변 면목동 따라가기였다. 그냥 주욱 중랑천 따라 가다가 휘경쯤에서 건너 들어가면 됐으니.

'저번엔 이 다릴 건넜으니 이번엔 다른 다릴 건너자.'

그렇게 새벽에 건너는 다리가 바뀌어 갔다. 어림잡아 그 무렵부터 주욱 건너 본 다리들이 한남대교·영동대교·성수대교·잠실대교·마포대교·서강대교 정도다.

훗날 직장 초년생 땐 딱히 살 돈도 없으면서 그 친구와 부동산 답사(라고 쓰고 그냥 '처음 가 보는 동네들 구경'이라고 읽는다)해 본답시고 재개발하기 전의 옥수동·금호동 산동네들을 거쳐 마포에서 왕십리까지 서울을 동서로 횡단하기도 했다. 가끔 회사에서 당시 살던 마포 집으로 퇴근하면서는 지금은 뉴타운이 된 북아현동 골목길을 많이 드나든다든지.

이렇게 서울을 걸어서 종횡무진하며 서울이란 도시를 온전히 내 것으로 익숙하게 만든 20대 시절, 도시는 아는 만큼 자기 동네가 됐다. 핫 플레이스로 뜨기 전의 그냥 동네 골목길이던 가로수길, 독서당길, 꼼데가르송길 같은 곳들. 가로수길은 정말 처음엔 운치 있고 고즈넉한 좋은 곳이었다.

그때를 생각하면 또 새벽 두 시쯤 한강 다리를 걸어서 건너고 싶어진다. 캄캄한 밤 강바람과 비릿한 물내음 속에 어슴푸레 보이는 저기 강 건너 남산의 실루엣 같은 것들.

30대는 집을 장만해야 할 시기다

직장생활 10년을 거의 채워가던 2014년, 증여 한 푼 없이 오히려 고향 본가에 돈을 드려가며 살다가 급여소득을 모은 돈을 들고 30대에 반전세를 끼고 도곡동에서 첫 등기를 쳤다. 보통 40대가 등기를 가장 많이 치던 시절이었다.

요즘 30대가 등기를 많이 친다는데, 현실을 생각하면 이해할 만한 대처다.

일단 30대가 집 사기 가장 좋은 시기다. 경제활동 몇 년 한 상태고, 대개는 미혼이라 돈 쓸 일이 많지 않든지, 기혼이어도 자녀 학비 부담이 아직 적다. 종자돈도 어느 정도 모여 있는데다가 장기 대출을 당겨 상환하기도 시간의 어드밴티지가 있으니 부담이 적다.

지금 정부가 청약가점제로 30대들의 서울 청약 기회를 원천 박탈하고, 자기 구매력에 맞는 집을 살 만한 충분한 현금과 기회를 갖고 있으면서도 평생 주택 관련 세금 한 푼 안내면서 전세로 무주택 기간만 늘리며 살아온 586들에게는 시세의 70%도 안 되는 가격으로 집을 분양하게 강제하고 있으니 주택 공급의 수익성이 하락해 민간의 공급이 위축될 수밖에 없다.

게다가 재건축·재개발이 아니고서야 대규모 신규 택지 공급이 어려운 서울에서는 재건축 안전진단 강화와 초과이익 환수, 뉴타운 구역 해제, 분양가 상한제 등 연타를 때리며 공급을 막고 있다. 당장 지금 사업 시행, 관리처분 인가받은 사업장들 공급이 끝나는 몇 년 후면 신축 공급이 뚝 끊길 예정이다. 결국 인서울 요지에 새 집 수요는 넘치는데 공급은 부족해진다는 것을 눈치 챈 30대들이 집을 안 사게 생겼냐는 것이다.

신도시 희망 고문은 안 통한다. 3기 신도시는 1·2기 신도시에게 사망 선고이고, 3기 신도시 사 봐야 훗날 무한히 유상증자되는 주식처럼 공급될 또 다른 신도시에게 사망 선고를 받을 것이며, GTX니 뭐니 해도 물리적 거리는 극복할 수 없다. 그러니 30대는 오늘도 온 힘을 다해 강남과 서초로, 부족하면 송파와 마용성으로, 차선책으로는 뉴타운으로, 서동영으로, 금관구로, 노도강으로, 막차 끊기기 전에 달리고 있는 것이다.

평균 연봉 6천만~1억에 달하는 대한민국 소득 상위 10% 안쪽 근로자들, 즉 대기업·금융권·공기업 등 종사자들이 늘상 하는 말이 있다. "월급은 스치고 지나간다", "자동이체, 카드 결제, 공과금 메꾸면 남는 게 없다", "자녀 교육비가 많이 든다", "전세금 올려 주기도 벅차다", "대출 갚느라 힘들다" 등등.

여러 가지로 칭얼거리는데, 핑계 없는 무덤 없다. 이 사람들 말대로라면 연봉 2천만~5천만의 중소기업 직원들 중 별다른 증여 받은 거 없이 집도 사고 자산도 축적해 가는 사람들이 나온 것들이 설명이 안 된다.

재산을 모으고 불리는 방법은 간단하다. 오마하의 대현인처럼 투자의 신이 될 필요도 없고, 특별히 성실할 이유도 없다. 명문대, 좋은 직장, 고액 연봉이 필수적이지도 않다. 평범한 사람 누구든 할 수 있다. 그냥 버는 것보다 적게 쓰면 된다. 소비를 버는 수준 이상으로 하면 아무리 연봉을 잔뜩 받아 봐야 남는 게 없는 게 당연하고, 소비를 버는 수준보다 적게 하면 아무리 적은 연봉이라도 잉여 자본이 축적되게 마련이다.

소액이라도 온전히 자기 몫의 소득이 있는데 돈이 안 모인다면 문제는 단 하나, 소득 수준에 비해 분수를 넘어서는 지나친 소비 수준이다. 연휴만 되면 바글거리는 공항 출국장, 사회 초년생의 할부 자동차 구매, 유흥비 지출, 분수에 맞지 않는 주택 거주, 태교 여행이니 스토케 유모차니 하는 '애보다 엄마 과시'용의 것들, 명품 소비, 유년기부터 수백만 원짜리 영어 유치원, 취학하면 보습학원·과외·어학연수 등. 대부분 각자의 분에 넘치며 남들 이목을 중시하는 허세성 소모 지출이다. 이렇게 돈을 의미 없이 흩어지게 하는 뻘짓만 안하면 돈을 안 모으려야 안 모을 수가 없다.

가장 간단한 방법은 자기 연봉을 현재 수준의 절반이라고 가정하고, 그 절반의 소득 수준에 맞추어 생활하면 된다. 연봉 5천인 사람은 일단 2,500은 없는 돈이라고 치고 자동 저축하고 나머지 2,500이 연봉이라고 생각하고 살면 된다. 그러면 디폴트로 모으는 2,500에 더해 연봉 2,500인 사람이 저축하는 것만큼 더 저축할 수 있다.

지금의 근로소득이 영원히 지속될 것이란 착각을 버려야 한다. 소득이 들어오고 있을 때가 바로 만일을 대비해 모아야 할 때다.

항상 위기의식을 갖고, 당장 회사가 없어져도 쌓아 둔 자본을 활용해 먹고살 수 있게끔, 독립되고 자급 가능한 경제 주체가 되겠다는 마음가짐이 필요하다. 예컨대 거제도 대기업 조선사 정규직들, 그 고액 연봉 받을 때 하청업체나 비정규직 수준의 소비를 했다면 어느 날 하루아침에 조선사가 망해도 생계에 지장이 없었을 것이다.

그리고 퇴직 시점에서 무모하게 사업이니 자영업이니 벌이지 말고, 그거 벌일 자본 있으면 부동산 사서 월세 받으면서 파트타임 뛰시길 권한다. 원본 손실 위험 없이 고정소득이 창출되는 가운데, 주 7일 노심초사해 근무하면서도 90%가 망해 나가는 자영업의 길이 아닌, 주어진 근로시간만 무난하게 때우면 시급이 나오고 그 외의 시간과 휴일은 놀 수 있는 안정적 생활 체계가 구축된다. 물론 사업·자영업이란 걸 해서 성공할 수 있는 극소수에 해당하는 사람이라면야 하면 되겠지만, 90% 이상의 일반인들에게 사업이란 원금 다 까먹는 바닥행 편도 티켓일 가능성이 크다. 항상 보수적으로 자신의 역량을 과소평가하면 낭패가 없다. 잘나가고 있을 때 취하지 말고 최악의 경우를 상정하고 더욱 모으고 굳혀 두면 인생에 문제가 없다. 항상 비상 위험을 준비하는 수익성 투자 자산을 쌓아 두고, 궁극적으로는 자산에서 나오는 소득으로 소비생활을 하면서 근로소득은 계속 모아 또 다른 투자 자산을 만들어 내는 흐름을 만드는 것이다.

사람이든 기업이든 국가든, 가장 조심하고 만일을 대비해야 할 때는 잘나가고 있을 때다. 자기 연봉이 절반이라고 생각하시면 된다. 복지사회라는 것이 연봉 절반 뜯어 가서 그걸 가지고 국가가 복지 공무원 인건비, 회식비, 연수비 등 온갖 집행비용을 구멍 뚫린 바구니처럼 누수해 쓰고 남은 돈으로 복지를 해 준다는 것인데, 그 과정에서 개인들의 자산 축적 기회 상실과 국가의 집행 대리인 비용이 발생해 어떤 재주를 부려도 개인들이 그 돈으로 직접 위험과 노후를 대비하는 것보다 비효율적일 수밖에 없다. 이것보다, 각자 근검절약하면서 자기 안전판을 이렇게 셀프로 만들고 자산까지 축적하는 게 건전한 사회다.

이렇게 만드는 각자의 안전판은 각자가 아낀 만큼 더 탄탄해진다. 예컨대 70%를 아낀 사람은 50%를 아낀 사람보다 더 많은 자산과 안전을 확보할 기회를 갖는다. 개별 선호에 따른 현재 소비와 미래 소비 간의 맞춤형 포트폴리오 조절이다. 통상은, 연봉 반토막을 상정한 소비가 분수에 맞는다.

흔히들 생각하는 것과 달리, 결혼 전이야말로 자산 증식의 황금기다. 금·은·동수저와 투자에 특출난 재능을 가진 아웃라이어가 아닌 대다수 일반인 레벨에선 이때를 얼마나 분수에 맞게, 아니 분수보다 보수적으로 지출을 낮춰 내핍하며 살았고 자본을 쌓았느냐가 이후 자산 총액 범위의 기초 금액을 결정한다.

결혼하면 생활비는 물론이고 주거비도 기본 지출이 늘어난다. 일단 주거비가 최소 방 2개 이상을 요구하게 된다. 혼자 살 때는 전용면적 5평 극소형 원룸·오피스텔이나 반지하·다세대에 별 불편 없이 만족하며 거주할 사람들도 일단 배우자와 자녀가 생기면 요구 공간의 면적과 수준이 달라지게 마련이다. 예컨대 2억 원을 가진 미혼자가 5천만 원짜리 전세를 살면서 남은 1억 5천만 원에 신용대출까지 끌어 3억 원을 만들어 매매가 7억, 전세가 4억 아파트에 갭투자를 하는 것은 가능하지만, 같은 규모의 자산을 가진 기혼자는 그게 안 된다. 보통은 그냥 2억 원에 전세자금대출까지 써서 최대한 좋은 집에 전세를 살려고들 한다. 생각이 트인 기혼자라면 신용대출에 주담대 LTV 풀까지 대출을 끌어서 5억 집이라도 사겠지만, 역시 독신 갭투자자가 1억 5천만 원에 대한 대출이자만 내면 되는 것을 3억 원에 대한 대출이자를 내야 하니 투자의 재원인 가처분소득이 줄어든다. 대상 주택이 싼 경우는 대부분 투자 가치도 더 낮다는 점까지 추가하자.

외벌이가 아닌 맞벌이라면 더블 인컴 효과가 생기긴 하는데, 추가되는 주거·생활비와 자녀 관련 지출을 차감하면 가계 총 가처분소득의 차이는 미혼 때보다 줄어들거나 역전된다. 독거야 식사를 (귀찮아서라도) 싸고 저렴한 간편식으로 때워도 되지만 자녀와 배우자에게 그런 것을 먹일 수 없는 게 인지상정이다.

그럼에도 불구하고, 대부분의 일반인들은 결혼하면 자산이 모인다. 독신자들은 자기 구매력 대비 저렴한 곳에 살면서 갭투자를 하는 경우가 흔치 않고, 집을 안 사고 구매력의 분수를 초과하는 소비로 인생을 즐기는데, 기혼자는 아무래도 부양가족의 존재라는 동기 부여가 있어 상대적으로 주택 구매에 뛰어드는 경향성이 더 있기 때문이다. 집을 사는 것으로서 현대 화폐경제의 기본 원리인 인플레이션 사이클에 탑승하게 된다. 물론 기혼자가 자기 구매력 이상의 좋은 집에 살고 싶어서 전세를, 그것도 전세자금대출까지 받아 가며 구한다든지 하는 경우는 미혼자보다 자산 증식의 속도가 떨어지는 게 당연하다.

그래서 간단한 방법은, 그냥 미혼자가 일찍부터 주거비를 절감할 수 있다는 전략적 이점을 십분 활용해 최대한의 레버리지를 활용해 집을 사고 낮은 생활비로 자본을 빨리 축적, 상환해 나가면서 인플레이션 사이클에 일찍 탑승하면 어떤 경우에도 기혼자보다 자산 증식에 유리하게 된다는 거다. 혼전이 자산 증식의 황금기란 바로 이를 두고 하는 이야기다. 하지만 대부분의 사람들 심리라는 게 그렇지 않고, 자가 보유가 절실하게 눈앞에 닥쳐야 집을 사기 때문에, 인플레이션 사이클 조기 탑승 동기 부여가 있는 기혼자가 자산을 축적하는 현상으로 나타난다.

결론은, 발상을 전환해서 미혼자들이 기혼자보다 먼저 눈을 뜨고 사이클에 선탑승하면 된다. 지방 출신으로 서울에서 최대한 열악한 방에 거주하며 대학을 다닌 경우라면 더 그런 동기 부여가 될 가능성이 높다. 어려서부터 익숙한 부모 집에서 스무 살 넘어서도 거주하며 주거가 안정된 경우와 달리 이들은 성년이 되기도 전에 이미 자가의 필요성에 반강제적으로라도 눈을 뜰 수밖에 없기 때문이다.

물론 그렇게 하지 않는 사람이 대다수이기에 출발점이 같아도 어느 시점부터 자산이 서서히 벌어지기 시작해 시간이 갈수록 누적된 차이는 커진다. 보통 사람들 사이에서의 격차는 보통 언제 눈을 떴느냐 하는, 그런 사소한 데서 시작되기 마련이다.

지금의 2030뿐 아니라 어느 시대나 젊은이들은 그랬다. 이왕

같은 돈 쓰는 거, 취·등록세 내고 재산세 내고 시세 변동 불확실성까지 감수하면서도 더 좁거나 입지가 안 좋은 곳에 주택을 매입하는 것보다, 세금 한 푼 부담 없이 원금 보장 전세 거주하면서 더 넓거나 새것이거나 입지가 좋은 집에 구매력 이상의 주거 소비를 원했다는 것.

하지만 2030 시절에 대출 끌어다 자기 집 마련하고 갚아 나간 사람과 전세만 고집하던 사람의 자산 가치 차이는 40세쯤이면 따라잡기 어려울 정도로 크게 벌어져 왔던 것 또한 진실이다.

사실 가장 위험한 것은 실물자산 없이 현금만을 보유하는 행위다. 디플레이션이라는 예외적 상황이라면 모를까, 경제는 대개 우상향하고 현금 가치는 하락하는 인플레이션이 화폐 경제의 필연적 현상이다.

한국에서만 통하는 이상한 신앙이 있는데, '돈 모아 집 산다'이다. 유럽·미국·일본 어딜 가든 집은 현찰 박치기로 사는 게 아니고 빚내서 사는 물건이다. 2030에게 소득이라는 미래가치가 있지, 당장 목돈이 어디 있겠나?

사내유보금과 개인유보금

첫 등기 치기까지, 대학 졸업 후 꼬박 10년간 일해서 돈을 벌었다. 그 과정에서 단 한 푼의 탈세도 없이, 오히려 가끔 받아야 할 공제도 누락한 채 세금을 지나치게 충실히 내 왔다.

10여 년간의 근로소득 중 세후 소득의 평균 70% 이상을 소비하지 않고 이월했고, 이렇게 유보하여 적립한 돈으로 부동산을 사고 취득세를 냈고 매년 보유세를 낸다.

집은 설비성 자산에 속하니 비용 처리되지 않고 그대로 자본으로 개인재무제표에 계상됐으며, 결국 소비성 지출로 비용화해 없애버리지 않는 한 누적된 이익잉여금은 어떻게 투자해서 설비성 자산으로 변환하더라도 재무제표에 유보금으로 잡혀 있을 것이다. 물론 부동산의 건물 부분은 내용연수 동안 감가상각되면서 감가상각비만큼 해당 연도 재무제표에서 비용으로 인식되겠지만, 여하튼 당시의 소비 패턴으로 볼 때 이후로도 당분간은 매년 세후 소득의 70% 이상이 당기순이익으로 이익잉여금에 꽂히는 추세가 계속됐으므로 유보금은 증가하면 증가했지 줄어들지 않았다. 꾸준히 건전한 재무 구조로 이익을 내 왔기 때문이다.

이렇게 약간의 예금은 물론이거니와, 부동산이라는 고정설비자산으로 존재하는 자산을 보고 "넌 참 가내유보율이 높은 개인이로구나. 어서 집을 팔아서 소비해 내수를 활성화하고, (아무짝에도 쓸 일이 없지만) 비서라도 고용해서 청년 고용을 창출하렴"이라고 국가가 강권한다면? 만약 "쓰지 않는다면 세금을 부과하겠다"면? 아니, 분명히 그동안 두 자릿수 세율의 직접세를 부담했고, 첫등기부터 지금까지 부동산 자산들의 취득세와 양도세, 보유세만으로도 웬만한 강북의 아파트 한 채 값을 국가에 헌납했을 텐데? 세후 소득을 누적해 형성한 투자 자산을 헐어서 당장 쓰지 않으면 세금을 내라니, 이거 이중과세 아닌가?

좌파 정치인들이 지겹게 떠드는 그 '사내유보금'의 정체가 이것이다. 2016년 당시 기업이 법인세 다 내놓고 나서 번 세후 소득으로 토지를 사서 공장도 짓고 기계 등 설비도 사고 지분도 취득하여 당기 비용 처리하지 않고 자본화된 잉여금 누적액이 700조인데, 이걸 마치 현찰을 금고에 쌓아 놓고 사는 듯이 얘길 한다. 유보이익이 700조라도 현금성 자산은 그중 100조 원 남짓이다. 글로벌 경쟁 기업들에 비하면 빠듯한 수준이다. 그런데도 투자 자산 내다 팔고 1997년, 2008년 같은 금융위기에 대비해 확보하고 있는 현금까지 헐어서, 투자해 봐야 본전만 깎아먹을 일에라도 투자하고 어디 쓸데도 없는 잉여 인력을 더 뽑고 월급을 뿌리란다. 이게 제정신으로 할 소린가?

거기 열광하는 지지자들 수준은 더 문제다. 자기 돈 아니고 남의 회사 돈이라고 막 써도 된다는 건가? 양심들 좀 가지시라. 왜 이렇게 사유재산이 거기 있다는 이유만으로 이중, 삼중 과세를 하자고 우르르 달려들고 털어먹지를 못해 안달인가? 한국에서 뭐 하는 데 비용이 모자라다면 나오는 게 법인세 증세니 사내유보금이니 하는 소린데, 누차 말하지만 한국은 OECD 국가 중 GDP 대비 개인의 소득세 부담률이 낮고(특히 서민은 모두 면세), 법인세 부담률이 높기로는 톱 클래스에 들어가는 나라다. 개인의 저축이 만약의 위기에서 그것을 극복하는 버퍼가 되어 준다면, 기업의 유보금도 마찬가지다. 유보금 없이 투자와 과잉 고용만 열심히 하다 망하고 헐값으로 팔려 나갔던 게 1998년이다. 겨우 20년 조금 더 지났다. 2016년 기준 아직도 한국 기업들의 현금성 유보금은 모자라다. 다 합해 봐야 애플 1개사만도 못하다.

설비든 현금이든 유보금이니까 남기지 말고 털어서 쓰라고? 개인인 당신들은 소득 버는 족족 다 쓰고, 잉여금으로 예금·부동산 안 남기고, 퇴직 시점엔 깔끔하게 더 돈 들어갈 일 없게 목숨이라도 끊으실 건가? 오늘만 살려고? 아니, 그런 무책임한 주장을 하는 사람들 개개인이야 그렇게 살다 목숨을 끊어도 당신들 선에서 끝나지만(실제 그렇게 살지도 않았더라만), 기업들이 당신들이 원하는 대로 유보금 열심히 털어 쓰고 취약한 재무 구조를 가지면, 당신들뿐 아니라 기업에서 일하고 기업과 거래하며 기업의 납세로 유지되는 일자리의 많은 사람들이 바로 1998년과 같은 위기에 대해 안전 버퍼 없는 취약함에 노출된다.

그러니까 사내유보금이 싫고 털어 써야 한다는 이들은 그분들끼리 어디 가서 나라 하나 세우고 살면 되겠다. 애먼 사람들까지 위험에 들게 하지 마시고.

거안사위(居安思危), 안전할 때 위험을 생각한다.

위대한 기업 삼성, 이건희 회장의 탁월함은 여기에 있다고 본다. 이 회장은 삼성이 가장 잘나가던 시절에도 항상 '다음 먹거리'를 고민했으며 1990년대에도 2000년대에도, 타계하기 전 2010년대 사상 최대 실적을 거두고 있을 때도 10년 후를 걱정하며 준비했다. 그 덕에 IBM·모토롤라·노키아·소니·마쓰시타 같은 라이벌들, 그리고 삼성전자 태동의 기술적 사부였던 산요가 쇠퇴, 몰락하는 중에도 삼성은 반도체·정보통신·스마트폰이라는 흐름을 발 빠르게 캐치업했으며, 한국 경제 또한 성장과 번영을 보장받을 수 있었다.

몇 대가 가만히 있어도 먹고살 수 있을 만한 재벌도 이렇게 항상 걱정하고 훗날을 대비하는데, 돈이 생기는 족족 써 버리는 부류들은 대체 뭘 믿고 저러는지 모르겠다. 예를 들면 골프는 소득 기준 상위 1%쯤 들어가든지, 법인 회원권으로 골프장 이용 가능한 기업 임원쯤들이 하실 일이고 일반인이 할 게 아니란 거다. 분수와 주제를 좀 아셨으면 하는데, 국가는 그런 생활까지를 보장하고 책임질 의무도 정당성도 없다.

상속·증여가 충만한 금·은수저들이 아닌 일반인들에겐 당장 내일 직장이 사라진다는 가정을 전제하고, 평소 소득에서 50%는 이월 적립하시는 자세가 필요하다. 자신을 1인 기업으로 본다면, 자기계발로 지금의 먹거리인 직장이 아니더라도 다른 일로 먹고살 수 있다면 모르겠지만, 대부분의 사람에겐 자신이 준비하는 사이드 잡이 시장에서 먹힐 것이란 상상을 버리고 자산 소득을 추구하는 쪽이 더 확실하고 안전하다. 항상 자신을 과소평가하면 뒤탈이 없다.

건설사 중에서도 자산 임대 소득을 추구한 부영은 건재하지만, 해외 플랜트니 뭐니 다각화하며 손대던 다른 건설사들은 쓰러지든지 한 차례씩 위기를 맞았다. 고소득 연예인·운동선수들이 왜 그렇게 수익형 부동산 취득에 열을 올리겠는가? 앞 세대 연예인과 스포츠 스타 중 젊은 시절 방만하게 살다가 나이 들어 비참해진 경우, 사업 잘못 벌였다가 범죄의 나락에 빠진 경우들을 봤기에 지금 벌 수 있을 때 열심히 벌어 언제 사라질지 모르는 인기에 대한 안전판을 미리 마련하는 것이다.

집은 분수에 맞게

3년 전만 해도 네이버 부동산 앱에서 '서울 아파트 매매 2억'을 입력하면 인서울 역세권의 아파트들이 부지기수로 떴다.

노원구를 보자. 중심업무지구인 광화문 1호선, 강남 7호선, 여의도는 환승을 통해 얼마든지 전철로 접근이 가능하다. 학교·학원·상가? 충분하다. 범죄율? 세계 최저 수준인 한국에서도 낮은 편에 속한다. 노원구뿐만이 아니다. 도봉·강북·중랑·은평·금천·구로·관악구에도 싸고 좋은 집들이 널려 있었다. 세계 10대 국제 도시 중 서울만큼 보편적으로 저렴한 가격에 양질의 주거를 누릴 수 있는 곳이 당시까지 없었다. 대상을 아파트에서 빌라까지 넓히고, 가격 범위를 3억대까지 벌려 놓고 보면 더 많은 물건들이 여러분을 기다리고 있었다.

오히려 문제는, 대부분의 국가들에서 자산이 없는 청년이라도 직장 소득만 받쳐 주면 LTV 90%로 돈을 빌려주어 3천만 원만 있으면 3억 원짜리 자기 집을 사서 거주할 수 있는데, 한국의 문 정권만이 그 LTV를 40%로 제한하는 청년 사다리 걷어차기를 시전, 3억짜리 서민주택을 사고 싶어도 1.8억 원을 현찰로 장만하지 않고서는 못 사게 했다는 것이다. 아, 물론 소득이 7천만 원 이내이면 저가 주택에 한해 LTV를 완화해 주기는 했다. 그래도 1억은 현찰로 만들어 오라는 거다. 청년의 자산은 미래 가능성이다. 당장 부모한테 증여받은 게 아니고서야 청년이 무슨 돈이 있는가? 한마디로 무주택자를 계속 무주택자로 머물게 하고, 유주택자라는 가공의 적을 만들어 때리며 자기편을 늘려 단결시키는 정치적 목적만이 있을 뿐이다. 대출 비율 제한은 청년 주거 사다리 걷어차기다.

각자의 분수에 맞는 실거주용 주택을, 대출을 최대한 활용해 구매들 하시는 게 좋다고 SNS에서 처음 주장하기 시작한 지도 근 10년이다.

누구나 1주택을 수요하는 시장에선 1주택자는 스퀘어 포지션, 2주택자부터가 상방에 베팅하는 롱 포지션, 무주택은 하방에 베팅하는 숏 포지션이다. 주식으로 치면 1주택은 무주식, 다주택은 주식 보유, 무주택은 공매도다.

1주택자는 집값이 올라 봐야 갈아탈 다른 집들도 올랐으니 집을 처분하고 무주택자가 되든지 집의 입지·평형 그레이드를 크게 낮춰 상당 부분 차익을 현금화할 게 아니면 딱히 오르든 말든 평가손익일 뿐 보유세만 오르고 기분이 좋다 정도다.

집을 충분히 살 수 있었음에도 안 사고 각자 매매 능력 이상의 집에 사는 전세를 선택한 사람들, 시세 하락을 바라며 가지고 있던 집을 매도한 사람들, 알고 보면 주식 시장의 공매도자와 같은 투기자다.

상방 포지션보다 더 도박적·투기적인 게 하방 포지션이기에 금융시장에서도 공매도는 엄격하게 규제하며, 누구도 주식 시장에서 공매도자들을 구제하기 위해 블루칩 삼성전자 같은 주식들의 가격을 떨어뜨려야 한다고 이야기하지 않는다. 하방 베팅, 숏 포지션, 선물 매도, 콜옵션 매도자들은 당연히 상승장에서 각자의 선택에 따른 '시장의 복수'를 끌어안게 된다. 공매도 친 주식 시장가로 사서 숏 커버해야 하는 것이다.

"집값 모으는 데 몇 년 걸린다, 대출 받아서 집 사게 하는 정부는 나쁜 정부다"라는 전근대적 토속 신앙에서 해방되시라. 그런 좌파 매체들의 정치용 프로파간다는 알아서들 걸러 듣고 그냥 상식의 눈으로 세상을 보는 각성이 필요하다. 선진국 대도시 어디에서든, 집은 원래 대출로 사는 물건이다.

사회 초년생이 살 집이 없다고? 여전히 구매가능한 집들은 도처에 널려 있다. 눈높이를 각자 자신의 분수에 맞추면 된다. 지금도 서울의 인기 지역 신축만 고집하는 게 아니라면, 충분히 싼 집은 많고 서울은 상위 주택과 하위 주택 간 편차가 글로벌 경쟁 도시들 대비 크지 않은 꽤 사회주의적인 도시다. 여전히 싼값에 살 집은 많다. 차이가 있다면, 지난 정부 때는 세계 다른 나라들이 다 그렇듯 자본이 없어도 소득이 있으면 대출을 활용해 집을 살 수 있었지만, 지금 정부는 OECD에서 유일하게 목돈 없으면 집도 사지 말라는 이야기를 하고 있을 뿐이다.

무주택이라는 투기

전세를 살고 있는 사람들 중 상당수는 자신이 살고 있는 집보다 조금 작은 집이든지, 같은 면적이라면 조금 떨어지는 입지에서 얼마든지 집을 살 수 있는 사람들이다. 즉 집을 못 사는 게 아니라 안 사는 사람들일 뿐이다.

한마디로, 집이 필요한 사람은 누구든 자기 구매력과 분수에 맞는 집을 필요한 그 시점에 사서 1주택자, 스퀘어 포지션을 취하면 된다. 그 과정에서 지자체에 취득세(1.1~3.5%)를 납부하고, 매년 보유세도 납부하면서 자기가 거주하는 커뮤니티의 유지에도 기여하고, 집값이 오르든 내리든 자유로운 사람이 되는 거다. 1주택자 입장에선 집값이 올라 봐야 다른 집 값도 올라 있고, 내려 봐야 다른 집 값도 내려 있으며, 결정적으로 집을 팔더라도 다른 집으로 옮겨탈지언정 무주택을 취하진 않을 것이기 때문에 시세 변동이 큰 의미가 없다. 주택은 누구나 수요로 하기 때문에 1주택은 롱 포지션이 아닌 스퀘어 포지션인 셈이다.

2주택자부터가 시세 변동에 따라 집값이 오르면 팔아서 이익 실현할 수 있으니 기쁘고, 내리면 슬픈 롱 포지션이다. 이 사람들은 갭투자를 통해 전세를 공급하든지, 아니면 보증금을 끼고 월세를 받아 무주택자(숏 포지션)들이 살아갈 수 있는 임대주택을 공급한다.

주식 시장에서 주식을 사서 배당을 받으며 장기 보유하는 사람과, 풋 옵션을 사든지 공매도를 치고 떨어지기를 기대하는 사람 중 어느 쪽을 더 투기적이라고 보는가? 상식에 답이 있다. 눈높이를 낮춰 형편에 맞는 집을 사면 될 걸 가지고, 집값이 어찌 될지 방향성을 바라보며 전세만 옮겨 다니는 무주택자들이야말로 진정한 투기자들이며, 증권시장으로 치면 하방 공매도꾼, 풋옵션 홀더들이다.

성실한 1주택자들이 세금으로 이 사회에 기여하는 동안, 이 전세민들은 주택 관련 세금을 단 한 푼도 내지 않으면서 다른 사람들이 낸 세금으로 유지되는 커뮤니티에 무임승차한다. 즉 주변 전셋값의 절반도 안 되는 6억 원 전세를 시프트 장기전세라는 명목으로 서울시가 강남의 고가 아파트 단지에 공급한다든지, 장기전세주택이니 행복주택이니 하는 것들을 얼마든지 집을 살 수 있는 1억 원 이상 구매력 보유자에게 제공하는 것은 복지가 아니라, 풋옵션 투자자들에게 원금을 보장해 주는 투기 지원책일 뿐이다.

한국의 소득 대비 주거비용이 OECD 국가 중 가장 저렴한 수준이었던 이면에는 전세라는 기형적인 시스템이 있었기에 월세가 제값을 받지 못했던 점이 큰 역할을 했다. 이 전세가 사라지고 다른 국가들과 같은 월세라는 보편적 글로벌 스탠더드의 시대가 오면, 결국 전세로 인해 저평가 받을 수밖에 없었던 월세 제값 받기가 시작될 것이고, 선진국들처럼 월소득의 3분의 1 이상을 주거비로 지출하는 것이 당연한 상식인 시대가 될 것이다.

이 경우 무주택자는 '월세를 내고 사느냐, 장기 모기지로 집을 사느냐' 중에서 선택해야 한다.

예컨대 보증금 5천만 원에 월세 100만 원을 내는 사람의 경우, 월세로 지출하는 100만 원은 매월 비용화되지만, 초기 자본 5천만 원에 월 100만 원 원리금 균등 상환 모기지(25년 만기, 3.5% 가정)를 쓰면 2억 5천만 원짜리 집을 매입하고 매월 지출하는 100만 원을 자본화시킬 수 있다. 1가구 1주택자만큼 시세 변동에 초연할 수 있는 사람도 없다.

'집은 사는(買) 것이 아니라 사는(住) 곳', '집은 투기의 대상이 아니고 가족의 안식처'라는 생각을 가졌다면 더더욱, 시세가 어떻든 1가구 1주택의 구매에는 망설임이 없어야 한다.

"집값이 어떻게 될지 몰라서 일단 전세를 살겠다", "빚내서 집 샀는데 떨어지면 어떡하냐?"라는 사람들은 투자자 중에서도 시세 베팅 성향이 강한 하방 투자자들로 봐야 한다. 주식시장에서도 현물을 들고 투자하는 사람보다, 공매도나 선물 매도를 치고 현물 떨어지기를 바라는 사람들이 더 투기꾼에 가깝다. 사실 투기와 투자는 한 끗 차이이니, 그냥 '하방투자자' 정도라 해 두자. 여하튼 금융시장에선 공매도를 악이나 괴물 취급하는 사람들이 주택시장에선 그런 사람들의 약자 코스프레에 공감하는 건 이율배반 아닌가?

1주택자는 집값이 어떻게 되든 별 이해관계가 없다. 오르면 공시가격 오르니 세금 더 내고, 나중에 팔 때 거래 비용 늘어나는 정도? 내리면 기분 나쁘고 오르면 기분 좋지만, 집에서 오른 부분만큼 화장실 한 칸 내다 팔아서 현금화할 것도 아니잖나. 집값 오른다고 1주택자가 행복해 하거나 조급해 하던가? 어차피 자기 깔고 앉을 보금자리는 있으니 아무 문제없다. 2주택자는 돼야 집값 상승을 행복해 하며 차익을 실현하겠다는 욕망이 생긴다. 무주택자는 집값이 내리면 싸게 사서 자신의 공매도 포지션을 숏커버할 수 있으므로 이득이다. 결국 2주택자·무주택자가 투자자이고, 1주택자는 그냥 시장 관망자 정도로 보면 된다.

진짜 집을 '사는 곳', '보금자리'로 보는 사람들은 그냥 자기가 상환할 수 있는 능력 범위 안에서 대출 당겨서 '집이 필요하다고 생각하는 시점'에 '자기가 지불할 수 있는 가격대의' 집을 산다. 아파트만 집이 아니다. 빌라는 값이 안 오르고 거래가 안 된다고? 그게 바로 주택을 '사고파는 것', '투자재'로 보는 전형적인 관점이다.

물론 그렇다고 빌라를 사라는 이야기는 아니다. 집은 '사는 곳'이기 이전에 '사는 것' 이고, 대부분의 개인들에게 인생의 윤곽을 결정하는 인생 최대의 투자대상이기에, 거래가 용이한 환금성과 시장성이 있는 아파트를 사는 것이 맞다. '사는 곳'이어야만 한다고 강변하는 분들은 저렴한 빌라를 사시고 그대로 만족하고 지내면 된다. 그렇게 하지 않는 것도 인지부조화 아닌가.

주식은 가(家)욋돈으로 하는 것이다

장기적으로 주식 수익률이 높을 수도 있고, 해외 펀드 운용 실적이, 단기적으로는 비트코인 같은 가상화폐의 수익률이 좋았을 수도 있다. 하지만 대다수 개인들에게 있어 최선의 투자대상이 부동산이라는 사실은 변치 않는다.

부동산에 자기 돈 5억, 레버리지 5억(담보대출이든 전세든) 당겨서 10억씩 밀어 놓고 상승률 50%만 나와도 5억 원의 평가차익을 거둬 원금대비 (세전, 금융비용감안전) 수익률은 100%이지만, 99%의 개인 투자자는 주식·펀드에 억 단위의 돈을 밀어 넣지 못한다. 극히 예외적인 이들이 주식에 5천만 원 넣어서 탁월한 트레이딩 실력으로 100% 수익을 내 봐야 5천만 원이다. 주식에 5천 넣는 데 필요한 용기는 아마 부동산 20억짜리를 전세 10억 끼고 지르는 정도와 비슷할 것이다. 코인 투자자의 평균 투자액이 300만 원에도 미치지 못한다는 뉴스도 있다. 300만 원에서 기적적으로 10배를 내 봐야 3천만 원인 것이다. 수익의 절대금액이 다르다. 레버리지 효과를 전혀 누리지 못하기 때문이다.

게다가, 금융자산은 쉽게 사고팔 수 있다. 시장 과열 때 클릭 한 번이면 고점 매수, 시장 붕괴시 클릭 한 번에 패닉 셀을 할 수 있다. 그래서 주가가 아무리 올라도 수익을 보는 개인 투자자는 극소수에 불과하다. 1만 원 주식이 10만 원 가는 동안, 개인 투자자는 2만 원에 팔고 4만 원에 샀다 3만 원에 파는 식으로 휘둘릴 수밖에 없는 존재들이 절대다수이기 때문이다. 수시로 시세판을 확인하며 매매를 하니 거래 수수료도 모으면 거액이고 본업까지 훼손한다.

반면 부동산은 쉽게 사거나 팔기 어렵고, 여차하면 눌러앉아 버리면 그만이다. 전 재산에 빚까지 내서 올인을 해도 불안하지 않은 현용 가치를 자랑한다. 가지고 있으면 월세 수익도 쏠쏠해 주식의 시세차익과 채권의 이표수익을 합성한 하이브리드적 상품이 된다.

코인 몇 백만 원 투자해서 집 사겠다고 열심히 거래하던 이에게 해 준 말이다.

"그냥 대출 당겨서 집 사는 게 낫다. 코인에 전 재산 플러스 빚까지 내서 레버리지 넣어 수익까지 낼 자신이 없으면."

주식이든지 코인으로 1천만 원 까인 사람은 그냥 털고, 레버리지 끼고 부동산 사면 된다. 1천만 원 더 비싸게 샀다고 정신승리 하면 그만이다. 5억짜리 부동산이 5%만 올라도 2,500만 원으로 바로 손실 회복에 이익 구간이 된다. 물론 반대의 경우도 있지만, 언제 0이 될지 모르는 코인과 달리 장기 존버, 직접 거주도 가능하다. 코인에 2천 넣었다 1천 까인 사람이 과연 5억을 코인에 넣을 수 있을까? 수익을 내려면 일단 심리부터 안정돼야 한다. 평범한 정신력과 지능을 가진 99%의 개인 투자자가 레버리지를 활용해 장기간 묻어 둘 수 있는 신뢰 자산은 오직 한 가지, 부동산뿐이다.

30년간 삼성전자 주식을 사 놓고 단 한주도 팔지 않고 계속 홀딩

했다면 수익률이 괜찮았을지 모르지만, 당시 트로이카로 잘나가던 건설주를 샀으면 상폐 감자 여러 테크를 맞아 자산이 작살났을 것이고, 종목피킹 건너뛰고 그냥 종합주가지수에 묻어뒀다고 쳐도 1989년 1천을 돌파한 종합주가지수는 30년 후인 2019년 그 2.2배 수준에 그쳤다. 물론 그간 주식을 사고팔고 트레이딩한 사람들은 95% 확률로 퇴출이었다.

반면 30년 전에 강남에 집을 마련해 시세 같은 거 관심 끄고 편안하게 살면서 애들 키우고 손주도 보고 했으면 그 집의 가치가 몇 배가 됐을지는 1989년 아파트 시세표를 참고하자.

집 없으면 대출이든 뭘 하든 집부터 사는 게 맞다. 그래서 주식이라는 것은 집을 가진 후에 남는 돈, 즉 가(家)윗돈으로 하라는 것이다.

남다른 재능과 기질을 요하는 투자는 좋은 투자라 할 수 없다. 좋은 투자란 누구든지 직관적으로 이해가 가능하고, 평범한 아저씨와 아줌마들도 실행하여 그 과실을 누릴 수 있어야 하는 것이다. 그런 면에서 부동산 시장은 금융시장의 어떤 것보다도 건전하고 국민적으로 중산층 자산축적을 위하여 장려해야 할 투자처이다.

아파트냐 오피스텔이냐

아파트가 정답이고, 오피스텔은 함부로 사는 거 아니다. 신규 분양 물건을 취득해 주택임대사업자를 내는 경우가 아니라면, 오피스텔은 구매 시점부터 4.6%의 취득세를 부담하게 된다(아파트 취득세는 1주택 기준 1.1~3.5%, 단 문 정권이 비상식적으로 올려버린 2주택, 3주택 취득세율 8.8%~13.4%에 비하면 경쟁력이 생기게 됐다는 아이러니). 거기에 더해 등기 비용, 매수중개 보수, 임대중개 보수까지 부담하면 6%를 부담한다고 보면 되는데, 통상 서울 오피스텔의 임대수익률이 평균 4% 선이다. 즉 2년 임대 돌려 봐야 8%가 나오는데, 다른 소득이 있는 경우 이 임대수익률은 통상 그 사람의 종합소득세 최고한계세율 구간을 두드려 맞아 대폭하락한다. 결국 오피스텔 구매 비용으로 첫 두 해의 임대 수익을 상계하게 된다.

그래도 오피스텔이 좋을 때가 있다면, 금리 하락기다. 오피스텔은 매월 정액의 월세가 나오는 수익형 자산이므로, 채권과 같은 성격을 띤다. 금리가 오르면 가치가 하락하고, 금리가 내리면 가치가 오른다. 오피스텔로 시세차익 재미 좀 본 사람들은 보통 2000년대 중반에 오피스텔을 매입했던 경우다. 그때 대비 지금 금리가 꽤 많이 떨어져 있기 때문에 고정 수입을 제공하는 오피스텔의 가치가 오른 셈이다.

문제는 그동안 오피스텔만 오른 게 아니란 거고, 다른 자산들, 즉 서울 인기 지역의 아파트와 건물들은 오피스텔보다 더 높은 시세상승률을 기록했다는 사실이다. 물론 오피스텔은 그동안 임대수익을 거뒀으니 총 이익을 합산해 보면 그 차이가 줄어들 수는 있겠지만, 이래저래 다른 부동산 대비 큰 재미를 보기는 어려운 자산이었을 것이다.

게다가 금리가 제로에 가까워 떨어질 공간보다 오를 공간이 많을 때는 금리 상승기에 채권을 들고 있는 것과 같은 역방향 포지션이 오피스텔 구매라고 볼 수 있겠다.

오피스텔이 채권형 자산이라면, 아파트는 주식형 자산이다. 아파트의 임대료는 보통 오피스텔 대비 임대 수익률 면에서 높다고 보기 어렵다. 하지만 아파트는 깔고 있는 토지라는 내재가치가 있기 때문에 한번 오르기 시작하면 무섭게 오른다. 배당수익보다 가치 투자를 통한 시세차익을 거두는 자산이 주식인 것처럼 아파트를 이해하면 되겠다.

통상 용적률이 600~1,000% 수준으로 대지 지분이 거의 없는 오피스텔은, 낡을수록 건물 부분의 감가상각이 커지는 반면 토지 가치 상승이 반영될 여지가 적다. 아무리 용적률 400% 이내의 아파트와 다른 부분이다. 아파트는 낡아도 상당한 토지 지분을 깔고 있기에 재건축이나 리모델링이라는 이슈가 있지만, 오피스텔은 그게 없다. 재건축된 숱한 아파트를 보아 왔겠지만, 재건축된 오피스텔은 강남역 아크로텔 정도가 보기 드문 사례다. 거긴 그나마도 신규 오피스텔의 분양가를 높게 받을 수 있고, 종전의 오피스텔 용적률이 낮은 편이었기에 가능했다.

다른 문제는 요즘 오피스텔의 전용면적 크기다. 10여 년 전만 해도 원룸 오피스텔의 전용면적은 통상 10평대였다. 낡더라도 사무실 같은 다양한 용도의 구현이 가능했다. 그런데 요즘 짓는 원룸 오피스텔은 투자 금액 사이즈와 월세 수익률을 맞추려다 보니 그 반토막인 5평대가 주류다. 지금은 새것이라 괜찮지만, 이 작은 공간이 낡으면 10평짜리 오피스텔과 같은 다양한 공간 활용이 가능할 것인가? 또한 건물의 공용 부분과 주차장, 사회간접자본을 과거 오피스텔 대비 2배로 쓰고 있는 셈이라 환경은 더 열악해질 수밖에 없다. 대지 지분 또한 반토막이다.

이런 오피스텔들이 장기적으로 살아남는 방법은 홍콩식의 고용적률·고건폐율 마천루 화(化)다. 물론 서울엔 그런 수요도 없고, 향후 그렇게 토지를 집약적으로 활용할 유인도 적다. 그래서 요즘 신축 오피스텔들의 투자에 대해선 장기적 관점으로 볼 때 신중할 수밖에 없는 것이다. 취득 단계에서 드는 비용으로 처음 2년의 월세를 날리고, 적은 토지 지분과 빠른 감가상각을 부담하면서, 금리 상승기까지 버티면서 무위험 수익인 은행 이자 이상의 수익과 시세차익을 낼 수 있는가에 대해선 회의적인 생각이 들 수밖에 없다.

따라서 오피스텔보다 아파트 사는 게 여러 모로 합리적이라는 거다. 아파트는 장기적으로 토지 가치와 함께 가는 이기는 싸움 아닌가.

당신의 월 주거비를 따져 봅시다

원룸 거주 청년은 월세 50만 원 내는데 30억 원 집 사는 사람이 종부세를 그 정도 안 내면 안 되는 거 아니냐는, 뭔가 주택 정책과 금융에 대한 기초지식의 탑재 여부가 궁금해지는 분이 어디 연구소장 타이틀 달고 일갈하시는 걸 봤다.

일단 그 정도 자리에 있으면서 월세의 '貰'와 종부세의 '稅'가 전혀 다른 한자란 걸 모를 정도여서는 안 된다는 점도 있지만, 더 중요한 건 '귀속임대료'라는 주거비용 개념 자체의 부재다.

미안한데, 30억 원 집 사는 사람, 이미 매월 450만 원 이상 월세 내고 있다. 30억 원짜리 집에 사는 사람은 그 돈을 전부 현금으로 조달했든 아니면 일부를 대출로 조달했든 30억 원이라는 자금의 기회비용, 즉 자본비용을 주거비로 지출하고 있다는 얘기다.

예컨대 사업·주식 등의 위험 투자가 아닌, 가장 안전한 자금 운용을 가정해 보자. 집을 사지 않고 그 돈을 은행에 넣었으면 받았을 정기예금 세후 금리를 1.8%라고 보면 이 사람은 월 450만 원의 소득 창출 기회를 포기하고 그 돈으로 집을 사서 살고 있는 셈이다.

이런 자본비용은 각자의 요구 내부수익률에 따라 달라질 수 있다. 누군가는 사업과 금융 투자로 그 이상을 벌 수도 있으니 3.0%일 수도 있고, 누군가는 대출로 자금을 조달해 가중평균 자본비용이 1.8%가 아닌 3.6%일 수도 있다. 자본비용이 3.6%인 사람은 이 집에 월 900만 원의 주거비용을 소비하고 있는 셈이며, 3.0%인 사람은 750만 원을 소비하고 있다고 보면 된다.

거기 더해 보유세를 연 2,400만 원쯤 거두겠다면, 월세에 더해 세금으로 월 200만 원씩 더 가져다 바치라는 지시가 된다. 이게 바로 자가보유자가 자가에 대해 부담하는 '귀속임대료'다.

공공임대주택을 짓는 데는 세금이 들고, 이 세금은 자가 보유자들이 낸 것에서 나온 것이다. 한마디로 사람들이 자가를 보유할 경제적 유인이 없다면 귀속임대료와 세금의 합산액보다 낮은 비용인 임차료를 내며 주택에 거주하려 할 것이고, 한 명이 자가에서 임차로 주거 형태를 전환하면 그 사람이 내던 부동산세가 줄어들고 그 사람에게 공공임대주택을 보급해야 하는 세출이 늘어나는 2배의 재정 축내기 요인이 생긴다. 반대의 경우 2배로 재정 세이브 요인이 생기는 것이고.

그래서 세계적으로 1가구 1주택자에 대해서는 취득·보유·양도에 이르는 전 과정에서 세금을 대폭 감면하고 있으며, 제정신 박힌 국가들은 다들 자가 보유를 장려하고 한국에서처럼 무주택자에게 고급 공공 임대주택을 제공하는 인센티브를 주지 않는다. 각자 분수에 맞게, 소득이 감당할 수 있는 범위 안에서(DTI 은행 자율 적용), 초기 목돈 없이도 집값의 대부분을 빌려서(LTV 80~110%) 장기 상환하며 거주하도록 장려하는 것이 글로벌 스탠더드다.

강남 신축 아파트인 삼성동 센트럴아이파크 25평형의 공공임대주택이 보증금 2억 원에 월세 26만 원이면 된다. 같은 3억 원으로 강북의 다세대를 사서 세금 내는 사람과 세금 한 푼 안 내며 프리라이딩하는 사람이 누리는 주거 편익이 이렇게 달라서야 이게 무슨 정의고 공정인가?

임차자 간 형평성 문제도 있다. 같은 아파트를 공공임대주택으로 받지 못하고 사적으로 임차하는 사람은 공정시장가액대로 보증금 2억 원에 월세 350만 원 내고 살아야 한다. 월세만 14배다. 대체 공공임대주택 거주자에게 왜 이런 불공정한 특혜를 주는 것인가?

어떤 경우에도 공공임대주택 품질의 최상한선은 매매 주택 품질의 최하한선을 넘어선 안 된다. 공공임대주택은 매매 주택 거주자들이 낸 세금으로 만들어진 것이며, 각자 자신의 주거에 대한 대가를 귀속임대료와 세금으로 납부하는 성실한 유주택자들의 기여에 아무런 세금을 내지 않는 무주택자가 프리라이딩 하는 것을 최소화하고, 적어도 돈을 낸 사람보다 돈을 안 내는 사람이 더 좋은 주택을 누리는 부조리가 있어선 안 되기 때문이다. 이게 원칙이요, 정의다.

이쯤 되면 이미 '귀속임대료'로 주거비용을 부담하고 있는 자가보유자들에 대한 현 정부의 여러 차례 지속되는 부동산세 증세가 과연 옳은 것인가에 대한 논의가 필요하다.

요약하자면, 한국의 부동산 세금(보유세+거래세)은 이미 2018년에도 세계 최상위권이었으며, 2019년에서 2020년에 걸쳐 그것을 폭등시키면서 압도적 세계 1위가 되었다. 그 용처조차 납부자에게 돌아가지 않고 임의 지출하는 국세로 증세하여 정당성은 더욱 떨어지며, 세금 올려 국민들 주머니 털기를 예사로 하는 지금 정권의 스탠스에 대한 4자 요약은 '가렴주구' 외 어느 것도 아니다.

조세는 집값으로 전가된다

아파트 거래 회전수가 늘수록 가격이 오른다. 일단 낮은 호가의 매물이 소진되는 것이 가장 크겠지만, 아파트가 한 번 거래될 때마다 발생하는 취·등록세라는 거래 비용의 효과를 무시할 수 없다.

장부상 자산이란 취득 가액에 부대비용을 가산한 것이다. 예컨대 갑동이가 10억 원에 A 아파트를 취득했다면 취·등록세(3.3%), 중개 보수(0.5%), 주택채권 할인 및 법무사 비용 등(0.2% 내외)을 합해 10억 4천만 원으로 자산이 재무상태 표에 계상된다는 말이다. 매 기말 원가법으로 평가하면 장부엔 계속 10억 4천만 원으로 잡혀 있을 거고, mark to market 해서 시가법으로 평가하면 예컨대 이 아파트의 가격이 12억 원으로 올랐다면 장부상엔 12억 원으로 기재될 것이다.

그리고 A 아파트를 취득한 갑동이가 매도하는 시점에 고려하는 것은? 아마도 자신의 '본전'일 것이다. BEP(breakeven point), 즉 손익분기점의 개념이다.

여기서 10억 원을 본전이라고 생각하는 사람이 있다면 그 사람은 장사 같은 거 하면 안 되고 기본적인 산수에 문제가 있는 사람이다. 갑동이의 본전은 10억 4천만 원이다. 여기에 더하자면 그동안 발생한 수익비용을 감안해서 자산 가액을 조정한 수치일 것이다. 예컨대 10.4억 원을 은행에 그냥 넣어 뒀더라면 연간 1,200만 원의 세후 이자가 발생하는데(기회비용) 이 아파트에서 연간 월세가 3,600만 원이 나온다면 수익(3,600만 원)에서 기회비용(1,200만 원)을 차감한 2,400만 원, 거기서 또 보유 비용(재산세, 임대 중개수수료)만큼을 매 기말(연말)마다 BEP에서 차감해 가며 인식할 것이요, 전세를 놓았다면 BEP는 오히려 매년 올라가는 효과가 발생할 것이다.

그리고 갑동이가 아파트를 예컨대 12억 원에 매도했다면, 매도 시점에서 중개수수료(0.5%)와 양도소득세(보유 기간, 1주택 여부 등에 따라 다름)를 차감한 금액을 자산 매각 차익으로 인식하게 될 것이다. 그런데 이 아파트를 12억 원에 산 병준이는? 역시 취·등록세, 중개 보수, 법무 비용 등 4%를 더해 12억 5천만 원을 BEP로 인식하게 된다. 보유 과정의 수익비용은 무시하고, 1가구 1주택으로 양도소득세를 면제(물론 9억 원 초과분에 대해선 과세하지만 계산 편의를 위해 무시하자. 중개 보수도 이해 편의를 위해 무시하자)받는다고 보자. 여하튼 갑동이는 매도가(12억 원)에서 본전(10.4억 원)을 차감한 1.6억 원을 자본 차익으로 인식하게 된다. 그런데 신취득자인 병준이의 BEP는 12.5억 원이니, 병준이가 이 아파트를 시장에 내놓을 때 최소한 자기가 밑지지 않는 가격은 12.5억 원이 될 것이다. 그래서 매도 최소 호가가 12.5억 원으로 변한다. 어쨌든 아파트가 한 번 주인을 바꾸는 과정에서, 자본 차익은 1.6억 원(양도소득세, 중개 보수 빼면 더 빠짐)만 발생했는데 BEP 호가는 최소 2.5억 원이 상승했다. 그 사이에서

9천만 원의 잉여는 이 아파트가 소재한 관할 지자체가 취한 셈이다.

한국의 거래세는 1주택 기준 6억 원까지는 1.1%, 6억~9억 원은 1.1~3.3%, 9억 원 초과 주택은 3.3%이며, 서울 등 웬만한 지역이 다 조정지역으로 지정되어 2주택이면 가격 무관히 8.8%, 3주택이면 13.2%로 세계 최고수준이다. 국민주택 규모(흔히 말하는 33평 아파트)를 초과하면 여기에 0.2%가 가산된다.

문제는 이 기준이 오랜 세월 변하지 않고 있다는 점이다. 강남을 제외한 거의 전 지역의 아파트가 6억 원이 안 되던 15년 전과, 강북 웬만한 곳의 신축 아파트들도 10억 원을 넘어 3.3% 구간에 들어온 현 시점에선 당연히 세율이 조정될 필요가 있다고 본다. 본디 상업용 부동산과 토지 등의 취·등록세인 4.6% 대비 주택의 취·등록세를 1.1~3.5%로 잡은 것은, 주택이란 누구에게나 필요한 것이기에 그래 왔다. 그리고 과거엔 대부분의 주택이 1.1%를 적용받아 왔다.

지방자치단체 재정에 윤기가 흐르고 돈을 막 쓰기 시작하는 게 바로 취·등록세 세수 증가 덕분일 것이다. 2020년이면 서울 아파트의 중위값이 이미 9억 원을 넘겼으니 3.3%의 취득세 수입이 일반화됐다. 자치단체장들이 살림을 잘해서 재정이 건전해진 게 아니라 부동산 거래 활성화 덕을 많이 보고 계시는 셈. 딱히 그동안 행정 서비스를 더 잘한 것도, 노력한 것도 아닌데 순전히 부동산 거래량 증가 덕에 시청·구청 수입이 더블이 됐다.

이쯤 되면 취·등록세도 시세 변천에 맞추어 현실화해야 한다. 12억 원까지 1.1%, 12억 원 초과분에 대해 한계세율로 2.2%를 곱하는 식으로 말씀이다.

높은 취·등록세는 지자체를 살찌우지만, 결국 매도호가로 전가되어 매수자가 더 비싼 값에 집을 사게 만든다. 거래 회전수가 늘어나면 그게 억 단위다. 그 과정에서 주택 매도·매수자가 아닌 지자체가 효익을 누리는 셈이다.

물론 "모든 자산을 BEP 위에서만 팔아야겠느냐, 주식 같은 금융자산은 매도 차손을 경험하는 사람이 부지기수다"라고 하겠지만, 아파트는 보통 1가구 1주택자가 대부분이라 손해 보고는 안 팔고 그냥 깔고 앉아 버리면 그만인 경우가 많다. 결국 지자체의 이익은 높은 가격에 매수해야 하는 매수자의 비용으로 귀착된다.

조세는 어떻게 전가됐는가.

2017년의 11·3 대책 이후 분양 물량은 전매가 제한되어 있으니 그 이전 분양 물량들이 희소성을 갖고 전매로 회전률이 높아졌고, 무엇보다 새 아파트에 대한 시장 수요가 워낙 탄탄하다 보니 서울의 인기 지역에서는 최초 분양가 대비 꽤 높은 프리미엄이 붙어서 거래됐다.

문제는, 분양권에 대한 양도세 과세다. 한국의 부동산 세제 특성상 취·등록세가 비싸고 양도세를 무겁게 매기고 있다 보니 시장이 특별히 침체된 매수자 우위 시장이 아니라면, 통상적인 경우 거래가 회전될 때마다 호가가 크게 뛴다. 예컨대 5억에 분양받은 아파트 분양권을 6억에 거래한다고 가정 시, 통상 양도차익(1억 원)의 약 40%인 4천만 원 정도가 양도세로 납부된다. 매수인은 분양가보다 1억 비싸게 샀는데 매도인은 6천만 원만을 손에 쥐고, 4천만 원은 국고에 귀속된다.

그런데 이럴 때 매도인이 꼭 자신은 1억 원의 이득을 봐야 한다면 어떤 방법이 있을까? 일단 비싸게 파는 방법이다. 6억이 아닌 6억 6천쯤에 팔면 매도인 손에 1억 원 정도가 쥐여진다. 이 경우 매수인은 분양가보다 1억 6천만 원 비싼 돈을 주고 집을 사게 되고, 6천만 원이 국고에 떨어진다. 이 매수인은 게다가 당초 분양가대로라면 5억 원의 1.1%인 550만 원만을 준공시 취득세로 납부하면 됐을 것을, 6억 6천만 원이 된 덕에 그 2.2%인 1,450만 원을 취득세로 납부하게 된다. 매수인의 이 집에 대한 원가는 여기에 중개 보수 등 부대비용이 더해져 6억 8천만 원에 달하게 되며, 이 매수인이 다음에 집을 내놓는다면 최소한 7억 원 이상으로 시장에 내놓게 될 것이다. 손해 보고 싶은 사람은 아무도 없으니까.

결국 5억에 분양된 물건이 7억이 되는 동안 최초 수분양자는 1억 원을 챙겼고, 그것을 매수한 사람은 2천만 원을 챙긴 가운데, 중간에 국가가 6천만 원, 지자체가 1,500만 원을 손 한번 안 대고 코 푸는 식으로 가져가게 된다. 공급이 제한된 매도자 우위 시장에서의 집값 급등은 이런 식으로 중간에 세금이 개입해 플레이어들의 손익분기점을 올려놓으면서 더 가속화된다.

다른 방법으로, 극단적 매도자 우위 시장에서는 양도세를 매수자에게 납부하게 한다. 이 경우 매수자는 집을 6억 원에 사고 별도로 매도인이 부담해야 할 양도세 4천만 원을 대납하게 된다. 결국 매도자는 1억 원을 챙겼는데 매수자는 이 집을 6억 4천만 원에 취득세와 부대비용을 합해 6억 5천만 원 이상에 팔아야 똔똔인 상황이 된다.

이런 게 다 싫다면, 불법적인 방법인 다운계약서가 있겠다. 극단적으로 가정해서 매수자가 6억에 집을 사면서 계약서는 5억에 쓰고 거래 신고도 5억으로 하는 거다. 이 경우 매도자는 양도세를 한 푼도 안 내고 1억을 가져갈 수 있으나, 요즘은 국세청이 이런 거 잘 잡아내고, 무엇보다 나중에 고위직에 오르고 싶은 분은 문 정권의 여러 인사들처럼 인사청문회에서 진땀 흘릴 일이 생긴다. 청문회 따위 상큼하게 씹고 임명을 강행하는 이런 정권이 천년만년 갈 거라고 믿지 않는 다음에야.

여하튼 다운계약의 경우가 아니라면, 양도세와 취득세 덕분에 분양권이 한 번 거래 회전될 때마다 매수자의 BEP가 치솟고, 어차피 집 손해 보고 팔 생각 없고 최악의 경우 등기 쳐서 깔고 앉아 버리면 되는 사람이 대부분이니 중간에 국가가 세금으로 이득을 취하는 만큼 그 후의 매수자에게 집값으로 조세 부담이 전가되게 마련이다.

분양권은 이렇고, 일반주택이 되고 나서는 주택 수와 보유 기간에 따라 세율이 달라진다. 분양권만큼 무겁지는 않으니 참고. 하지만 현실은, 분양권이 해당 지역 일반주택 가격까지 함께 동조시키는 앵커 역할을 하는바 분양권 가격이 오르면 인근의 일반주택도 덩달아 오르게 마련.

그러니까, 선진국보다 취득세와 양도세를 비싸게 매기는 게 다른 사람의 이득 상당 부분을 국가가 환수해 가서 배아파리즘을 완화시키는 데는 도움이 될지 몰라도, 결국 시장에 참여한 국민의 부담으로 돌아오게 되는 셈이다. 민간의 부를 권력이 빨아들이는 동안 보유세와 금융비용 또한 매도인의 원가 산정에 들어가고 임대인의 임차료 산정에 산입되기 마련. 결국 공공이 취한 세금은 매수자와 임차인에게 어떤 방식으로든 전가된다.

2019~2020년의 무차별적 세계 1위 부동산 증세로 인한 부담도 결국 임차인에게 전가될 것이다. 기본적으로 자기 집을 세놓고 다른 집에 세를 사는 경우를 제외하면, 2주택을 가진 임대인의 시세대비 실효세율이 서울 상급지 3% 이상, 중급지에서도 2% 이상인 글로벌 어디에서도 유례가 없는 압도적인 세액부담을 짊어지는데 결국 이 돈은 월세로 전가될 수밖에 없다.

아파트의 진화

한국의 아파트 평면은 김대중 정부가 분양가 상한제를 폐기하고 분양가 자율화를 실시한 2000년을 기점으로 크게 진화했다. 1990년대까지 장기간 유지되던, 공장에서 찍어 낸 설계의 원가절감형 평면을 버리고 소비자의 생활과 취향을 반영하기 시작한 것이다.

특히 25평·33평에서 평면의 발달은 비약 그 자체였다. 25평은 '복도식 방 2개, 욕실 1개'에서 '계단식 방 3개, 욕실 2개'로 1990년대 33평 이상의 짜임새를 보여 주기 시작했고, 33평은 기존에 주방의 다용도실을 공유하던 후면 침실 1개도 독립 발코니를 갖게 됐고, 반쪽짜리였던 안방 욕실에 샤워 부스가 생겼으며, 평면은 2베이에서 3베이, 4베이로 바뀌어 일조권과 조망권이 극대화됐다.

중앙계단으로 올라온 다음 외부로 이동해 다시 각자의 동으로 들어가야 했던 지하주차장도 지하 공간 전체 통합과 엘리베이터를 통한 각 동으로 직결이 일반화됐다. 비오는 날 지하에 차 세우고 집까지 들어가는 길에 우산을 한 번도 펴지 않아도 되는, 직장과 집이 모두 지하주차장이라면 하루 종일 우산 쓸 일이 없는 생활을 할 수 있게 된 셈이다. 가장 큰 효용은 비오는 날 마트 다녀왔을 때다.

잘 짓는 만큼 분양가를 더 받을 수 있으니, 개별 공간뿐 아니라 공용 부분에도 삶의 질을 높여 주기 위한 노력이 가해진다. 1990년대까지 아스팔트와 놀이터밖에 없던 삭막한 지상 공간에는 조경수와 산책로를 만들고 분수와 개울로 휴식 공간의 질을 높이기 시작한다.

2000년대 중반 노무현 정부 들어 부동산이 폭등하고 분양가가 레벨업 되면서, 건설사들은 더 시장의 수요를 만족시킬 수 있는 고급화를 고민하기 시작했다. 2000년대 초반까지만 해도 원천 지형의 경사를 그대로 살려 두어 경사지 아파트 입주자가 이동이 불편했던 설계에서, 2000년대 중·후반부터는 경사를 깎아내고 데크화, 엘리베이터를 도입하는 등 비탈에 위치한 단지들도 적어도 단지 내에서는 최대한 평지를 이동할 수 있게 배려하는 설계를 도입했다. 거실보다 개별 공간의 중요성이 부각되면서 25평의 안방 욕실에 샤워 부스가 설치되기 시작했고, 주방이 넓어지고, 침실들의 폭도 침대를 놓고도 여유가 생길 수 있게 확대되기 시작했다. 33평엔 드레스룸이 당연시되고, 웻 바 개념을 차용한 아일랜드 식탁과 ㄷ자형 주방, 그리고 주방 뒤 여유 공간이 늘어났다.

2000년대 중·후반은 광폭 발코니와 확장 개념을 적극 활용한 중소형 아파트의 평면 일대 혁신의 시기였다. 집안에서 엘리베이터를 잡고, 현관에서 엘리베이터를 예약하고, 외출 시 일제소등 기능을 부여하는 등 소비자 마음을 사서 더 좋은 가격을 받으려는 노력을 사업 주체들이 열심히 하기 시작했다.

잠시의 불황을 겪다가 호황을 맞은 2010년대 아파트 평면은 역시 구매 의사 결정자인 주부의 마음을 사려 노력했다. 드레스룸과 파우더룸, 주방 수납공간에 더 신경을 쓰고 있으나, 서울시 디자인 규제에 따라 발코니 서비스 면적이 제한을 받고 특히 33평의 경우는 발코니 삭제를 당하는 단지들이 많아지면서, 가용 면적 자체는 2000년대 후반보다 줄어들었지만 어쨌든 좁아진 공간을 더 짜임새 있게 활용하려는 노력이 눈에 띄었다. 사람마다 취향이 갈리지만 입면 분할 창호가 도입되면서 내부의 발코니 면적 삭제를 개방감으로 시각 보완하려는 노력도 꼽을 만하다.

37평 이상 중·대형부터는 평면 변화의 폭이 아주 크진 않다. 사실 이쯤 되면 공간에 여유가 있으니까, 1990년대에 대충 발로 그린 못생긴 원가 절감 평면이라도 기본은 했던 거다. 그래도 진화한 부분들이 있는데, 과거엔 평형에 비례해서 방 개수를 늘리는 데 주력했으나, 지금은 방 개수 늘리기보다는 개별 방의 사이즈와 부속 공간(욕실·드레스룸·수납) 그리고 주방 공간을 더 여유롭게 하고 베이 수와 일조·조망을 극대화하는 데 가중치를 두고 있다는 점이다. 가구당 가족 수가 줄어드는 것과, 중·대형 수요 계층의 넓은 공간 선호 취향을 맞춰 주려는 거다.

사실 한국의 건설사들은 1990년대에도 이미 2000년대의 아파트를 지을 기술도 있고 역량도 있었다. 해외에서 호화 콘도미니엄들 수주해서 잘만 지었다. 문제는 건설사가 아니라, 정부의 분양가 상한제로 일정 가격 이상을 못 받게 했으니 사업 시행자들로선 더 잘 지어서 소비자에게 어필할 이유가 없었고, 원가 절감만이 지상 과제였을 뿐. 1990년대 1기 신도시의 천편일률적 2베이 평면과 주차

공간의 불편, 조경 미흡은 결국 가격 제한의 산물이었고, 2000년대 아파트의 진화는 가격 제한을 풀어 시장에 자유를 준 결과물 아니겠나?

잠원동 롯데캐슬갤럭시. 2002년 준공 1세대 재건축 아파트가 15년 연한을 채워 리모델링 대상까지 됐다.

설악아파트를 재건축한 이 단지는 롯데에게 여러 모로 의미가 있다. 재건축 전 설악아파트는 1978년 롯데의 아파트 건설 첫 작품이었고, 2002년 재건축된 롯데캐슬갤럭시는 캐슬 브랜드 데뷔작이었다. 롯데건설 본사가 아파트 상가에 있을 정도다.

현대산업개발에게 압구정동 현대아파트가 갖는 의미가 아마도 롯데가 이 단지를 어떻게 보는지와 비슷할 것이다. 이 아파트 리모델링을 롯데가 수주해 르엘 브랜드를 달게 된다면, 롯데가 지은 아파트를 롯데가 재건축하고 리모델링까지 하는 셈이 된다. 이래저래 진기록의 히스토리를 만들어 가고 있는 단지다.

사실 그런 가십거리보다, 이 아파트의 리모델링이 시장에서 중요한 이유는 종전까지 재건축·재개발에 비해 마이너 필드에 머물던 리모델링도 이제 시장에서 어느 정도 평가를 받을 수 있는 계기가 될 수 있기 때문이다.

1990년대 이전 2베이나 복도식 아파트들의 리모델링은 근본적 구조의 한계로 앞뒤로 기형적으로 긴 길쭉한 동굴형 평면이나, 주방이 구석으로 몰리거나 하는 이상한 구조가 될 수밖에 없어 틈새 상품의 역할을 했을 뿐, 재건축·재개발과 같은 주류 상품이 될 수 없었다.

2000년대 재건축 아파트들의 신평면 구조는 그 자체로 이미 충분한 베이 수를 확보, 평면에 상대적으로 제약이 덜하다. 이미 기존 설계가 괜찮으니 지하주차장이나 커뮤니티 시설, 외장을 고급화하고 단지를 업그레이드하면 상품성이 신축과 붙어 볼 만하게 되는 것이다. 이 단지의 리모델링 결과물이 시장에서 어떻게 받아들여질지 관전해 본다.

트럼프 대통령 당선 시 한국에서 의외의 외부효과랄까, 가끔 회자된 주상복합아파트가 있다. 모두가 알고 있는 그 '트럼프월드'다. 여의도의 1·2차를 필두로 용산 한강로, 부산 센텀시티, 대구 두산동 등에 자리 잡고 있다.

이 트럼프월드들의 대표주이며 직접 답사했던 여의도 1차 트럼프월드는 9호선 샛강역에서 내려 성모병원 방향으로 앙카라공원을 지나면 나온다. 옆에는 인도네시아 대사관과 상업지를 끼고 있어 재건축시 주상복합화가 기대되는 진주아파트가 있다. 이때쯤 서울에 들어선 주상복합들이 그렇듯이 쌍둥이 건물 모양을 하고 있다. 사실 그냥 건폐율 낮추고 높이를 더 올려 웅장하게 지었으면 좋았을 것이지만, 안타깝게도 한국의 쓸데없이 과도한 고도 제한과 입면 규제 덕에 특히 도심과 여의도에는 쌍둥이 모양 건물이 많아졌다. 주상복합 중엔 롯데캐슬 아이비, 엠파이어라든가, 오피스 빌딩 중엔 그랑서울, 디타워 같은 것들 말이다.

대우건설은 이 '트럼프' 브랜드를 사용하는 대가로 여의도 1차를 위해 84만 달러를 지불하는 등 7개 사업장에 대해 700만 달러의 로열티를 지불했다고 한다. 브랜드 사용료만 낸 게 아닌 게, 동시대 한국의 여타 주상복합, 그냥 여의도의 롯데캐슬 시리즈와만 봐도 확연히 비교되는 고급스러움을 자랑하는 게 트럼프월드의 로비다. 뉴욕·도쿄 고급 콘도미니엄들의 것을 그대로 들여왔다.

한국의 흔한 원가절감형 주상복합은 1층 로비부터 한 공간이라도 더 써먹어 보려고 온갖 상가들이 빼곡하며, 경비원들은 선풍기 틀고 TV 보면서 근무를 한다. 누가 쓰다 버린 가구 중 쓸만한 거 가져다가 의자에 발도 올려놓는 진풍경을 연출한다. 그만큼 관리가 안 되고, 입주민들의 수준도 그 정도란 얘기다. 이런 주상복합들은 땅 지분이 없으니 재건축도 힘들고, 그냥 낡으면 세운상가처럼 되는 거다. 물론 예외적인 고급 주상복합도 있다. 도곡동 타워팰리스, 서초동 아크로비스타처럼 정복을 입고 깍듯하게 근무하는 경비원들, 청결하게 관리되는 로비와 시설물들이 있긴 하다.

로비는 건물의 얼굴이고, 입주자들이 어느 정도를 관리비로 지불하며 살 수 있는가를 보여주는, 입주자 경제력의 척도다. 따라서 건물의 1층 전체를 통으로 층고를 2층쯤으로 높여 로비화하고, 호텔처럼 대리석 바닥을 깔고 샹들리에 조명에 좋은 소파와 가구들을 배치하는 게 좋다. 시설을 갖추기만 해 봐야 소용없고, 꾸준히 입주자들이 관리비를 더 부담해서 시설 수준에 걸맞은 청소와 유지 보수를 제공해야 한다. 그렇게 건물의 격이 올라가고, 같은 시설이라도 더 오랜 세월 새것처럼 사용할 수 있다. 잘 관리되는 건물은 아무리 오랜 세월이 지나도 신축 5년 이내의 상태를 유지하고, 오히려 세월을 흡수해 자신만의 색깔로 만들어 낸다. 반대로, 관리비 몇 푼 아끼려고 로비 공간을 최소화하고 관리도 안 되는 건물들에선 5년도 안됐는데 벌써 20년은 된 듯한 낡음이 느껴진다.

주상복합 살면서 자기가 사는 공간의 전용면적에만 집착하지 말고, 공유면적을 넉넉하게 잡으면 좋겠다. 해당 동에 층당 4가구씩 35개 층 140가구가 있다고 가정할 시, 가구당 자기 전유면적 0.5평씩만 더 줄여서 로비를 70평 더 늘려서 대리석 바닥 깔고, 소파가 놓고, 벽면은 전부 통유리로, 그 앞엔 일본식 정원을 조성하고, 항상 잘 청소되는 건물. 얼마나 아름다운가? 건물이 훨씬 고급스러워 보이고 출입 시 기분이 좋으면서 삶의 질이 집안 면적 0.5평보다 더 상승한다. 물론 입주자들도 공유시설 깨끗이 쓰고 자녀들 통제하는 개인주의적 습성이 몸에 밴, 수준 되는 입주자들일 때 이런 시설들은 오랫동안 잘 유지될 것이다.

이 관점은 아파트에도 적용된다. 전용면적 0.5평 줄어드는 거 두려워하지 말고(어차피 디자인 우수 단지면 베란다 서비스 면적으로 벌충된다), 그 전용면적 떼어다가 공용부분 고급화에 쓰자. 건물의 격 오르는 만큼 집값도 오를 거다. 부자는 디테일을 좋아한다.

강남에서도 최상급지로 꼽히는 반포 일대 조합원들은 고급화의 중요성을 누구보다 먼저 깨닫고 추가부담금을 더 지불하는 한이 있더라도 더 좋은 집을 짓는데 돈을 아끼지 않아 결과적으로 한국 최고의 아파트들을 만들어 낸 성공의 경험을 가지고 있다. 신반포 1차 재건축 아크로리버파크의 경우 높은 천장고, 쓰레기 분리집하장의 지하화와 지상 단지의 리조트 공원화, 스카이 커뮤니티 조성, 지하주차장 출입구와 로비 등 공용부분의 호텔화를 이뤄내 한국에서 처음으로 평당 1억 원을 돌파하며 최고의 아파트 단지로 확실하게 자리매김한 경우다.

건축비 5천만 원 더 써서 1억 원 이상의 시세상승을 더 창출할 수 있다면 그것이 거주자의 삶의 질과 자산의 미래가치 모두에 대한 확실하게 이기는 투자다.

사교육 소비는 미친 짓이다

한국 중산층, 서민들의 소득은 필요에 비해 결코 적지 않다고 생각한다. 허세를 위해 소비를 과하게 하고, 비효율적인 투자를 많이 해서 그 소득을 축적하여 자산화하지 못하니 삶이 팍팍하다고 엄살을 부리게 되는 경우가 많을 뿐.

가장 대표적인 비효율적 허세성 소비·투자가 바로 사교육이다. 사교육은 투자라기보다 소비로 묶는 것이 맞을 정도로 효율이 낮은 경우가 대부분이다. "옆집 누구네도 하니까", "체면 때문에" 등의 허세적 이유와 "애가 하고 싶다니까"라는 핑계로 사교육에 월 백만 원 이상 단위의 돈을 부질없이 소비하는 이들이 많은데, 누구보다도 당신의 자녀를 위해서 그러지 말라고 말리고 싶다.

한국인들의 신화적 믿음과는 달리, 교육은 불확실하며 비효율적인 투자다.

교육에 대한 투자가 실제 소득으로 이어지기까지는 긴 세월과 여러 가지 확률 변수들이 개입된다.

- **사교육비를 쏟아부어 → 성적이 오를 가능성**
- **오른 성적이 → 초·중·고 내내 이어지고 수능 점수라는 결과로 나올 가능성**

- 수능 잘 봐 좋은 대학을 가서 → 좋은 직장을 얻을 가능성
- 좋은 직장을 얻어 → 준수한 급여가 장기간 유지될 고용 안정
  (영어 유치원이니 어학 연수니 뻘짓은 투자가 아니라 그냥 놀이 경비, 여행 경비라 간주해 제외)

대충 생각해 봐도 네 단계를 거치는 동안 사교육이라는 투자가 안정적 소득으로 이어질 성공 확률은 팍팍 깎여 나간다.

투자기간도 좀 장기인가? 보통 초·중·고 합 12년은 기본에다 대학까지, 이후 대학원이라도 덜컥 가고 싶다고 하면 바로 20년을 돌파한다. 자녀가 객관적으로 해당 전공에서 국내 수요 인원 범위 내에 있는 뛰어난 학자가 될 자질이 있는 게 아니라면 대학원은 보내지 마시라. 학비와 기회소득을 감안한 석·박사 대다수 평생 소득의 NPV는 학부 졸업보다 낮다. 그만큼 자산 축적의 기회 또한 감소한다.

사교육비를 대략 월평균 150만 원씩 12년 잡으면 원금만 2억 1,600만 원이다. 여기에 영어 유치원, 어학연수, 대학원을 합하면 3억을 훌쩍 넘는다. 장기 스팬을 거치므로 물가상승률, 이자수익과 현재 가치 할인을 퉁쳐서 그냥 현재 화폐 가치로만 판단해도 사회초년생에겐 적지 않은 자본금이다.

무의미하게 사교육 시장에 돈을 갖다 바치지 말고, 그 돈을 저축하든 투자하든 잘 모아서 이렇게 하는 건 어떨까?

1) 부모 자신의 노후를 대비한다. 부모 부양 부담이 없어지는 것도 큰 증여다.

2) 자녀에게 주택 자금으로 증여해 준다. 그만큼 남들보다 앞서서 편안하게 출발할 수 있다.

3) 돈 머리, 사회 머리와 공부 머리는 별개다. 자녀에게 어려서부터 경제 교육, 세상 교육을 밥상머리와 가정에서 잘 가르치면 증여해 준 자산을 잘 불려 나갈 것이다.

어차피 공부할 자녀는 사교육 없이도 알아서 공부해서 좋은 학교 간다. 반대의 경우는 아무리 사교육비를 쏟아 부어도 그 효과를 장담하기 어렵다. 사교육으로 바꿀 수 있는 게 대학 서열 한 단계, 대학 내에서의 전공 서열 한 단계에 불과한 경우가 허다하다. 그 작은 결과를 위해 그렇게 돈을 무의미하게 쓸 이유가 있는가?

공부에 대한 자녀의 재능과 노력은 독립 변인이고 자녀의 몫이며, 자녀에게 경제적 자유를 주기 위해서 노력하는 게 부모의 몫이라 생각된다.

제발 사교육비 때문에 살기 힘들다고 엄살 부리지 마시라. 사교육비라는 무의미한 지출은 바로 당신의 허세를 위한 게 아니었던가?

이미 한국의 채용 시장에서 학벌은 그다지 도움이 되지 않는다.

적어도 한국에서 괜찮다는 직장들의 채용 시장에서는 서울대보다 다른 대학 출신인 것이 유리한 경우가 많다. 특정 대학 출신이 과도한 비율을 차지하는 것을 막기 위해 각 직장마다 내부적으로 대학별 티오를 정해 놓고 뽑는데, 사실 자질만 놓고 보면 서울대를 70%쯤 뽑아야 할 곳에서 그 서울대 출신 중 절반쯤은 어쩔

수 없이 떨어뜨려 35%를 맞추고 나머지를 다른 대학 출신으로, 그것도 일정 비율이 넘지 않게 계속해서 안배를 해 나가기 때문이다.

이렇게 하다 보니, 서울대 출신으로 80의 능력을 가진 사람은 떨어지는데, 다른 대학 출신의 70의 능력을 가진 사람이 합격한다. 왜냐면 서울대 티오는 이미 100~85쯤의 인물들로 다 채워져 버렸고, 서울 소재 상위권대 티오는 90~70 정도에서 컷되고, 지방대 티오는 80~60에서 컷되고, 이런 식의 연쇄반응이 일어나기 때문이다.

국가가 지분을 가진 공공기관의 경우는 더 말할 것도 없다. 그래서 서울 주요대학 출신이 필기시험에서 고득점을 하더라도 지방대 할당제, 여대생 할당제, 이공대 할당제 등 각종 정부 지침에 따르기 위해서 면접에서 더 낮은 점수의 해당 대학 출신들을 붙이고 더 높은 점수의 명문대 출신을 떨어뜨린다.

그런데, 정말 완벽하게 출신 대학과 전공, 학점, 영어 성적 다 가리고 '실력대로' 뽑는다면 무슨 일이 일어날까?

일단 경영학·경제학·법학 등의 심도 있는 필기시험이 존재하는 경우는 아마 명문대 출신들이 티오 제한 없이 다수를 차지해 필기시험 성적대로 평가받을 수 있을 것이다. 필기시험을 통과한 사람 중 면접을 통해서 뽑을 때 대학별 티오 안배가 작동하지 않는다면 말씀이다. 하지만 티오 안배하지 않을 리가 없다. 애초에 그 채용 방식 도입하자는 의도가 뭐겠나.

그나마 이것은 필기시험이 존재하는 경우의 얘기고, 통상 필기시험 같지도 않은 인·적성이나 교양·직무 능력 시험 보고 면접으로 채용하는 경우에는 외모·목소리로 일단 반쯤 먹고 들어가고, 그 외에 애티튜드·사상 검증이 상당한 위치를 점하게 될 것이다. 시골 어디서 태어나 공부 열심히 해 서울대 졸업했지만 외모와 목소리 떨어지고 좀 억척스런 부모에게서 자라 까칠한 서울대 출신남보다, 대치동에서 태어나 부모와 함께 어려서부터 해외 경험 많이 하고 면접을 대비해 아나운서 아카데미에서 무려 남성 기초 메이크업과 보이스 트레이닝 받으며 남는 시간엔 면접 스터디 그룹까지 한 경기도 분교 통학남이 갑자기 유리한 고지에 서게 된다는 말씀이다. 여자야 더 말할 것도 없고.

어쨌든 학교 전공 가리려면 학점도 가려야 한다. 지잡대 4.0보다 서울대 3.0이 더 따기 어렵다. 영어 성적 정도는 공개할 만하겠다만, 요즘 토익점수는 학원만 다니면 일정수준은 다 만들어 주지 않나. 결국 고난이도의 필기시험(한은·금감원 등의 금융 공공기관이 실시하고 있는)을 실시하는 게 아니라면, 실력이라는 환상은 없고 인상비평이 될 것이다. 진짜 공정한 평가라면 이름도 쓰지 말고(예컨대 문준용·박다인이란 이름이 박혀 있는 이력서를 누가 감히 안 뽑겠나?) 외모와 애티튜드 어드밴티지도 날려야 하니 아예 장막으로 얼굴을 가리고 목소리를 변조하는, 복면가왕식 오디션 채용을 해야 할 터인데, 이게 무슨 미친 짓인가.

흔히들 착각하는 것과 달리, 미국의 좋은 직장들에서 채용에 미치는 학벌의 힘이 한국보다 훨씬 강하다. 아예 특정 대학 출신만 인턴 기회를 주고, 인맥으로 추천받아 알음알음 채용한다. 레퍼런스 사회다. 그 미국식 채용 문화가 한국에 들어온 게 투자은행이나 전략 컨설팅 펌이 대놓고 1~3개 대학에서만 채용설명회를 진행하고 채용도 극비리에 진행하는 방식이다.

오히려 한국이 학벌에 대해 상대적으로 관대하고, 평등하게 채용하고 있음을 알아야 한다. 어찌 보면 공산주의적일 정도로 개인의 노력에 따른 성취를 인정하지 않고 기계적 평등을 추구하는 나라다.

인문학(사실은 인문학 교수들 밥그릇)의 위기, 대졸 취업난을 얘기하기 전에 일단 80%를 넘나드는 대학 진학률을 글로벌 스탠더드인 40%로 반컷 하고, 수요가 적은 인문학 전공 인원은 극소수 명문대를 제외하고 감축함이 옳다. 독일보다 독문학 전공자가 많은 게 말이 되는가? 대학이 상아탑이어야 한다는 건 교수 양반과 일부 겉바람 든 룸펜들 바람일 뿐이고, 대학은 사회가 필요로 하는 인력을 양성하는 곳일 뿐이다.

예컨대 한국에서 1년에 불문학만을 연구하는 인력에 대한 수요가 얼마겠나? 불문학 박사까지 따고 연구·강의만으로 먹고사는 인력의 수요는 연간 50명(그러니까 서울대·연세대 불문과 입학 정원 합한 것보다도 적다)으로도 충분하고도 남는다고 본다면, 객관적으로 자평하기에 불문학으로 전국에서 50명 안에 들 정도 인력이 아니라면 학문이 아닌 불어를 이용한 통상·교역 인력으로 공공부문, 종합상사, 무역회사 등에서 일하면 될 것 아닌가.

괜히 자기 주제 파악도 못하면서 순수학문을 하고 싶다고 몽니를 부릴 거면, 공동체를 위한 아무런 부가가치도 생산하지 못하고 자기 취미 생활인 학문을 하는 자신을 먹여 살려 달라고 국가와 사회에 떼쓸 게 아니고, 프로로서의 자질이 부족함에도 아마추어 능력으로 프로의 길을 굳이 뛰고 싶어 할 뿐이니 페이는 아마추어의 것을 주어도 백분 만족하여야 하지 않겠는가?

프로의 페이를 받고 싶다면 프로로서 일하면 된다. 그러니까 학문적 자질이 해당 분야의 사회 수요 등수 안에 들지 못하면 되지도 않는 학문 파지 마시고 그냥 그걸 응용하는 실무로 나가시라. 독어·불어를 이용해 고부가가치를 창출하는 종합상사 직원의 평생 소득이 동 전공을 연구하는 교수·학자보다 높은 것이 정상적인 사회다.

다행히도 세상은 절대우위가 아닌 비교우위로 돌아가는 리카도적 교역원리로 돌아가는 곳이기에 아무리 능력이 모자란 사람도 사회에서 한 몫 할 수 있는 분야가 있고 거기에 종사하면 충분한 소득을 올리면서 먹고살 수 있다.

하고 싶은 것과 할 수 있는 것을 구분해야 한다는 것 정도는 커먼센스다.

청년에게 돈 말고 일을

대한민국 건국일, 일본의 오본 야스미인 8월 15일 연휴를 맞아 일본 시코쿠의 에히메현에 다녀왔다. 2016년의 일이다.

마쓰야마시는 도고 온천으로 알려졌고, 귤이 맛있는 곳이다. 중소도시답게 아담한 공항에서 시내까지 한국 여권만 제시하면 무료인 버스가 다니는 것이 특이했다. 안타깝게도 마쓰야마 국제공항에 취항하는 유이한 국제선 노선인 아시아나(인천)와 중국 동방항공(상하이) 중 아시아나항공이 저조한 탑승률로 9월부터 취항을 중단한다고 했다. 하긴 여름 성수기의 연휴인데도 이코노미 한 열 전체가 비어서 여유롭게 자리를 차지하고 다녀왔을 정도니 항공사로선 이문이 남지 않는 노선이었을 것이다. 아, 도고온천까지 운행해 온 한국인 무료 버스도 운행을 중단해야 할까?

마쓰야마 공항에 내려 수하물을 찾는 곳에 가니 20대 초반쯤 앳된 모습의 현지 아시아나항공 직원이 분주하다. 수하물 투입이 늦어지자 작은 공항의 안과 밖을 연결하는 문을 열거니 닫거니 확인하며 안절부절못하는 느낌이다.

며칠 후 귀국 편 티케팅 카운터에서 이 직원을 다시 만났다. 짐을 부치고 출국장 비행기 탑승구에 가니 또 이 직원이 탑승 안내를 하더라. 사실 공항도 작고, 아시아나항공 노선도 주중 화·금·일요일에만 운항하니 한 직원이 여러 가지 역할을 겸할 만한 곳이지 싶다.

의외로 앳된 나이로 보이는 현지 여성을 출입국 단계 모두에서 계속 보고 퍼뜩 이런 생각이 들었다. 한국에서라면 생각건대 대학에 입학하고, 연수를 다녀오고, 졸업까지 한 20대 후반 또는 30대의 지상직 직원부터가 이쯤에서 일할 수 있지 않을까? 한국의 공항에서 갓 스물 돼 보이는 직원을 티케팅, 수하물 위탁과 수령, 탑승 절차까지에서 본 적이 없다.

아마도 일본에서 경험한 절반의 사회인들처럼, 이 직원도 고등학교나 전문학교만 졸업하고 사회생활을 시작한 게 아닐까? 그러고 보면 일본은 대학 진학률이 낮은 사회다. 절반도 안 되는 48%다. 모두가 대학에 가야만 체신이 선다는 대학 진학률 70%대의 과잉 학력 사회인 한국 학생과 학부모들이라면 이해하기 어렵겠지만, 여하튼 일본에서는 굳이 대학 교육이 필요 없는 직업에 종사할 사람들은 대학에 가지 않는다. 사실 한국 대학생 중 절반쯤은 안 가느니만 못한 대학에 돈과 시간을 버리고 있는 게 현실. 아무 짝에도 쓸모없는 학사·석사·박사 학위 따위에 목숨을 걸 이유가 없다.

귀국한 다음날, 출근하며 서울시청 앞에서 화난 듯한 표정의 여자 모델을 동원해 "청년의 삶까지 직권 취소할 순 없습니다!"라고 아우성치는 광고를 보고 잠시 가가와 상이 생각났다. 비즈니스 호텔 엘리베이터 문 하나하나를 정성 들여 닦고, 검게 그을린 피부와 축구 선수 같은 근육으로 호쾌하게 인력거를 끌며, 상점과 식당에서 "이랏샤이마세!"를 외치고 손님을 위해 최선의 서비스와 음식을 제공하겠다는 표정의 많은 일본인들은 20대 초반의 모습이었다.

청년의 시기엔 누구에게나 에너지가 있다. 어떤 형태이든 노동에 종사해 자신의 밥벌이도 하고, 미래를 위해 저축도 할 수 있는 나이다.

서울시 거주 20대 중 3천 명을 선정해 월 50만 원(연 최대 300만 원)씩을 지급, 총 90억을 예산으로 지원한다는 쇼가 시작됐다. 총 100억 원 예산 중 10억 원의 집행 비용을 서울시장 측근이 설립한 민간단체에게 선물한 것으로 볼 때 수혜 청년 선정 과정과 기준에도 석연찮은 부분이 있을 것이라 짐작되지만, 무엇보다도 대체 3천 명을 선정해서 그 돈을 줘야만 하는 절실한 사유가 무엇일지 궁금하다. 그냥 전시성 사업에 홍보비 100억 원 쓰는 셈 치고 지지세를 규합하고 지지자를 늘려 보려는 계산이 읽혀질 뿐.

보수 정부의 직권 취소 방침에 맞서 전시 작전 하듯 급하게 선정하고 돈을 쓰려다 보니 그 과정에서 대상자도 아닌 대학 재학생이 선정되는가 하면, 공무원 시험 준비생이 수혜자가 되어 다른 공무원 시험 준비생들과의 형평성 논란까지 제기되는 판국이다. 아무리 표가 급하셨어도 이렇게 졸속으로, 필요성도 공감대도 없는 일을 강행해야 했을까?

사실 한국에서 복지가 필요한 것은 청년수당이니 무상보육이니 무상급식이니를 외치는, 자기 앞가림 충분히 할 노동력을 가진 청장년이 아닌, 노동을 하기엔 체력도 부치고 건강에도 문제 될 수 있는 노년층이다. 청년기에 필요하지도 않고 되지도 않는 이들도 대학에 가겠답시고 4년간 부모 등골을 뽑아먹고, 장년기에는 소득세 면세자가 절반에 달하면서도 자신이 마땅히 부담해야 할 자녀의 보육비와 밥값을 공공 재정에 전가하는 무상 타령을 하는 응석받이 철부지들에게 공짜와 수당을 남발하는 건 복지가 아니라 사치요 재정 낭비다. 복지는 그런 데 쓰는 말이 아니다. 젊을 때 열심히 일하고 자산을 축적해 각자의 노후는 각자가 대비하되, 만일의 경우에 대비해 노년에 최소한 이상의 생활을 보장하겠다는 것이 국가가 할 일이다.

젊어서부터 직업의 귀천을 가리지 않고, 대학 교육에 목매지 않으며, 각자가 사회에서 필요로 하는 부분에서 최선을 다해 종사하며 일찍부터 소득을 축적하는 일본인들 하나하나가 이미 중세부터 한국을 앞서 온 일본의 오랜 힘이다. 안 가느니만 못한 잉여 대학이라도 대학은 가야겠고, 공무원 시험 준비하는 동안 청년수당은 타 먹어야겠으며, 자기 역량은 생각지도 않고 눈만 높여서(즉 주제 파악 못하고) TV에 나오는 남들의 소비와 생활양식을 무조건 추구해야겠다는 한국의 청장년들은 충분히 게으르고, 사치스러우며, 각자 일하고 분수에 맞게 소비하면 먹고살 만하다. 한국에 시급한 것은 노인들의 기초 생활 보장이지, 여기 쓸 재원을 청·장년에게 응석받이 해 주려고 쓰는 건 아무리 봐도 낭비이며 분탕질일 뿐이다.

개인적으론 그간 누구보다도 기성세대의 청년에 대한 열정 타령과 일자리 착취, 사다리 걷어차기를 반대해 왔고, 청년의 일할 권리를 최우선해야 한다고 믿는다. 청년에게는 노동·일자리를 통해 자신의 삶을 스스로 헤쳐 나갈 기회를 주는 것이 복지이지, 무상으로 돈 몇 푼 던져 주는 것 따위는 해당 정치인의 표라는 이익을 위한 최하책일 뿐이다.

산업·서비스업 현장에서 땀 흘려 일하는 절반의 고졸 젊은이들이 있는 일본이, 노동을 유예하고 아무 짝에도 쓸모없는 탁상공론 공부 타령, 수험 준비에만 열중하는 무늬만 대학생들이 70%인 한국보다 훨씬 책임 있는 개인들이 모여 만든 단단한 나라다. 모두가 관료니 학자니 공직이니 허세에 목매는 사회보다 각자가 할 수 있는 실업에 집중하는 사회가 건강하며 발전한다.

나이 들수록 도시 살아야

사람들이 가장 흔히 하는 착각 중 하나가 "나이가 들면 낙향하겠다"는 것이다.

사람은 나이가 들수록 도시에, 한국에선 제1 도시인 서울의 번화가에 살아야 한다.

노인이 직면하는 가장 큰 위험은 질병이다. 나이가 들수록 사소한 질병으로 인한 합병증을 조심해야 하고, 생활 속 자잘한 부상이 크게 발전할 수 있다. 산간지대의 강추위, 강설 후 얼음으로 인한 낙상 모두 시골에서 더 위험한 일들이다. 병원이 멀면 관 속은 그만큼 가까워진다.

명문 의과대학을 졸업하고 뛰어난 임상 역량을 가진 명의들은 100% 도심에 있다. 대표적 종합병원인 서울성모병원(서초구), 세브란스병원(강남구·서대문구), 서울대병원(종로구), 삼성의료원(강남구·종로구), 아산병원(송파구) 근처면 노후 생활지로 최적격이다. 이 외에도 서울 곳곳에 양질의 의료기관과 상급종합병원이 포진해 있다. 의료기관이 밀집된 곳이라면 더 좋다.

나이가 들수록 인간관계를 이어 가며 건전한 몸과 정신을 유지하고 새로운 사람들과 접할 기회를 가져야 한다. 이 역시 사람과 기회가 모이는 도심에서 더 촉진된다.

은퇴 후 늘어난 여가 시간의 사회활동과 문화 예술 향유, 여행을 즐기는 데도 역시 도심 거주가 주는 매력이 크다. 공연장·영화관·서점이 다 어디에 있나? 예술의전당(서초구), 세종문화회관(종로구), 국립현대미술관 서울관(중구), 교보문고(종로·서초·마포구 등등), 영화관들은 말할 것도 없다. 카페가 많은 곳도 도심이고, 인천공항 가기 가장 쉬운 곳도 도심이다.

산책을 해도 집 앞의 도심 공원이나 아파트 단지 같은 안전한 곳을 산책해야 한다. 야산 산책 중의 사고는 주변에 보는 눈도 적고 앰뷸런스 출동도 늦다. 여차해서 춥거나 더우면 바로 카페 같은 실내로 들어갈 수 있어야 하고, 무엇보다 실외 활동보다 실내 활동이 면역력 하강하는 노년기에 적합한 활동이다.

자연? 사람은 날것 그대로의 자연에서 오히려 불쾌감을 느끼고 때론 생명의 위협까지 받는다. 수변 공간만 봐도 그런데, 뻘밭과 갈대숲에 해충과 야생 생물이 우글거리는 시골 하천보다, 콘크리트로 덮이고 잘 깎은 잔디와 가로수가 도열한 도시의 하천이 산책로로서 유용하고 인간이 즐기기에 적합한 자연이다. 시골 야산보다 도심 공원 산책이 더 상쾌한 경험과 안전을 선사한다.

무엇보다, 도시 사람들의 매너와 상호 존중에 익숙한 사람은 절대 타인에 대한 필요 이상의 간섭과 이방인에 대한 물적 착취를 예사롭게 여기며 텃세를 당연한 것으로 아는 시골의 전근대적 야만을 버티기 어렵다. 귀농? 젊은 사람도 짓기 어려운 게 농사다. 중년 이후에 그 고난도의 육체노동을 버틸 수 있을 성싶으신가?

마당 있는 집? 대부분 단열이 꽝이라 여름엔 덥고 겨울엔 추우며 습기와 충해에 시달리며 없는 병도 만들어 낸다. 춥고 더운데 광열비가 몇 배로 드는 건 기본이다. 텃밭이니 마당이니 가꾸다가 골병 들 수 있다. 보일러라도 고장 난다든가 수도관이 동파되고 하수구가 역류하거나 집안에 자잘한 문제가 발생하면 스스로 처리해야 하고, 기술자 부르면 아파트 같은 규모의 경제가 안 되니 돈이 몇 배로 깨진다.

치안? 도시의 불빛만큼 범죄율을 줄이고 비행 심리를 줄여 주는 것도 없다. 불빛과 행인·CCTV가 줄어드는 만큼 범죄 확률은 상승한다. 시골은 도시보다 인구 대비 범죄율이 높고, 그중에서도 미결되든지 묻힌 사례들이 많다. 일단 경찰력의 순찰 커버리지, 도달 속도만 봐도 차원이 다르지 않은가. 소방·화재 서비스도 마찬가지다.

나이가 들수록, 기존의 지인과 새로운 인간관계의 기회가 있고, 다양한 문화적 경험을 제공하며, 치안 서비스가 우수한 한편, 단열이 확실하고 전문가가 조경과 시설을 관리해 주는 편리한 아파트와, 무엇보다 최상급의 의료시설을 가진 도시에 살아야 한다. 사실 많은 사람이 살고 싶어 하는 도시에 더 인구를 집중시키고, 중소도시와 시골은 비우거나 자연 상태로 돌려 생산 녹지로 활용하는 게 모두에게 이득이다. 균형과 분산은 허구이고, 선택과 집중이 모두를 이롭게 한다.

아 물론, 젊을 땐 더더욱 대도시에 살아야 한다.

노후 대비, 얼마면 될까

불로소득·다주택이 도대체 뭐가 문제인가? 사람은 누구나 나이 들고, 은퇴를 한다. 은퇴 후 자녀와 사회에 부양의 짐을 지우지 않고 당당하게 자립하겠다는 자존 자립의 책임감을 가진 사람이라면, 거주 주택 외에 노후 설계로 월세 나오는 주거용 부동산 한두 개쯤을 추가로 장만해 두는 건 자연스럽다. 중산층들의 2주택, 3주택 중 상당수는 그런 의지의 발로일 뿐 적폐니 투기니 하는 말로 비난할 이유가 없다. 그들에게서 '월세 받아 노후 대비'라는 선택지를 지워 버리면 뭘로 노후 대비를 하라는 말인가?

국민연금? 당장 그게 푼돈인 건 둘째 치고, 향후 586들이 싹싹 긁어 쓴 후 여러분까지 온전히 차례가 돌아올 것이라고 믿는가? 특히 지금 이 정부가 국민연금을 쌈짓돈처럼 털어먹는 뻘짓을 아무렇지도 않게 하고 있는데 그게 과연 온전히 보존이 될까?

주식? 일반인 90%가 손실, 5%가 본전, 5%가 따는 그 주식?

상가? 잘못 물리면 공실에 이자만 들입다 내면서 파산 급행열차를 타게 해 주는 그 상가?

아, 물론 주식도 잘하면 되고, 상가도 보는 안목이 좋으면 된다. 문제는 그렇게 할 수 있는 재능과 기질을 가진 사람은 5%가 안되며, 리스크가 큰 것일 뿐. 대부분의 사람에게는 노후 대비는커녕 재정난의 원인이 될 수 있다. 자신을 과소평가하면 인생에 무리수가 없다.

주거용 부동산은 일반인들이 가장 쉽게 접근할 수 있는 안전 투자처이며, 경기 부침이 있더라도 주거에 대한 수요는 항상 존재하기 마련이니 공실 위험도 적은 편에 속한다. 그래서 선진국에서도 중산층 노후 대비로 다주택 마련, 임대료 받아 연금 외에 노후를 대비하는 건 상식이다.

평생 절약해서 모은 원룸 몇 개에서 받는 월세로 노후 대비를 끝냈다던 일본인 노파와 이야기를 할 기회가 있었다. 일본, 거기에서도 원룸이 과연 시세차익이니 투기니 하는 게 가능한 물건이었을까? 예금 헐어 쓰는 불안보다, 감가상각이 되더라도 월세 수입을 받을 수 있는 원룸을 택한 것이다.

다주택자가 무슨 투기꾼이고 적폐라고? 대부분 여러분 주변에 있는 실수요를 가진 사람들이다. 다른 점이 있다면, 남들 인생 FLEX할 때 욕구를 자제해 먹는 것 입는 것 아껴서 알뜰하게 살면서 거주용 집 한 채 장만하고, 자식들 결혼시킬 준비라든지 노후에 자녀들에 짐 안 되려고 월세 받을 집 한두 채 또 마련해 둔 그런 사람들이라는 것.

그런 사람들에게 "너 2, 3주택 적폐니까 세계 최고율의 보유세 폭탄을 맞아 봐라"라고 웬만한 대기업 부장급 연봉을 재산세와 종부세 합산액으로 때려 대는 것이 바로 문 정권이 해 온 짓이다. 아니, 자력으로 자기 노후 성실히 대비하겠다는 사람들 돈을 왜 권력이 자기 돈인 듯 털어 가면서 모욕까지 주는 걸까?

물론 다주택 이유로 사표를 낸 청와대 수석들은 경우가 다른 군상들이다. 평생 부가가치 생산보다 운동·시민단체·정치활동으로 남들의 생산에 기생해 살아온 이들이 문 정권 청와대의 주류이며, 청와대 떠난 후에도 대학·시민단체·로펌 등 여기저기 널린 낙하산으로 가서 인생 이모작·삼모작들을 할 것이니 중산층들의 고민을 할 이유가 없을 것이다.

그런 청와대 수석들조차 2주택·3주택을 가졌다는 이유로 적폐 투기꾼들이니 당장 집을 팔라고 하고, 그러지 않으면 세계 최고 징벌적 벌금 수준의 중과세를 때려 대는 타깃의 예외일 수 없다. 아니, 오히려 앞장서 그렇게 선동을 한 정권의 인사들이니 먼저 세게 두들겨 맞아도 할 말이 없어야 한다.

문 정권의 비상식적 조세체계로 현재 한국에서는 2주택부터 월세를 웬만큼 받지 않고서야 임대소득세와 보유세 커버해봐야 적자이니, 안정적 임대수익이라는 선진국에서 일반화된 패시브 인컴이라는 선택지를 소거당한 한국의 중산층들은 이제 어떻게 노후를 대비할지 의문이다.

4부

어떻게 만든 나란데

대한민국, 운도 좋았지

한국 근현대사만큼 '세상만사 새옹지마'라는 말이 어울리는 사례가 있을까? 그땐 어려웠지만 지나고 보면 그 과정이 최선이었고, 그 과정이 있었기에 유사 이래 최고의 풍요와 자유를 누리는 지금에 이를 수 있었다.

그나마 일본의 식민지가 되었기에 무능한 유교 탈레반 국가 이씨 조선왕조의 조기 청산과 초기 산업혁명, 근대화가 빠르게 진전됐다. 무엇보다 태평양전쟁으로 패망한 일본에서 독립할 수 있었다. 만약 러일전쟁에서 러시아가 승리했더라면 한국은 1990년대 후반까지 소비에트연방의 일원이었다가 이후 CIS의 '카레야스탄'으로나 존재하고 있었을 것이다. 청일전쟁에서 중국이 승리했다면 한국은 아마도 신장위구르, 티벳, 내몽골과 같은 처지가 되었을 것. 생각만 해도 아찔하다.

분단은 축복이었다. 단독 정부를 수립했기에 한반도 전체가 다 함께 공산화, 빈국화의 길로 들어서는 것을 막을 수 있었다. 이 부분에서 이승만 대통령의 역할은 탁월했다. 이후 한국전쟁은 한미 상호방위조약이라는, 세계 최강국의 안전보장까지 이끌어 내는 기회가 됐다.

한국전쟁이 없었다면 과연 온 국민이 반공을 국시로 단결할 수 있었을까? 국론 통일과 북조선에 대한 국민적 거부감은 한국전쟁이라는 3년의 유혈 사태 덕분에 확고할 수 있었다. 한국전쟁이 아니었다면, 대책 없는 민족주의와 식민지 출신 국민들의 집단적 콤플렉스에서 비롯된 공산주의에 대한 낭만적 정서로 자유 베트남처럼 내부에서부터 간첩들에 의해 서서히 무너지는 공산화가 진행되었을 가능성이 높다. 한국전쟁을 겪고 난 지금도 종북 정치인들이 천둥벌거숭이처럼 날뛰는 걸 보면, 전쟁이 없었다면 섬뜩한 대목이다. 그나마 전쟁으로 전 국토가 한번 엎어지고 북조선이 전 국토에서 저지르고 다닌 전쟁 범죄 덕에 이 부분에선 확실하게 반북·반공이라는 대세가 정해졌고, NL 종북들이 정신 나간 바보들 취급을 받을 수 있게 됐다.

한국전쟁의 또 다른 순기능은, 조선시대부터 암암리에 이어져 내려오던 향촌 사회가 해체되고 그에 따른 관습적·전통적 반상(班常) 신분 문화가 철폐돼, 각자 하기에 따라서 신분 상승의 기회가 열리는 새 시대가 시작됐다는 것이다.

무엇보다 한국전쟁으로 거하게 엎어진 국가를 재건하는 과정에서 미국의 대외 원조액 1위국으로 냉전 당시 자유 진영의 쇼윈도 국가가 되어 엄청난 원조를 받았고, 산업화와 수출에서도 미국이라는 세계 최강대국을 든든한 투자자·구매자로 두어 후원받을 수 있었다. 기실 지금 세계 11위 경제 대국인 한국을 만들어 놓은 것은 전적으로 미국의 힘 아닌가. 미국도 이 부분에선 역사상 어떤 전쟁보다도 도덕적으로 명분이 있었고, 자국이 사실상 기초부터 닦아 준 국가가 선진국까지 진입한 대표적인 성공 사례인지라 한국이라는 특이 케이스는 이후 미국이 세계의 경찰 역할을 하는 자부심의 원천이 됐다.

5·16 이후 1987년 체제까지 군사정부의 과도기를 거치며 국민소득 5천 달러의 물질적 토대를 먼저 만들고 민주화는 어느 정도 유예한 것 또한 행운이었다. 4·19부터 5·16까지 한국은 아무것도 되는 것 없고 공권력과 국가가 실종된 일종의 아노미 상태였다. 이대로 갔다면 공산화가 됐든지 중남미화가 됐을 것이다. 어느 정도 강력한 지도자의 국가 주도 산업 발전 모델이 필요한 시기였고, 이때 박정희가 집권해 질서와 권력을 잡는 한편 수출과 중화학공업, SOC의 기본을 닦았다.

이후 박정희식 국가 주도 모델이 한계를 드러내면서 이어진 새 정권의 도래 또한 다행스러웠다. 그의 국가주의 모델이 계속됐다면 한국 경제는 거기서 끝났다. 다행히 전두환이라는 철인(鐵人) 통치자와 그가 전권을 위임한 최고의 브레인 김재익이라는 콤비가 등장해 관 주도에서 민간기업 주도로 시스템을 일신하는 자유주의적 체질 개선을 성공시켰고, 이때 경제 규모에 맞는 옷으로 새로 갈아입는 시스템 전환에 성공한 한국은 두 자릿수의 성장률을 7년간 시현하면서도 저물가를 달성하고 두터운 중산층을 형성할 수 있었다. 초기 성공의 경험이 주는 함정에 빠지지 않고 적시에 스위칭을 해낸 것이다.

덧붙여, 지도자 복도 괜찮았다. 이승만-박정희-전두환-김대중-이명박 다섯 분은 그 시점에 필요한 역할을 잘했다. 그 사이사이에 낀 이상한 대통령들의 잘못도 수습했고.

적어도 구한말부터 지금까지의 한국사 고비마다 일어났던 일들은 결과적으로 한국인들에게 유리하게 작용했다. 일본통치기, 분단, 한국전쟁, 군사 정권 시대까지 모두 한국사가 겪어야 했던 성장의 과정이었으며 이 중 어느 한 과정이 생략됐다면 한국은 지금보다 훨씬 못한 나라가 되어 있었을 것임에. 지난 100년의 국운은 신기했을 정도다.

2차 세계대전 후 신생 독립국 중 한국만이 유일하게 탄탄한 제조업 포트폴리오 기반을 갖춘 선진국 반열에 올라섰다.

한국이 유사 이래 3천 년 만에 처음 누리는 부와 번영의 배경엔 이병철-이건희 회장의 삼성가로 상징되는 위대한 기업인들과, 신생국을 휩쓴 공산화 물결 속에서 미래에 대한 혜안을 가지고 자본주의 공화정 국가를 건국하고 한미 상호방위조약을 얻어 낸 이승만, 산업화를 시작한 박정희, 산업화 완성, 경제 자유화와 국난 극복의 전두환-김대중, 글로벌 금융위기 선방과 G20 외교의 이명박 같은 지도자들이 그 시기마다 필요한 역할을 했음도 사실이지만, 그 배경에는 미국과 유럽·일본 서방 세계의 전폭적 지원이라는 절대적 필요조건이 있었다.

서방 세계의 전폭적 지원은 한국의 '분단과 전쟁이라는 축복'이 있었기에 가능했다. 분단과 한국전쟁이 아니었으면 단독 자본주의 공화정 수립도, 냉전기 체제 경쟁 쇼윈도 국가로 미국·유럽·일본의 전폭적 지원도 없었다. 분단이 아니었다면 한국은 최악의 경우 지금 북조선, 잘해 봐야 태국~베트남 사이 어느 정도 지위의 개도국으로 남아 있었을 것이다.

미국은 소련과 동구권 앞 체제 경쟁의 쇼윈도인 한국에 역사상 최대의 단일국 앞 경제 원조를 공여하는 한편 한국 공산품의 거대 수입자로서 수출 입국의 기회까지 제공했고, 적성국과 접경한 국가로선 이례적으로 낮은 국방비 지출로 경제 발전에 매진할 수 있게 주한 미군과 핵우산까지 보장했다.

일본에겐 한국 앞으로 기술을 양여하게 하는 한편, 일본인들의 부채의식까지 더해져 조기에 한국은 전자·석유·화학·조선·기계·자동차에 이르는 제조업 토털 포트폴리오를 갖춘 국가로 우뚝 설 수 있었다. 제국주의 식민 종주국 중 유일하게 일본만이 한국에게 조약을 통한 공식 배상(당시 일본 외환 보유고의 50%에 이르는 거액)을 하고 한국에 투자한 일본 민간과 기업의 자산의 청구권 일체를 포기한 것 역시 미국이라는 든든한 뒷 배경 덕분이었다.

분단과 전쟁 덕에 있을 수 있었던 미국 및 서방 세계의 지원이라는 필요조건과 우수한 기업인, 정치적 뒷받침까지 더해져 한국은 선진국으로 가는 좁은 바늘구멍의 막차를 탄 셈이다.

하지만 이런 거액의 원조를 아무리 제공해도 밑 빠진 독일 뿐, 그 빛이 바래는 실패 사례 또한 분명히 존재한다.

한국의 반대편에 동서 체제 경쟁의 또 다른 쇼윈도 국가로 소련·동유럽의 전폭적 지원을 받은 북조선이라는 대칭 사례가 있다.

소련과 동유럽 공산권 국가들은 형편없는 수준의 북조선산 공산품도 기꺼이 수입해 갔고, 한국을 침략한 자폭 전쟁의 결과 융단 폭격을 맞아 잿더미가 된 북조선 재건을 위해 서방 세계가 한국에 제공한 것 못지않은 거액의 원조를 북조선에 제공했다.

우호적 대외 여건 속에서 북조선은 일본이 남기고 간 수풍댐과 같은 발전 인프라, 동아시아 최대 화학 콤비나트 같은 유리한 출발점에 서서 공산 국가들의 전폭적 지원까지 받아 1970년대 초까지 체제경쟁에 앞섰지만, 결국 그뿐이었고 그게 끝이었다. 김일성-김정일-김정은 3대의 독재도 독재지만 경제적 무능은 역사상 최악이었고, 그들이 구상한 비날론 공장과 서해갑문 같은 치명적 실패들은 1980년대부터 현재까지 40년간 북조선을 세계 최빈국으로 떨어지는 고난의 행군으로 이끌었다.

공산권 동지 국가들의 경제 원조에 일본이 남기고 간 신생 독립국 최고 수준 산업 인프라 유산까지 받아 시작했으면서도 실패 빈곤 국가가 된 북조선이라는 타산지석의 교훈이 있다. 경제 발전을 위해 우호 진영 부국의 적극적 원조와 그 원인인 동서 냉전이라는 체제 경쟁이라는 배경도 필요하고 없어선 안 될 큰 역할을 했지만, 이는 어디까지나 필요조건이었다는 것.

결국 자본주의 시장경제를 채택하고 우수한 기업가들과 높은 생산성, 그리고 기업 하기 좋은 국가로 이를 뒷받침하는 정치의 수준까지 갖춰져야 한국과 같은 결실이 도출된다는 말씀이다.

건국 이래 70년간 탄탄해진 한국의 경제 체력은 베네수엘라 차베스-마두로와 북조선 3부자 못지않은 악의와 무능으로 치명적 경제 실패를 노정하는 문 정권 시대에도 무너지지 않는 수준까지 올라왔다. 4년째 경제 체력을 착실히 무너뜨리는 정치의 실패를 기업이 메꾸어 줄 수 있을 정도는 돼야 선진국 아니겠는가.

4·3은 공산 폭동이다

1998년 김대중 대통령이 CNN 인터뷰에서 언급했듯, 제주 4·3은 공산 폭동이었다. 누가 어떤 시각에서 보든, 이 객관적 사실을 뒤집을 수는 없다.

이 사건 자체가 1948년 4월 3일 새벽 김달삼을 비롯 남조선노동당(남로당)의 좌익 세력들이 무장봉기해 제주도 내 경찰서들을 일제히 습격하고 민간인들을 살해하며 시작됐다. 이들은 총선거와 정부 수립, 건국을 방해하려 봉기를 일으켰고, 통일 공산 정부 수립을 주장했다. 민간인을 거짓 선동해 자신들의 총알받이로 삼았던 김달삼 본인은 사태 도중 북조선으로 탈출해 훈장을 받았다. 남로당의 무장 선동으로 제주도 전체가 거대한 전쟁터가 됐고, 진압군에 의해 1만 955명이, 남로당 무장대에 의해 1,764명이 희생됐다.

김대중 대통령은 "4·3은 공산 폭동이었지만, 억울하게 죽은 사람들이 많으니 누명을 벗겨 줘야 한다"라고도 적시했다. 이 부분 역시 객관적 사실이다. 원인 제공은 분명히 북조선과 그 지령을 받는 남로당 좌익들이 했지만, 교전 과정에서 쌍방의 희생이 있었고, 당연히 무장 수준이 뒤떨어지는 남로당 측의 사망자수가 정규군보다 많았다.

하지만, 한 가지 분명히 해야 할 게 있다.

전쟁에서 적군과 아군 구분이 스타크래프트 게임 하듯이 딱딱 떨어지는 게 아니란 거다. 남로당과 그 협조자들을, 해방공간의 무법천지에서 그렇게 쉽게 구분할 수 있었다고 믿나? 언어와 종족마저 같다. 당신이 당장 전쟁터의 군인인데, 산속에서 마주친 의심스러운 민간인들이 당신을 습격할 빨치산과 그 협조자일지 모르는 상황에서 '아, 일단 피아 구분 먼저 하자'라는 생각이 들 것 같나? 관심법 쓰나? 당신이 죽으면 다 끝난다. 그 전에 먼저 쏴야 한다는 생각이 드는 게 정상 아닌가?

군인이 아닌 우익 시민들의 입장도 생각해 봐라. 다른 모든 걸 떠나서, 남로당 무장대가 4월 3일 새벽 2시에 봉기해 경찰서와 민가를 습격해 당신의 친구들을 죽였는데 당연히 몇 배로 갚으려 들지 않겠는가?

결국 4·3에 휘말려 희생된 민간인들이 존재하는 것은 엄연한 사실이나, 진압군에 의해 죽은 사람들은 어느 나라의 무장 폭동 진압 과정에서든 발생할 수밖에 없었던 불가피한 결과라는 것이다.

백 번 양보해 이 부분에 대해 한국 정부가 사과한다면, 남로당 무장대에 의해 살해당한 1,764명은? 6분의 1로 만만치 않았다. 320명의 군인·경찰을 제외해도, 1,444명의 민간인 피살자가 있다. 이들은 누구에게 사과를 받아야 하나?

적국과 내통해 뒤에서 아군을 치는 반란군을 교전 중 사살하는 건 정상 국가의 상식이다. 남로당 무장대와 그 협조자들을 제거하는 것은 군의 당연한 임무다. 오히려 이를 방기, 제주도를 무법천지로 만든다면 그게 국가의 배임 아닌가? 아니라면, 애초에 4·3폭동

진압 자체를 포기하고 제주도를 남로당이 장악한 공산주의 국가로 별도 독립시켰어야 하나?

그래서 문 정권의 국가관과 4·3 인식 자체가 편향적이고 종북적으로 보인다는 것이다.

요는, 이는 한국 정부가 사과할 일이 아닌, 애초에 봉기를 일으켜 이런 무질서의 상호 확증 살해 이유를 만들어 낸 남로당 배후의 북조선 정부가 사과할 일이라는 거다.

서울의 봄, 5·18 광주민주화운동과 부마항쟁을 제주도 4·3공산 폭동과 함께 언급하는 것 자체가 서울·광주·부마를 종북 공산 국가 수립 운동으로 격하시키는 모욕이다.

4·3은 엄연한 공산 폭동이었으며, 그 주도자와 의도가 이미 팩트로 밝혀진 사건이다. 일방 학살도 아닌 쌍방 교전이었으며, 그 와중에서 불가피하게 발생한 일반인 피해자들도 있지만, 일방적으로 한국 정부가 비난받고 사과만 해야 할 일도 아니라는 거다.

그 진압이 아니었다면, 제주도는 지금 한국이 아닌 극빈 사회주의 국가든지, 북조선의 멀리 떨어진 월경지였을것이다. 정말 그걸 원하는 것인가?

결국 이는 한국이라는 성공적 국가의 건립 과정에서 국가가 안전보장의 기본 임무를 수행한 과정이었으며, 난리통 속에서 발생했을 수 있는 억울한 희생자와 그 누명을 벗겨 줄 필요도 있지만, 그 잘못은 한국 정부가 아닌 북조선과 남로당이 책임져야 한다는 것이 공정한 평가 아닐까?

국제시장과 인천상륙작전

영화 〈인천상륙작전〉(2016)을 본 잡상

사실 애치슨 라인을 보면 알겠지만, 한국이 그다지 전략적 가치가 있는 땅이 아니었다. 미국에겐 일본~오키나와~필리핀으로 이어지는 라인이 중요했지, 한반도는 자국 군인들 무더기로 희생시켜 가며 지킬 만한 가치도 없었다. 미국의 전략 1순위는 유럽, 2순위는 중동, 그다음이 일본~오키나와~필리핀 라인이었고 한반도는 그보다 뒤였다. 한마디로 한반도가 전략적으로 엄청나게 중요한 지역이라서 미국이 자기 이익 때문에 참전했다는 좌파의 국뽕성 선동은 꼴사납고, 별 이해관계도 없는 땅에 오직 그 나라 구해 주겠답시고 자기 나라 젊은이 수만 명이 피를 뿌린 미국인들이 들으면 기가 차고, 제3국인들이 들으면 비웃을 소리다. 그만들 좀 했으면 좋겠다.

미국에게 한국 그렇게 중요한 곳 아니다. 그럼에도 북조선이 1950년 6월 25일 대대적 기습 남침을 실시하자, 미국은 한국 정부보다도 빠르게 상황을 파악했다. 이승만 대통령이 반공 포로들을 유엔군 몰래 석방하는 무리수를 둬 가면서까지 얻어 낸 게 한미 상호방위조약이다. 목숨 걸어 지켜 줬고 지켜 주고 있으면 좀 고마운 줄은 알아라.

남침 유도설이라는 헛소리도 좀 집어치웠으면 좋겠다. 유도해 놓고 초장에 그렇게 미군이 소수 병력만 보냈다가 박살이 나고 장성급이 포로로 잡히는 굴욕을 겪었겠는가? 애초에 미국도 '저 정신 나간 애들이 설마 세계 최강 미군이 바로 옆 일본에 있는데 한국을 치진 않겠지'라고 상식적으로 생각하고 있었고, 스탈린도 김일성이 48번이나 침공을 허가해 달라고 징징댈 때까지 미국을 상대로 맞장 뜰 자신이 없고 세계대전으로 확전될 걸 두려워해 계속 불허했다. 북조선의 남침은 그 어떤 이유로도 정당화될 수 없었고, 미국뿐 아니라 아무 관계도 없던 나라들도 이 소식을 듣고 빡쳐서 세계 67개국이 한국을 도왔다. 단 한 나라를 돕기 위해 이렇게 많은 국가가 뭉친 건 세계사상 처음이자 마지막인 일이었다.

맥아더 장군 얘기가 나오는데, 이분은 적어도 한국에서 이순신 이상급의 위인으로 대접받아야 하고, 광화문 한복판에 동상을 세워 드려도 부족함이 없다고 본다. 일본 점령군 GHQ 사령관 더글라스 맥아더는 한국으로 날아와 전선을 시찰하다가 한 참호에서 만난 한국인 병사의 "후퇴하라는 명령을 받은 일이 없습니다. 실탄을 주십시오. 끝까지 지켜 내겠습니다"라는 말을 듣고 바로 지원군 파병을 승인했다. 영화 〈인천상륙작전〉에도 이 장면이 나오는데, 이건 영화적 과장이 아니고 실화에서 나온 감동적인 이야기다. 낙동강에서 교착된 전선을 일거에 역전시킨 게 인천상륙작전이고, 이것은 숱한 반대를 무릅쓰고 전권으로 결단, 시행한 맥아더의 공이 100%다. 이후 실책들이 있었다고 하나, 전황을 뒤집어 놓은 큰 공에 비할 바가 아니다.

그때 누구 덕에 오늘날 한국인들이 이만큼 살고 있는지, 이 영화 보면서 한번씩들 되새겼으면 좋겠다. 좀 더 완성도가 높았더라면 싶은 아쉬움은 있지만, 적어도 〈다이빙벨〉(2014) 따위 쓰레기 영화에 6.5점, 〈웰컴 투 동막골〉(2005)에 8점을 준 좌파 일색 한국 평론 바닥에게서 그 반토막으로 저평가될 영화는 아니다. 확언하는데 왜곡과 거짓에 바탕을 둔 저 두 영화들보다는 상업영화로서 잘 만들어졌으니 믿고 보시면 돈 안 아까울 것이다.

그보다 앞서 한국전쟁을 다룬 또 다른 영화 〈국제시장〉(2014)에서는, 흥남 철수 당시 아무런 이해관계 없는 10만 명의 피난민을 자국 군수 물자 모두 버려 가면서까지 실어서 구해 낸 미군과 메러디스 빅토리호의 모습을 그린 뭉클한 장면이 있다.

"너는 미국을 욕하길 좋아하지만 그때 흥남 부두에 있던 피난민들 거지반을 구했던 건 미군이었다. 국군 헌병들이 악다구니 치면서 배에 오르려는 피난민들 머리를 두들겨서 물에 떨어뜨릴 때 말린 것도 미군이었고, 포탄이 부두 근처까지 떨어지는데도 한 명이라도 더 구하려고 끝까지 남았던 배도 미군 수송선이었어. 내가 탄 배도 미군 배였는데 미군 장교가 라 라 악을 쓰니까 배에 있던 사람 중에 영어를 알아듣는 사람이 좋아서 펄쩍 뛰더라. 뭐라고 했느냐니까 '배가 뒤집히더라도 일단 실어!' 뭐 그런 얘기였다는군."

〈국제시장〉은 1,400만 관객을 찍으며, 평점 테러를 한 좌파 일색 평론 카르텔에 수치심을 안겨줬다. 〈인천상륙작전〉도 기대했는데 그 절반, 705만 찍었더라.

도와준 나라 고마운 줄 모르고

"그때 일본은 미국에 대해서, 솔직히 말하면 사춘기 소년의 치기 어린 투정을 한 셈입니다."

후쿠자와 유키치 이래 탈아입구론을 주창하며 체급상 게임이 안 됐던 러시아와의 전쟁도 사실상 영미의 지원으로 겨우 이긴 일본제국. 1차대전에서 별다른 역할도 못 했으나 어쨌든 연합군 편에 섰다는 이유로 뭔가 큰 콩고물을 기대했는데, 그런 게 떨어질 턱이 있는가? 원하는 대로 안 해 주니 미국을 원망하며, 영미 덕에 확보한 국제적 지위를 순전한 자국의 실력으로 착각하고 중국의 만주를 침략, 후견인의 뒤통수를 후려갈기는 중일전쟁을 감행했다. 탈아입구론과는 반대되는 대동아공영론으로, 유럽 침략자들에게서 아시아를 해방시키겠다는 말도 안 되는 소리를 외치며. 그전까지 메이지유신 이래 서양을 배우자던 겸손한 자세는 다 팽개치고 위대한 야마토를 외치는 극단적 민족주의로 돌아선다.

당연히 일본의 만주 진출에 빡친 영미는 ABCD(America-Britain-China-Dutch) 포위망으로 일본의 전쟁 자원 수급을 봉쇄했고, 일본은 이제는 자기들이 국력은 10분의 1이지만 정신력으로 이길 수 있다는 심각한 정신승리를 시전하며 진주만에서 잠자는 사자의 코털을 뽑았다(딱 지금 한반도 북쪽의 어느 나라가 그 일본제국의 정신을 이어받아 똑같은 짓을 하고 있다). 영미가 유럽 전선에 정신 팔려 있을 때 동남아와 태평양을 잠시 휘젓는 듯 보이다가, 진주만을 때린 야마모토 이소로쿠 제독의 "미국 건드렸으니 × 됐음"이란 걱정 그대로 미드웨이와 과달카날에서 박살이 나고, 초기 10 대 1(일본군 사상자 대 미군 사상자)에서 후기엔 20 대 1~50 대 1의 교전비를 보이며 '1억 총옥쇄'를 다짐하다가, 히로시마와 나가사키에 원폭을 한 방씩 맞고 그제서야 한없이 미약했던, 미국 덕에 호가호위했던 자국의 주제를 깨닫고 GG를 치기에 이른다.

시선을 한국으로 돌려 본다.

한국은 순전히 100% 미국이 태평양전쟁에서 일본을 굴복시킨 덕에 독립을 얻어 냈다. 쟁취라고 하지 말자. 8·15 독립에 한국은 아무 역할도 하지 못했다.

그나마 '8월의 폭풍' 작전으로 만주의 일본 관동군을 박살내며 한반도로 기세 좋게 진격하던 소련을 미국이 38도선에서 막았다. 미국이 아니었다면 이때 이미 한반도 전역은 구소련 '-스탄' 중 하나가 됐든지, 김가 일당 독재 공산 국가가 되었을 것이다. 한반도 남쪽의 절반만이라도 자유시장 경제와 민주공화정을 이룬 것도 전적으로 미국의 덕이다. 한국인들은 자력으로 혁명을 통해 왕정을 타파한 적도 없고, 민주정을 쟁취한 적도 없다. 이 역시 미국의 선물이었다.

이후 1950년 소련·중국의 지원을 등에 업은 북조선이 남침을 했고, 자국 젊은이들의 피를 뿌리고 엄청난 전쟁 자금을 투입하여 이를 막아 준 미국이 아니었다면 한국은 진작에 제주도나 태평양 섬의 망명 정부 국가로 존재할 수밖에 없었을 것이다. 한국군이 열심히 싸웠다고? 정신승리 하지 말자. 현리전투 같은 졸전과 패배가 한국전쟁에서 한국군 역할의 대부분이었다. 오죽하면 중공군이 '한국군이 구멍'이라며 한국군 있는 곳만 노리고 때렸겠는가? 태평양 전쟁 때와 같은 감투정신으로 남의 나라에서 피 뿌리며 용감히 싸운 미군의 승전 기록에 비할 바인가? 한국전쟁의 승리 역시 100% 미군 덕이다.

이후 한국은 미국의 대외 원조 금액 세계 1위를 마크하며 경제성장 초기의 극빈곤을 넘겼고, 막대한 무역 적자를 감수하며 한국상품을 대거 수입해 준 미국 덕에 산업화를 이뤘다. 대일 독립, 국가 수립, 대소 자주성 확보, 한국전쟁, 빈곤 탈피, 산업화 모든 과정에서 미국의 손이 안 닿은 곳이 없는 게 한국이다. 이렇게 미국이 키워 낸 한국은 현재 명실상부한 선진국이며, 경제 발전에 따른 의식 변화로 아시아 최고 수준의 민주화까지 이뤘다.

한국 좌파 진영의 무조건적 반미가 시작된 게 아마 1980년 광주에서부터였을 것이다. 말은 바로 하자. 아니, 미국이 한국의 군부 정권 집권을 미군을 동원해서 막아 줬어야 하는가? 이건 밥을 떠서 입에다 넣어 달라는 얘기다. 그래서 수구 운동권들은 멀쩡한 미국 문화원에 불을 지르고 민간인을 죽이는 테러행위를 했고. 매 시위마다 반미란 얘기가 빠지질 않는가? 미국이 무슨 한국의 호구 셔틀인가? 만약 그랬다면 그건 식민 종주국이 식민지에 대해 하는 일 아닌가?

군대를 동원해 남의 나라 정권 교체 막기라니, 좌파는 그런 걸 바랐던 건가? 오히려 1987년 6월 항쟁의 성공이 미국 덕인 건 잊었나? 미국은 한국의 군부 정권을 버렸고, 민주화까지 이루게 해 줬다.

미국이나 일본 대사가 했다면 광화문이 각종 연대라는 깃발 들고 모인 전문 시위 아웃소싱 집단에 의해서 몇 번 뒤집어지고 남았을 말을 중국 대사가 태연히 내뱉어도 조용한 게 한국 좌파다. 무슨 중국에게 평생을 갚지 못할 은혜라도 입은 건가? 자기 부모한테도 이렇겐 못 한다. 중국의 미사일이 한국을 겨냥하고 있지 않은 바에야 지들이 뭐라고 한국이 대북 방어용으로 배치한다는 사드 미사일에 남의 나라 독립을 운운하며 감 놔라 배 놔라인가? 중국 대사관에 불이라도 지르며 반중 시위가 벌어져야 정상이다. 미국산 쇠고기, 한미 FTA엔 그리 득달같이 달려들어도 중국산 마늘 파동과 한중 FTA에 대해선 조용하다. 이런 이중잣대, 억지가 없다.

사드? 경북 성주만으로 모자라고, 수도권까지 안정적으로 방어하려면 충북에도 배치해 중첩 방어를 해야 한다. 당연히 북조선뿐 아니라 대중국 방어도 할 수 있어야 한다. 지금 남중국해에서 중국이 어떻게 행동하고 있는지를 보자. 북조선이 악동이라면 중국은 조폭이다. 좌파는 '광우병' 때 같은 선동을 하는데, 웃기지도 않는다. 전자파 참외? 참외를 상공 2천 미터에 매달아서 재배하는가? 거주? 미사일기지 범위 100미터 안에서 100미터 상공에서 거주하시려고? 애초에 거긴 군사제한구역이다.

한미 상호방위조약, 주한 미군으로 비롯된 지금 한국의 국제적 지위, 군사적 파워가 온전히 자국의 역량 덕이라고 착각하지 말자.

딱 중일전쟁 전 일본의 대미 자세와 같다.

누가 이런 나라를 혈맹으로 믿고 함께 싸워 주려 할까? 호구가 아니고서야.

미국에게 원폭까지 얻어맞고 처절히 박살 난 일본도, 두 번의 세계대전에서 모두 미국 앞에 좌절했던 독일도, 한국 정도의 정신 나간 반미 세력이 득세하진 않는다.

한국은 미국 없으면 아무것도 아니고, 미국이 버리면 끝나는 나라다. 한국에게 외교의 알파이자 오메가는 미국과 친하게 지내는 것이고, 미국과 모든 것을 함께하는 것이다. 미국·일본 글자만 들어가면 경기를 일으키는 한국 좌파의 행태는 그냥 사춘기의 칭얼거림일 뿐이다.

통일은 쪽박이다

급진적이든 점진적이든, 통일 그 자체에 반대한다. 1945년 해방과 1948년 건국 이후, 한국인들에게 절대 부인할 수 없는 현실의 안보 위협은 오직 하나, 북조선이었다. 실제 한국 국토 전체를 쑥대밭으로 초토화한 것은 역사 전체를 통틀어 북조선의 침략으로 시작된 한국전쟁이 유일했다. 이 전쟁으로 역사상 가장 많은 한국인이 목숨과 재산을 잃었고, 도시와 산업 기반을 상실했다. 왜란·호란에 비할 바가 아니다. 일본과 중국조차 그런 야만스런 짓을 한국인에게 한 적이 없다.

이 전쟁은 일회성으로 끝난 것도 아니었다. 1950년 북조선의 기습 남침으로 시작된 전쟁이 1953년 끝난 후에도, 북조선은 지속적으로 국경과 해상에서 무력 도발을 행했고, 해외에서도 테러를 자행했다.

중국에 대한 2천 년의, 일본에 대한 35년의 구원(舊怨)도 잊혔지만, 1948년 이래 70년 넘게 바로 현재까지 계속되고 있으며 짧은 시간 동안 가장 많은 피해를 끼쳤고 지속적으로 피해를 끼치고 있는 북조선은 현대 한국인들이 실제 경험하고 있는 진짜 손해·위협의 영역이다.

독일 통일 당시 서독(1인당 소득 1만 5천 달러)과 동독(1인당 소득 1만 달러, 물론 환율의 인위적 고평가가 있긴 했지만)의 경제력 격차가 크지 않았다. 서독이 인구는 동독의 4배, 경제 규모는 6배 정도인 상황이었고, 동독은 당시 동구권에서 가장 부유한 나라로 전 국민이 1가구 1차량 트라반트를 굴릴 수 있는 나라였다. 당시 한국의 1인당 소득은 그 동독의 반토막인 5천 달러였고.

이렇게 격차가 적었음에도 서독은 동독에 3천조 원의 이전지출을 쏟아 부었고, 그 중 60%가 동독민의 생활수준을 끌어올리기 위한 복지 지출이었다. 이렇게 밑 빠진 독에 물을 퍼부었어도 오늘날 구 동서독 지역 간 격차는 여전하다.

지금 남북한의 경제 규모 차이는 100배다. 통일 당시 동·서독의 6배에 비할 바가 아니다. 인구는 2배밖에 안 된다. 즉 당시 세계 최상위권 서독인이 세계 중상위권 동독인을 서독인의 80% 레벨까지 끌어올리는 데 4명이 1명의 비용을 분담한 데 비해, 현재 세계 상위권 한국인이 세계 최하위 극빈층 북조선 인민을 끌어올리려면 2명이 1명의 비용을 분담해야 한다. 들어갈 돈은 수십 배요 분담할 사람은 절반인데, 이런 상시 전면전 상황에 준하는 재정 부담을 한국이 과연 감내할 수 있으리라 보는가? 이 재원을 세금으로 조달한다면 현재 한국인들의, 국채로 조달한다면 미래 한국인들의 해결 불가능한 부담으로 귀착되고, 결국 국가부채 폭증으로 남유럽 PIIGS를 가볍게 넘어서는 부실 재정과 남북 공동 몰락을 감내해야 한다. 노력과 행운, 우연이 겹쳐져 얻은 한반도 반만 년 역사상 최고의 경제적 번영을 허무하게 무너뜨려야 할 만큼 통일이라는 게 중요한 일인가?

통일은 곧 한국에서 좌파 정당의 권력 독점으로 나타날 것이고, 정치적으로는 북조선 2,500만 명의 표심을 잡기 위해 아르헨티나 페로니즘 따윈 비교도 안 되는 포퓰리즘 경쟁이 벌어질 것이다. 지금 한국의 자칭 서민들만 해도 흙수저니 빈부격차니 하며 남(부자·기업)의 돈으로 자기 삶을 끌어올려 주기를 원하는데, 더더욱 기계적 평등 개념이 충만한 북조선인들의 요구는 더했으면 더했지 덜할 수가 없다. 같은 나라가 되는 순간 잠시의 차별은 받아들이더라도 몇 년 안 가서 지금의 한국인들과 같은 레벨의 삶을 요구한다는 거다. 자신들의 기여는 생각하지 않고, 대우만 같게.

정치적·문화적으로도 동독은 지금 북조선과는 레벨이 달랐다. 심지어 동독의 여성 인권은 서독보다 더 높았을 정도. 세계 유일한 제정일치 신정국가 북조선 출신들이 과연 한국이라는 현대 문명사회에 쉽게 적응하고, 자유만큼이나 책임도 중요하다는 개념을 받아들일 수 있으리라 보시는가? 경쟁은? 노동 윤리는? 거래 개념은? 사회 갈등과 범죄율 급등, 낮은 생산성에도 같은 한국인이라며 고임금 요구 등은 안 봐도 유튜브다.

그렇다면 최선의 대안은 무엇인가? 그냥 북조선이 알아서 중국·베트남처럼 자체적으로 체제를 개혁하고 깡패 국가에서 정상 국가로 변모하면 된다. 거기 들어가는 비용을 왜 한국인이 부담해야 하는가? 그 비용은 북조선이 알아서 개혁 개방하고 시장경제로 변모하면서 자체 부담하면 된다. 그냥 다른 나라로 영구히 각자 제 갈 길을 가면 된다는 말씀이다. 한국은 북조선을 중국·베트남처럼 저렴한 노동력을 제공하는 국외 생산 기지 겸 한국산 상품의 수출 판매처로 활용하면 될 일이다.

발달 수준이 하늘과 땅 차이인 두 나라 사이에서, 북조선을 억지로 병합해 드는 천문학적인 비용과 불안정을 선진국인 한국이 감내할 이유가 없다. 북조선에 자원이 있어 봐야 경제성 없고 별 볼일 없는 수준이고 한국인들에게 이득을 주지도 않는다. 비용은 천문학적인데 편익은 쥐꼬리라는 얘기다.

민족이라는 형체도 없는 개념에 경도되어 유전자가 비슷하다고, 한때 역사상 같은 나라였다고 계속 같은 나라여야 한다는 법은 어디에도 없다. 독일과 오스트리아·룩셈부르크·스위스·리히텐슈타인 모두 한때 같은 나라였고 대독일주의에 의해 독일과 오스트리아는 통일 주장도 있었지만, 지금은 따로 잘산다. 네덜란드와 벨기에는 독립 과정에서 입장 차이로 다른 나라로 갈라섰다. 그래도 따로 잘산다. 한국과 북조선도 따로 잘살면 된다. 사실 북조선이라는 외국이 잘살든지 말든지는 한국이 신경 쓸 바도 아니다. 군사적 위협만이 현 상황의 문제일 뿐. 이산가족 문제? 적대적이지 않은 인접국가 간 국민의 여행은 얼마든지 가능한 게 정상이다. 외국에 가족이 산다고 해서 그 나라와 합방해야 하나? 모든 문제의 단초는 북조선의 폐쇄성과 비정상성에 있을 뿐이다. 결국 현재 세계적인 불량 국가이며 국제사회의 모든 규범과 현대 문명을 거부하는 북조선이 중국·베트남 수준의 정상 교역 국가로만 탈바꿈해 준다면 양국 평화 공존과 각자 번영은 충분히 가능한 스토리다.

중국이라는 G2 군사 대국과 국경을 접하는 것은 종이호랑이 북조선과는 차원이 다른 군사적 부담이다. 그 사이에 완충 국가로서 북조선이라는 버퍼를 두는 게 방위적 측면에서도 한국에 확실한 이득이다.

이 기회에 '북한'이란 근거 없는 용어도 좀 폐지하고 그냥 '조선'이나 '북조선'이라고 불러 주고, 국제사회에서 명칭도 DPRK니 NK니 할 게 아니라 Chosun으로 해서, 공연히 한국의 브랜드 가치가 애먼 일로 손상되는 일이 없었으면 좋겠다. '한국과 북조선'이지, '남한과 북한'이 아니다.

이쯤이면 인정할 때도 됐다.

통합은 서로가 호혜의 시너지를 얻을 수 있을 때만 의미가 있다. 일방적 희생의 통합은 공멸의 길이다.

통일은 불가능하며, 되어야 할 이유도 전혀 없다.

무리하게 통일을 시도하려거든, 이 모든 사실을 국민들이 알아야 하고, 각자 지갑에서 매달 월급의 절반을 떼어 줘야 할지도 모를 통일이라는 게 과연 필요한 물건인지부터 물어야 한다.

스포츠로 평화를 살 순 없다

무릇 관계란 호혜적인 것이어야지, 일방적인 시혜-수혜로 이어지는 관계는 오래갈 수 없다. 국가든 사람이든 호구가 되고 싶어 하는 이는 누구도 없기 때문이다.

한미 상호방위조약이라는 타이틀에서 한국인들이 눈여겨봐야 하는 것은 '상호'라는 두 글자다.

사실 한국이 안보적 위해를 당할 때 미국의 개입뿐 아니라, 그럴 리가 있겠나만 북조선이 미국령 괌이나 하와이를 향해 미사일을 날려 미국이 안보적 위해를 당할 때 한국이 반드시 개입한다는 믿음이 있어야 이 조약이 유지될 수 있는 것이다. 이 조약은 기본적으로 무기한이나, 어느 일방이 조약의 해지를 통고하면 그로부터 1년 후 종지될 수 있는 조약이다.

당초 미국은 한국과 상호방위조약을 맺을 이유가 없었다. 미국 입장에서는 애초에 중국의 태평양 진출을 막는 방어선으로 일본~오키나와~필리핀 라인이 있었지, 한반도는 그 밖이었다. 이 조약은 철저히 한국의 필요에 의해, 이승만 대통령이 1953년 6월 반공 포로들을 직권으로 석방하는 초강수를 두어 미국에서 이승만 제거론이 나올 정도의 반발을 사면서까지 자신의 모든 것을 걸고 받아낸 안보 백지수표이자 이승만 대통령 최대의 탁월한 업적이다. 현재까지도 미국과 일대일로 상호방위조약을 맺고 있는 국가는 미국과 아예 한 몸인 영국 외에는 일본·필리핀 밖에 없다. 일본은 그나마도 재무장 금지를 조건으로 한다.

이 조약이 있었기에 1953년 이후 북조선과 중국은 다시는 한국을 침략할 엄두를 내지 못했으며, 한국은 주한 미군과 미국의 군사 자산이 제공하는 안보에 무임승차하며 적대 진영과 국경을 맞댄 휴전 국가로서는 이례적일 정도로 낮은 군비 지출과, 국가 신용도에 더해지는 미국의 안보 보장이라는 플러스 알파 요소를 바탕으로 경제 발전에 매진할 수 있었다.

그동안 한국에서 대통령·정권이 바뀌고 여러 공화국이 교체되었어도 기본적으로 이 한미동맹에 대한 인식은 공통적이었다. 심지어 "반미 좀 하면 어떠냐"는 헛소리를 하던 노무현조차도 이 동맹의 근간을 흔들려고까지 하진 않았다.

이 동맹은 위의 국가 신용도뿐 아니라 실질적인 경제적 이득도 안겨 주었다. 세계 최대의 소비 시장은 미국이며, 기축 통화인 달러를 보유한 것도 미국이다. 한미동맹이 공고할 때 미국은 한국이 환율 조작을 통해 수출로 자국에서 돈을 벌어 가는 것을 어느 정도 용인했으며, 위기 시엔 비상지원도 뒤따랐다. 이 시스템이 작동하지 않은 게 미국과 대북 정책에서 엇박자를 낸 김영삼 정권이었으며, 그 끝은 IMF 금융위기였다. 지금 문 정권의 모습도 김영삼 정권 때와 똑같은데, 이후 한국의 외환시장에서 비상사태가 벌어져도 미국의 경제적 도움은 기대하기 어려울 것이다.

"북핵은 미국을 향한 것이다. 북조선은 미국을 적으로 한다"는 생각을 하는 자들은 생각해 보라. 북조선이 한국을 공격할 때 미국이 한국을 도와주는 것을 당연하게들 여기는데, 반대로 북조선이 핵미사일을 미국령 괌이나 하와이에 쏜다면 한국은 미국을 위해 자동 참전하여 북조선을 상대로 싸울 의사가 있는가? 베트남에 파병했다고? 그래서 그만큼 미국에게서 경제적 대가를 받아 내지 않았나. 미국은 한국전쟁 때 자국 젊은이 4만 명이 전사, 11만 명이 부상·실종당하는 피해를 입으며 한국을 지켜 냈다. 그 덕에 우리는 지금 집안에 김씨 삼부자 사진 안 걸고, 말 한마디 잘못했다가 요덕으로 끌려갈까 걱정하지 않으면서 살고 있는 것이다. 한국은 그에 대해 미국에게 어떤 대가를 지불한 적이 있나?

중국을 상대론 3불(한미일 군사동맹 불가, 사드 추가 배치 불가, 미국 미사일방어체계 동참 불가)을 조공하며, 찾아가 고개를 조아리며 대국의 꿈에 봉사하는 소국이 되겠다고 모화 종중 충성 서약을 하고 돌아온 게 한국의 문 정권 세력이다. 중국은 한국 방향으로 방어 목적의 미사일이나 레이더뿐 아니라 아예 공격 목적의 전략핵무기를 겨냥하고 있는데도 거기에 대해선 아무 말도 못하면서, 사드 미사일 하나 배치하는데 레이더 방향을 두고 앞에 벽을 치라느니 하는 온갖 국방 내정간섭을 그대로 받아들이는 게 한국이다. 미국에 대해선 아무 때나 꺼내드는 WTO 제소 카드도 중국의 한국 기업 탄압을 상대로는 그 심기를 거스를까봐 꺼내들지 못한다. 자국 기자가 대통령과 함께 갔다가 얻어맞아도 이게 자국 공기업이 계약한 업체의 일(사실은 중국이 지정)이라고 언론플레이를 하며 혹시라도 대국에게 누가 될까 노심초사다. 문 씨가 미국·유럽·일본을 갔다가 저런 일을 당했다면 주한 미국·유럽·일본 대사관 앞에선 폭동이 일어났을 것이다. '촛불 정신'과 '민주 시민'은 오직 동맹국에 대한 안티테제로 작동할 뿐, 적국(중국·북조선)에 대해선 한없이 비굴하며 순종적이다.

이런 한국이, 자국이 15만 젊은이들의 피를 바쳐 지켜 냈듯이 자국을 위해 북조선과 중국에 총부리를 겨눌 수 있을 것이라고 미국이 믿을 수 있겠나? 그렇다면 한국이 위기에 처했을 때, 도대체 미국이 이런 모화 종북 586들의 정권과 그 광적 지지자들의 한국을 지켜 줄 이유가 어디 있는가?

그래도 아직까지는 지난 70년간의 신뢰자산이 있기에 한미동맹이 유지되고 있다. 중간에 반미적인 발언을 한 대통령이 있었으나, 그도 결국은 한미동맹이라는 기본 전제 자체를 흔들지는 못했다. 하지만 지금의 대통령과 집권 세력은 확연히 다르다. 사상 초유의 모화 종북 정권이 중국과 일본에게 보이고 있는 파산적 외교의 파장은 결국 미국에도 다다를 것이다. 한국인들이 미국·유럽·일본이 아닌 중국·북조선 진영에 속하는 나라로 지금의 번영과 자유를 누릴 수 있을 것 같은가?

북조선과 중국에게 그렇게 비굴하게 굴어서 북조선의 2018년 평창 참가를 얻어 낸 게 그리 좋았나? 대북 제재 공조 깨뜨리고 한미 연합군사훈련 못 하게 하려는 카드였을 뿐이다. 이후 북조선이 그래서 실질적으로 핵이라도 포기했나? 그냥 아무짝에도 쓸모없는 선수단 보낸다는 싸구려 대가 하나 주고 다른 비싼 것을 내놓으라고 하려는 얄팍한 심산이었다.

체육관으로 평화를 살 수는 없다. 오고 싶다고 해도 핵을 포기해야 오게 해 주겠으며 아니면 그냥 꺼지라고 하는 게 정상적인 국가가 가질 자세다.

지금까지 남북 단일팀이니 북조선 참가니 해서 평화를 사는 데 성공한 적이 있던가? 동계올림픽의 하이라이트인 아이스하키의 NHL이 불참했고, 프랑스·독일·오스트리아는 한국의 대북 저자세를 비웃었으며, 미국에선 북조선 참가 시 불참을 고려하겠다는 이야기까지 나오는 현실이었다. 생각해 보라. 바로 우리를 때리려고 핵을 만드는 애들을 국제적으로 제재하려는데 다른 누구도 아닌 바로 우리가 혼자 빠져나가서 제재에 구멍을 내는 짓을 보고도 거기에 동참하겠다면 그게 비정상 아닌가?

평화는 강한 동맹을 바탕으로 적국의 도발 의지를 꺾음으로서 지키는 것이지, 동맹의 뒤통수를 치고 적국에 붙어서 살 수 있는 게 아니다. 그런 멍청한 외교를 하는 문 정권은 동맹에겐 의심받고 적국에겐 가지고 놀기 편한 꼭두각시 취급 받으며, 모두에게 비웃음의 대상이 될 뿐이다. 마음은 모화 종북이지만 미국에겐 립 서비스만 날리는 박쥐 외교의 결과물이다. 시진핑은 대놓고 문재인을 아랫사람 취급하고, 트럼프 대통령은 문재인 눈알 굴리며 딴청 부리는 흉내를 내며 비웃곤 했다. 한국 헌정사상 이렇게 동맹과 적진 모두에게 바보 취급 받은 국가원수는 전무후무하다.

대체 한국 땅에서 한국 돈 써가며 하는 행사에 한국 국기도 못 달고 중국·북조선 모두에게 굽신거린 저자세의 대가로 북조선이 "으흠~ 선수단을 보내 주마. 대신, 돈은 알아서들 내도록!"이라고 하는데, 자국 행사에 자국 깃발도 못 걸면서 과거 한국 땅을 쑥대밭으로 만들었으며 지속적으로 핵을 쏘겠다느니 군사 도발을 하겠다느니 하고 있는 주적의 선수단을 사정해서 모셔 올 이유가 대관절 뭐였나?

국제대회에 참가시켜 줬다고 언제 북조선이 책임 있는 국제사회 일원이 됐나? 핵을 포기했나? 한국에 대한 적대를 중단했나? 과거에 2000년 시드니, 2004년 아테네, 2006년 토리노 등 9차례 공동 깃발 들고 입장하고 북조선 국제대회 참가하게 해 줬다고 북조선이 개과천선했나? 그냥 그 이벤트로 끝이었다. 신나게 핵 개발하고 군비에 올인하다가 한번씩 풀어 주면 감사의 눈물을 흘리며 알아서 모셔야 하는 게 한국이 할 일인가? 한국은 호갱님 인증만 했고 돈이나 뜯겼을 뿐이다. 당연히 그 돈은 다 북조선의 핵으로 갔다. 아, 선수단에 쓰이고 인민에게 쓰였다고? 그만큼 북조선은 다른 데 쓸 돈을 아껴 핵에 더 쓸 수 있었다.

정상적 상식을 가진 국가라면 당연히 현재 한국과는 정반대의 행동을 해야 한다. "너희가 핵을 포기하고 군사적 적대를 포기하지 않는다면 너희에게 줄 돈은 땡전 한 푼 없고, 너희가 50조 원쯤 지불하고 온다면 모를까, 아니라면 우리가 개최하는 국제행사에 낄 생각은 꿈에도 하지 말라"고 하는 것이 정상 국가의 외교가 할 일이다. 왜 남아프리카공화국에겐 아파르트헤이트를 이유로 장기간 모든 국제행사 참여 자체를 불허해 놓고, 북조선에겐 참여해 달라고 읍소를 하나? 남아공은 적어도 핵미사일을 주변국 바다로 날려대거나, 타국 국민들에게 테러를 하고 주변국 국가들에게 군사적 위협을 가하고, 남의 돈 떼어먹기를 예사로 하진 않았다. 남아공은 아파르트헤이트 하나 빼곤 아주 정상적으로 계약을 존중하고 평화를 유지하는 국제사회의 일원이었다는 말이다. 북조선에게 왜 이리 특별대우를 못 해서 안달인가?

북조선이 자발적으로 굽히고 핵도 포기하고 군사 적대 중단하겠으며 그동안 한국에 끼친 폐를 금전적으로 보상하겠으니 제발 올림픽에 참가하게 해 달라고 무릎을 꿇어야 참가를 허용해 줘야 할 마당에, 자국 올림픽에 자국 깃발 게양도 포기하며 을질을 했으니, 이게 제정신인 국가가 할 일인가?

설령 북조선이 그렇게 무릎을 꿇고 참여를 하더라도 한국은 태극기, 북조선은 다른 모든 국가들과 마찬가지로 자기들 깃발 들고 입장하는 게 상식이다. 저 한반도기 타령은 한국·일본·대만이 함께 욱일기 들고 입장하자는 것과 똑같은 논리다.

그만큼 당했으면 영원히 다른 국가로 살 작정 하고, 차제에 이름부터 따로 써야 한다. 한국은 KOREA이고, 북조선은 NORTH CHOSUN 이다. 북조선의 온갖 병크 때문에 한국인들이 장시간 축적하고 가꿔 온 KOREA 브랜드가 얼마나 훼손되고 있는지 알긴 하나?

북 SOC 연결은 국부 유출

한국이 북조선 철도·도로 연결과 현대화에 돈을 쓰는 것은, 전혀 경제성이 없는 세금 낭비요 망국적 국부 유출이다.

결론부터 이야기하자면, 한국이 최소 수십조 원 이상의 국부를 탕진할 만한 여객·화물 수요의 가치가 없다.

한국인 입장에서 일반 철도와 도로 교통은 북조선 역내로의 이동 외에 무쓸모(굳이 거길 왜 가야 하나?)하고, 설령 100조 원을 들여 고속철도를 놓아 봐야 중국·러시아의 국경 도시 정도까지가 접근성의 최대한이다. 그 돈이면 서울의 도시철도 사각지대들에 지하철을 주요 교차로마다 전부 깔아 주고도 남는 돈이다.

일반적으로 육상 여객의 수요 한계선이 4시간이다. 도로든 철도든 4시간 넘어가는 순간부터 그 수요가 항공편으로 대체된다. 4시간 이내 밀집형의 유럽 국가들과 일본에서 철도가 도시 간 이동 수단의 주류이고 ICE·TGV·신칸센이 달리는 반면, 고속철도로도 물리적 거리가 커버되지 않는 장거리에 도시들이 산개된 미국·캐나다·호주 같은 넓은 국가들의 여객 수요를 항공편이 담당하는 데는 이유가 있는 것이다.

기차를 타고 시베리아를 횡단해 유럽으로 간다고? 이런 상식 밖의 선동에 넘어가는 사람은 그 지능을 의심할 필요가 있다. 12시간

비행해서 가면 되는 프랑크푸르트에 20박 21일쯤 시베리아 벌판의 강추위 속 허허벌판을 보면서 갈 바보는 없다.

화물 수요? 국제물류에서 철도는 운임에서 선박에 비교 불가로 밀리고, 신속성에서는 항공에 게임이 안 된다. 국제 수출입 물류의 메인은 선박이다. 남의 나라에 철도 놓을 돈 있으면 한국의 공항과 항만에 더 투자하는 게 맞다. 글로벌 물류 중심은 일류 항만 보유국들이고 여객 허브는 일류 공항 보유국들이다.

딱히 그 철도 타고 갈 여객 수요도 없고 유럽행 화물 수요는 철도를 연결하든지 말든지 무쓸모해 계속 선박이 담당하게 될 것이기에, 그냥 북조선이 알아서 자기네 철도와 도로를 알아서 자력으로 개보수해 쓴다면 모를까 여객·화물 어떤 수요도 경제성도 없으며 몰수 위험까지 있는 곳에 한국 기업들이 벌어 온 돈을 넣을 이유가 없다. 철도 궤간부터가 러시아는 광궤라 표준궤를 쓰는 북조선 국경을 벗어나는 순간 호환성이 극악인 무용지물이 된다.

한국은 대북 연결 없이 실질적 섬나라로 잘 살아왔다. 영국·일본·호주 모두 대륙과 연결 없이 선박·항공으로 섬나라로 잘 살고 있다. 이탈리아·스페인·그리스가 대륙과 연결되는 반도국이라고 해서 딱히 차별적 이점을 누리던가?

문 정권이 가렴주구의 증세로 거둔 돈은 본디 기업과 자영업자·민간에 돌면서 경제를 살렸을 돈이다. 저런 데 낭비할 돈이 있거든 다른 선진국들처럼 감세를 해라. 민간기업을 옥죄어 언제든 몰수당할 수 있으며 경제성 없고 적자 확정인 북조선 SOC에 강제로 퍼붓게 하지도 마라.

이런 정치적 국부 유출은, 현 정권의 도그마적 경제 정책 실패로 글로벌 경기 호황 속 선진국 중 홀로 하향세를 탄 한국에 또 한 번의 거대 악재일 뿐이다. 도대체 누구를 위한 정권인가?

잘못된 단어는 관계의 본질을 호도하고 엉뚱한 프레임을 짠다. 대북 '경협'이 아닌 대북 '원조'다. 정확히는 '국부 유출'이다. 따라서 대북 경협이라는, 은연중에 한국이 뭔가 상응한 이익이라도 누리는 듯한 선동적 뉘앙스의 어휘가 아닌, 대북 원조라는 바른 용어를 쓸 필요가 있다. '협력'이라 함은 서로에게 상당한 수준의 경제적 이익이 있는 경우를 일컫는 말이지, 한국과 북조선의 관계처럼 어느 한 쪽은 대부분의 경제적 대가를 지불하기만 하고 그 이득은 다른 쪽이 일방적으로 취하는 관계를 일컫기엔 부적절하다.

이미 2013년 기준 최소 15조 원 이상으로 추정되었으며 2018년 현재 그 몇 배가 되었을지 금액조차 불투명하게 베일에 가려져 있는 천문학적 대외 채무를 "배 째라"로 일관하고 있는 북조선에게 한국이 행여 돈을 빌려준다 해도 99.99% 확률로 떼인다. 실제 북조선이 지금까지 한국 정부·기업의 투자에 대해 뭔가 재산권을 보장한다든가 상환한 적이 있던가? 거긴 기초적인 계약과 사유재산 자체가 부정되는 곳이다.

실제 북조선의 상환 확률이 1%도 안 되는데 혹시라도 한국이 통일되면 이 채무를 승계해 상환할 가능성이 있기 때문에 휴지 조각이나 다름없는 세계 최악의 불량 채권 북조선 국채도 이 낮은 확률의 대박을 노리고 국제 금융시장에서 거래가 되고 있긴 하다. 한국이 뒤집어쓸 불량 채무 상환 의무 부분은 통일쪽박론의 또 다른 근거다.

그리고, 당연히 세상에 공짜 지원이란 없다. 다른 국가들은 한국이 북조선에게 하는 것마냥 바보가 아니다. 예컨대 동남아시아에 전력과 교통망을 ODA로 깔아 주는 것은 그 자리에 자국 기업이 진출해 해당 지역을 생산 기지로 활용해 그 효익을 어느 정도 흡수한다는 것을 전제로 하는 것이 대외 '원조'('협력'이 아니다!)의 국제적 상식이다.

일반적인 이런 개도국에 대한 원조 병행 기업 진출은 기본적으로 국제적으로 계약이 존중받고 투자 자산의 재산권이 보장되며, 무엇보다 해당국의 생산 원가가 경쟁력이 있고 역내 자유무역시장으로 판로가 뚫려 있는 등의 이윤이 보장되는 경제적 유인의 지속 가능성이 있는 경우에만 그 의미가 있다. 계약은 휴지 조각이며 재산권이 보장되지 않고 몰수와 추방이 횡행하는 북조선에 대해선 전혀 해당 사항이 없다는 말이다.

하다못해 이 모든 리스크를 감안한 것보다 생산 비용의 경쟁력이라도 있다면 모를까, 5만 명의 인력이 한국인 200명의 생산성도 못 내는 개성공단에서 북조선 인력이 없느니만 못한 존재임은 세계적으로 증명된 지 오래다. 한국 정부의 보조금, 특혜 없이는 굴러갈 수 없는 곳이었다.

한국 기업 종사자들이 열심히 세계 시장에서 애플·도요타 같은 초일류 기업들을 상대로 뛰어서 벌어 온 외화라는 국부에 한국 정부와 공공부문이 꽂고 있는 빨대만으로도 이미 충분하다. 대북 원조 확대는, 이제 거기 더해 북조선 빨대까지 꽂아서 전혀 생산성에 기여하지 않았으면서 돈만 착취하는 특권 집단이 공공 귀족 외에 북조선 귀족이라는 또 하나가 늘어나는 셈이다.

아니, 거기 퍼줄 돈이 있으면 감세를 해서 한국의 민간경제 부문에 활력이 돌게 해라. 전 세계적 법인세 감세 기조로 선진국들은 경기 호황을 누리는데 혼자 증세하는 한국에서만 자본이 탈출하고 있는 거 안 보이나? 그렇게 세금을 퍼다가 쓰고 싶으면 차라리 한국 안에서 낭비해라. 대북 경협이라는 실상을 호도하는 단어로 치장한 대북 원조, 국부 유출의 국정 농단보단 최소한 그게 낫다.

이미지 정치의 승리

정치는 이미지 싸움이다. 아무리 좋은 물건이라도 포장을 잘 못하면 싸구려에 팔리고, 아무리 텅 빈 깡통이라도 포장을 잘하면 비싼 값에 팔 수 있다.

한국의 좌파 정당은 이미지라는 것이 얼마나 중요한지를 안다. 그래서 오래전부터 문화·교육 같은 하부구조의 진영부터 장악해 상대방에겐 끝없이 메신저 공격, 낙인찍기를 통해 수십 년간의 프로젝트를 진행했고, 그것은 탄핵으로 완성됐다.

한국의 보수 정당은 콘텐츠와 실적만 있으면 국민이 알아줄 것으로 믿다가 실패했다. 덕분에 자유시장경제와 공화정 채택, 단독정부 수립, 한미 상호방위조약, 산업화·자유화·고도성장, 성공적 외교라는 콘텐츠는 모두 잊혀지고 적폐라는 이미지만 뒤집어썼다.

사실 대중이 콘텐츠보다 이미지에 중독될수록 그 나라의 정치는 막장으로 굴러가는 것이 역사의 현실이었다.

히틀러는 최고의 이미지가 나올 때까지 표정과 제스처를 수없이 거울 앞에서 가다듬었다. 군소 정당에 불과했던 나치의 성공 뒤엔 이런 히틀러의 외견에 대한 집착과 괴벨스의 탁월한 선전술이 있었다.

선동은 한 줄의 문장만으로 가능하지만, 그것을 반박하려면 수십 장의 문서와 증거가 필요하다. 그리고 그것을 반박하려고 할 때는 사람들은 이미 선동당해 있다. MBC 〈PD수첩〉의 미국산 쇠고기 조작 방송, 세월호 7시간, 다이빙 벨, 수첩 공주 같은 이미지 조작은 다 그렇게 만들어졌다.

문재인의 기술이 바로 그 히틀러, 나치식이다. 대선 후보 토론회 때 자신에게 불리한 팩트로 공격하면 회피하거나 심상정에게 SOS를 날렸다. 여의치 않을 때는 못 들은 척을 하며 눈알을 굴렸다. 이 낯 뜨거운 고질병을 트럼프가 패러디하면서 희화화하기도 했다. 부끄러운 줄 알아야지.

대본 없는 기자회견이라고 일단 질러 놓는다. 물론 알고 보니 역대 어느 대통령보다도 더 대본에 의존하며, 혹시라도 한쪽을 볼 때 다른 쪽에 있는 스크린을 못 볼까봐 양쪽에 스크린을 배치할 정도로 대본 없이는 이야기를 할 수 없는 사람이다. 수첩은 화면에 보이지만, 이 대형 스크린들은 화면에 보이지 않는다.

결국 보이는 이미지는 대본 없는 기자회견이며, 정작 직접 수첩을 준비하고 수첩에 없는 내용은 어떻게든 스스로 준비해야 했던 사람보다, 남이 깔아 준 대본에, 예정에 없던 내용도 뒤에서 보좌진이 쳐 주는 대로 읽기만 하는 사람의 기자회견은 대성공으로 끝났다.

그리고 그 대본 없는 회견의 실체, 대형 스크린에 자막 띄워 읽기라는, 누구든 문재인보다 잘할 수 있는 기자회견의 실체가 밝혀져도 그 소식은 훨씬 느리게, 소수에게만 전파되다가 잊혀진다. '대본 없는 기자회견'이라는 마케팅 워딩은 이미 실시간으로 전 국민에게 퍼진 후다.

왜 어차피 밝혀질 거 이렇게 뻥을 치냐고? 인간은 인지부조화를 최소화하려 하고, 웬만한 임계점 이상의 자극적 이미지가 아니라면 처음 접한 이미지를 교정하려 하지 않기 때문이다.

맥주 미팅이니, 커피 들고 사진 찍기니, 옷 직접 벗어, 밥 직접 퍼먹어 같은 게 바로 다 이미지를 만들기 위한 설정 샷들이다. 인스타그램의 화려한 편집 샷 뒤 현실은 보이지 않는다.

역대 대통령 초유의 굴욕적 방중과 일곱 끼 혼밥, 중국 2인자에게서조차 무시당한 실체, 이런 모든 것들은 서민 식당 혼밥으로 덮어진다. 이것은 지지자들의 자기 확신 강화와 적극적 선전 전파로 굳어지고, 팩트의 콘텐츠는 뒤로 미뤄지고 잊혀진다.

문 정권의 모든 쇼는 바로 히틀러와 괴벨스, 마오쩌둥이 사랑했던 '이미지 정치'의 교범에 지극히 충실한 것이다

한국의 좌파가 늘 그랬다. 그냥 착하고 좋아 보이는 발언을 막 던진다. "애들 밥 먹이자는데", "사람이 먼저다", "생활 임금 보장하라", "가격 인상 자제하라", "해고는 살인이다", "우리 민족끼리", 무상 급식, 나쁜 쇠고기…. 책임지지 않아도 되고, 자기 돈이 아닌 남의 돈으로 생색 내는 정치인 입장에선 편하고 좋은 발언이다. 특히 한국처럼 정치인에게 성과가 아닌 도덕군자의 이미지를 원하는 나라에선 더욱.

이런 정치 수사적 메시지들의 허구성과 현실에서의 부당성을 설명하는 팩트의 메시지는 더 느리게, 소수에게만 전파되며 잊혀진다. 결국 이런 메시지를 던진 사람들만 성인으로 남는 게 유교 탈레반의 전통이 DNA 단위로 각인된 도학주의적 인민들의 현실이다.

정치를 이미지로 소비하는 대중은, 결국 이미지만 좋은 정치인을 갖게 된다.

그 결말은 히틀러의 나치, 마오쩌둥의 중국, 페론의 아르헨티나, 파판드레우의 그리스, 차베스의 베네수엘라가 잘 보여 줬다. 중국은 오늘날까지도 홍위병(문꿀오소리의 프로토타입)을 내세운 문화혁명으로 5천만을 아사시키고 국민 후생을 수십 년 후퇴시킨(덕분에 중국이 세계 시장에서 퇴장한 동안 한국은 선진국으로 가는 막차를 탈 수 있었던) 마오쩌둥을 국부로 추앙하고 있는 것이다. 차베스·페론·파판드레우도 그 '시간의 세례'를 받을 대기 후보들이다.

오직 독일만이 그 과오를 반성하고 이성의 대열로 돌아왔다. 그래서 메르켈 총리는 문재인의 촛불 타령에 대해 "겨우 40% 득표(2+3위 단일화했으면 패배)로 당선되셨는데 60%는 어떻게 하실 건지?" 준엄한 질문을 던졌던 것이다.

나가며

나가며

경제정의 선언

자기가 어떤 계층이든, 기업과 부자가 부당하게 착취당한다면 그에 대해 행동하는 양심이 되는 것이 정의감이고 올바른 시민 행동이다. 표가 안 되는 소수자라는 이유만으로 세계에서 가장 일방적으로 편중된 조세부담률과 높은 자산 관련세, 상속·증여세라는 이중과세를 부담하는 것은 불의로운 일이며, 인류 보편의 상식과 양심에 어긋나는 행위다. 누구에게도 돈이 있다는 이유만으로 당신을 대신해 돈을 낼 의무는 없다.

자기가 어디에 살든, 농촌 표를 위해 도시 서민이 희생당하고 있다면 이를 지적하고 도시 서민을 대변해야 한다. 저렴하고 품질 좋은 농축수산물 수입을 개방하고 농어촌도 시장에서 경쟁하게 해 마트 물가, 즉 기초식료품 가격을 시장가격 기구에 맡겨야 한다. 미국·유럽·일본의 집값과 다른 물가가 한국보다 비싸도 식료품 가격은 어떤 도시 서민도 부담 없이 사 먹을 수 있게 저렴하다. 농촌 표에 저당 잡혀 도시 서민의 기초생필품 가격을 높이는 건 불의다.

자기에게 목돈이 있든 없든, 소득으로 상환 능력이 증명된다면 당장 목돈이 없어도 집을 살 수 있게 대출을 제공하게 해야 한다. 세계 어느 나라에서나 80~110%의 LTV로 빌려서 집 사는 게 상식인데 한국의 지금 정권만 홀로 40%를 강제, 국민들을 집을 못 사게 해 임차인으로 머무르게 하며 더 높은 금리의 신용대출·제2금융권·사채, 사업자 대출을 부담하게 하는 불의를 지적해야 한다.

자기가 어느 주택에 살든, 월 30만 원 내고 쪽방 고시원을 주거지로 삼는 사람들이 한편에 있는데 다른 한편에선 비인기 분양주택보다도 좋은 입지와 품질의 고급 임대주택을 공급하겠다는 소셜 믹스라는 부조리에 침묵해서는 안 된다. 임대주택의 최고 품질이 분양주택의 최저 품질을 넘어서는 것은 납세자인 주택 보유자와의 형평 그리고 상식에도 어긋나는 행위다. 임대주택은 얼마든지 자기 능력으로 집을 임차할 수 있는 사람들을 대상으로 한 인기 단지 시프트, 신혼 임대, 청년 임대가 아닌 정말 최저한의 주거가 필요한 고시원 입주자들과 같은 이들을 위한 주거 품질 하한 보장 요건이다.

자기가 중산층이라면, 복지 정책 수술 필요성을 인정하며, 복지는 자력으로 충분히 먹고살 수 있지만 분수를 넘는 생활을 원하는 중산층에게 보육비니 유치원비니 무상급식이니 고급 임대주택이니 퍼주는 매표 행위가 아닌, 정말 한계에 있는 이들의 생활수준의 하한을 정의하고 보장하는 것이어야 하며, 복지의 목표는 한 명이라도 더 그 수급 대상에서 탈출하게 하는 것임을 알고 한정된 재원을 거기에 쓰라고 주장하는 게 맞다.

자기가 의사는 아니든, 세계적으로 저렴한 의료비 자기부담금을 지출하면서 양질의 의료 서비스를 신속하게 누리는 것도 비정상적으로 낮게 책정된 의료행위 수가가 원인으로, 한국의 의사들이 얼마나 박리다매 진료를 할 수밖에 없는지를 알 필요가 있다. 건강보험 급여화 항목이 늘어나면 건보료도 더 내야 하며(심지어 그중 50%는 소속 직장이 낸다) 공짜는 없다는 사실을 인지하고, 중증 항목 급여화를 위해선 경증 항목을 대거 비급여화하는 자기 책임 강화가 필요하다는 계산을 받아들여야 한다.

자기에게 물려받을게 있든 없든, 세계 최고율의 지킬 수 없으며 지켜져서도 안될 상속세는 대폭 인하하는 것이 맞다. 자기가 소득세를 내고 있든 아니든, 한국의 세입 구조가 법인세와 자산세에 편중되어 있으며 국민의 47%가 소득세를 한 푼도 안 내는 프리라이더라는 현실을 인정하고, 증세가 필요하다면 기업과 부자에게는 감세를, 전 국민에게는 보편 증세를 통해 국제 평균에 맞는 조세 수입 구조를 갖추는 것에 동참하는 것이 상식이다. 세계 최고율 압도적 1위의 부동산세가 상식에 맞게 인하·조정되지 않는한 주택 공급의 유인과 집값 안정도 없을 것이다.

국제 보편의 시각에서 바라보고, 행동하는 양심이 정의다.

집이 언제나 이긴다

발행일 초판 1쇄 발행 2021년 4월 30일 3쇄 인쇄 2021년 6월 7일

지은이 에이드리안 킴
펴낸이 안병훈
펴낸곳 도서출판 기파랑
등록 2004년 12월 27일 제300-2004-204호
주소 서울시 종로구 대학로8가길 56(동숭동 1-49) 동숭빌딩 301호
전화 02)763-8996 편집부 02)3288-0077 영업마케팅부
팩스 02)763-8936
이메일 info@guiparang.com
홈페이지 www.guiparang.com

ISBN 978-89-6523-590-3 03300